本报告出版得到

国家重点文物保护专项补助经费资助

# 银 坑 坞

## 景德镇南河流域窑址考古调查报告之一

江西省文物考古研究院
中国人民大学历史学院　编著
北京大学考古文博学院

文物出版社

**图书在版编目（CIP）数据**

银坑坞：景德镇南河流域窑址考古调查报告之一 /
江西省文物考古研究院, 中国人民大学历史学院, 北京大
学考古文博学院编著. -- 北京：文物出版社, 2020.12

　　ISBN 978-7-5010-6901-9

　　Ⅰ.①银… Ⅱ.①江… ②中… ③北… Ⅲ.①窑址
(考古)—考古发掘—发掘报告—景德镇 Ⅳ.①K878.55

中国版本图书馆CIP数据核字（2020）第234581号

审图号：赣S（2020）161号

**银坑坞：景德镇南河流域窑址考古调查报告之一**

编　　著：江西省文物考古研究院
　　　　　中国人民大学历史学院
　　　　　北京大学考古文博学院

封面设计：刘　远
责任编辑：彭家宇
责任印制：苏　林

出版发行：文物出版社
社　　址：北京市东直门内北小街2号楼
邮　　编：100007
网　　址：http://www.wenwu.com
经　　销：新华书店
印　　刷：北京荣宝艺品印刷有限公司
开　　本：889mm×1194mm　1/16
印　　张：22.5　插件：1
版　　次：2020年12月第1版
印　　次：2020年12月第1次印刷
书　　号：ISBN 978-7-5010-6901-9
定　　价：360.00元

# 景德镇银坑坞

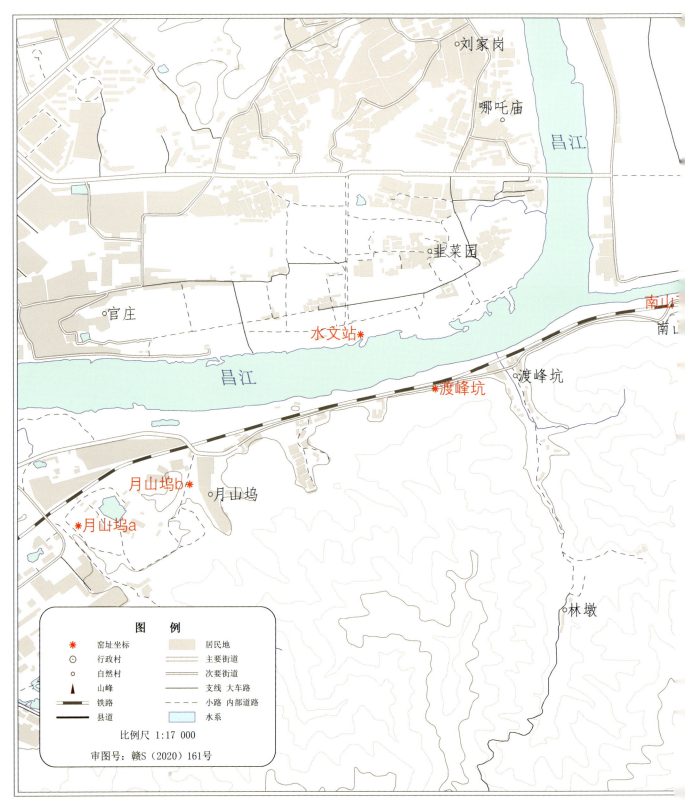

○刘家岗

哪吒庙○

昌江

○韭菜园

○官庄

水文站✳

南山

昌江

✳渡峰坑

○渡峰坑

月山坞b✳

○月山坞

✳月山坞a

○林墩

图　例

| | | | |
|---|---|---|---|
| ✳ | 窑址坐标 | | 居民地 |
| ⊙ | 行政村 | | 主要街道 |
| ○ | 自然村 | | 次要街道 |
| ▲ | 山峰 | | 支线 大车路 |
| | 铁路 | | 小路 内部道路 |
| | 县道 | | 水系 |

比例尺 1:17 000

审图号：赣S（2020）161号

# Yinkengwu
## Archaeological Investigation of the Kiln Remains alone the Nanhe River in Jingdezhen, No.1

*by*

Jiangxi Provincial Institute of Relics and Archaeology

School of History, Renming University of China

School of Archaeology and Museology, Peking University

Cultural Relics Press

# 内容摘要

2015～2019年，经国家文物局批准，江西省文物考古研究院与中国人民大学历史学院合作对景德镇南河流域古代窑址展开了区域性考古调查。调查范围覆盖湘湖、寿安、竟成三个乡镇，包括银坑坞、湘湖街、小南河西区、小南河东区、柳家湾西区、柳家湾东区共6个窑址群，发现瓷窑遗址321处，挑选瓷器标本约5000件，涵盖唐代末期至元代早中期近500年时间跨度。本书是景德镇南河流域窑址考古调查报告的第一卷，介绍银坑坞窑址群的考古调查资料。

银坑坞位于景德镇市珠山区竟成镇，在景德镇市区以南、南河汇入昌江处东南，是一组坐南向北的山坞，山间有三条溪流自南向北流出并汇入南河。银坑坞窑址群调查发现窑址59处，可以分为银坑西区、银坑东区、小坞里区、银坑外区四个区域。窑址大多位于山前缓坡地带，背山面水。前三个区域，窑址或分布于南北向主山坞东西两侧，或分布于东西向分支山坞南北两侧；后一个区域，窑址均在南河或昌江沿岸。由满坑坞窑址向东约1千米，即进入湖田窑址群范围；由月山坞窑址向西沿昌江顺流而下约20千米，始达丽阳窑址群范围。

本次调查工作的重点是注意分辨窑址不同位置散布遗物的类型差别，缩小采集点平面范围，最大限度保证标本器物组合的单纯性与时代的一致性，因此窑址编号采用英文字母与阿拉伯数字相结合的形式，前者表示窑址，后者表示采集点。报告中标本介绍便以采集点为单位进行。如某一采集点器物群面貌较为复杂，则按排比整理的结果进一步区分成若干各具时代特征的组别，用罗马数字表示。

研究结果表明，银坑坞窑址群的生产时间大致跨越五代、宋、元时期，北宋中晚期繁盛而南宋衰微，不同时段窑址之间存在着明显的位移现象，而同时段窑址之间也表现出产品类型及工艺的细微差异。所采集标本根据釉色、形制、纹饰、装烧等方面组合特征可划分为11期，各期时段及包含器物组别如下：

第1期，五代后期：红庙下Ⅰ、月山坞b。

第2期，北宋初期：兰家井a3Ⅰ、满坑坞aⅠ。

第3期，北宋早期：白庙下。

第4期，北宋早中期：碓家坞。

第5期，北宋中期：红庙下Ⅱ、塘坞a、塘坞b、八角湾cⅠ、八角湾d（1）Ⅰ、八角湾d（2）、八角湾d（3）Ⅰ、道塘里Ⅰ、铜锣山a1Ⅰ、铜锣山a2Ⅰ、铜锣山a3Ⅰ、小坞里c1、小坞里e、满坑坞aⅡ、满坑坞b。

第6期，北宋中晚期：草坦上Ⅰ、兰家井a1Ⅰ、兰家井a2Ⅰ、兰家井a3Ⅱ、塘坞里Ⅰ、郑家坞a1Ⅰ、八角湾a、八角湾cⅡ、八角湾d（1）Ⅱ、八角湾d（3）Ⅱ、八角湾eⅠ、八角湾h3Ⅰ、八角湾h4Ⅰ、道塘里Ⅱ、铜锣山a1Ⅱ、铜锣山a3Ⅱ、铜锣山bⅠ、小坞里a、小坞里

bⅠ、小坞里 c2、小坞里 d1Ⅰ、小坞里 d2、小坞里 d3、小坞里 d4、南山下 aⅠ、南山下 bⅠ。

第 7 期，北宋晚期：草坦上Ⅱ、兰家井 a1Ⅱ、兰家井 a2Ⅱ、兰家井 a3Ⅲ、兰家井 b1、兰家井 b2、塘坞里Ⅱ、郑家坞 a1Ⅱ、郑家坞 b1、郑家坞 b2、八角湾 bⅠ、八角湾 d（1）Ⅲ、八角湾 eⅡ、八角湾 f、八角湾 gⅠ、八角湾 h1、八角湾 h3Ⅱ、八角湾 h4Ⅱ、八角湾 i1Ⅰ、八角湾 i2Ⅰ、八角湾 i3Ⅰ、八角湾 i7Ⅰ、铜锣山 a1Ⅲ、铜锣山 a2Ⅱ、铜锣山 a3Ⅲ、铜锣山 bⅡ、铜锣山 c、小坞里 bⅡ、小坞里 d1Ⅱ、南山下 aⅡ、南山下 bⅡ。

第 8 期，南宋中晚期：郑家坞 a2Ⅰ、八角湾 gⅡ、八角湾 i1Ⅱ、八角湾 i2Ⅱ、八角湾 i3Ⅱ、八角湾 i4、八角湾 i5、八角湾 i6、八角湾 i7Ⅱ、渡峰坑Ⅰ。

第 9 期，南宋晚期：郑家坞 a2Ⅱ、八角湾 bⅡ、八角湾 i7Ⅲ。

第 10 期，宋元之际：八角湾 h2。

第 11 期，元代早中期：渡峰坑Ⅱ、水文站、月山坞 a。

# Abstract

During 2015 to 2019, Jiangxi Provincial Institute of Relics and Archaeology and School of History, Renming University of China undertook a joint regional archaeological investigation of ancient kiln sites along the Nanhe River. The investigation covers six kiln sites around Xianghu, Shou'an and Jingcheng: Yinkengwu, Xianghujie, South Xiaonanhe area, East Xiaonanhe area, West Liujiawan area and East Liujiawan area. From these kiln sites, 321 kiln ruins and approximately 5,000 specimens of ceramics were found. These ruins and specimens are from the Tang to Yuan Dynasty, spanning nearly 500 years. This report is the first volume of an archaeological report series about the investigation of the kiln sites along the Nanhe River which introduces the results of the archaeological investigation at Yinkengwu kiln site.

Yinkengwu kiln site is a group of north-facing valleys. They lie in Jingcheng Town, Changjiang District, Jingdezhen and are at the southeast of the intersection of Nanhe River and Chang River where the downtown Jidezheng is at the north. The east side of Yinkengwu kiln site called Mankengwu is about 1 kilometer west of Hutian kiln site, while the west side is located at Yueshanwu which is at approximately 20 kilometers east of Liyang kiln site. Three northward-flowing streams rise in this valley and eventually drain into Nanhe River. In this survey, 59 kiln ruins are discovered there. Most of them are located on the flat slope of the piedmont and face the streams. These kiln ruins can be divided into four areas: West Yinkeng area, East Yinkeng area, Xiaowuli area and Yinkeng external area. The former three areas are at the both sides of the north-south main valleys or the east-west valley branches, and the latter area is on the banks of Nanhe river and Chang river.

The primary aim of this survey was to identify types of remains distributing among the kiln site, to reduce the area of collecting units, and to guarantee the purity and consistency of the complex of specimens. To clarify the work, kiln ruins and collecting units are referred by an alphanumeric system. In this system, English Alphabets represent kiln ruins and Arabic numerals mean collecting units. Specimens will be displayed at the base of collecting units. If the situation of specimens in a collecting area is too complicated, Roman numerals will be added to differentiate them according to their historical characteristics.

As a result of the research, the date of Yinkengwu kiln site is suggested to be from Five Dynasty to Song and Yuan Dynasty. Ceramic industry here was prosperous at the middle and late period of Northern Song, but then declined in Southern Song. Moreover, the variety can be observed distinctly. Not only did kilns move and relocate over time, but also subtle differences exist in productions and technology between kilns at the same time. Above all, considering the contrast between the glaze, type, pattern and technology, specimens and kiln ruins can be categorized into 11 periods.

# 目　录

# 插图目录

# 彩版目录

# 第一章 绪 论

## 一 景德镇窑址考古简史

景德镇唐代至元代窑址的考古记录以 20 世纪 50 年代故宫博物院在全国范围内开展的窑址调查为契机，陈万里关注到石虎湾（白虎湾）、胜梅亭（杨梅亭）、湘湖、湖田等处窑址所出青釉叠烧器 [1]。具有开创意义的工作则是 20 世纪 70 年代景德镇陶瓷历史博物馆刘新园、白焜对湖田窑址群开展一系列调查和试掘，归纳总结出五代、北宋、南宋、元代各时期产品基本特征 [2]。

20 世纪 80 ~ 90 年代，省市两级文博机构配合文物普查和基本建设，对景德镇窑址进行了较大范围的调查和较大规模的发掘工作。20 世纪 80 年代前期，陈定荣调查了柳家湾 [3]、杨梅亭 [4] 等处窑址。1987 ~ 1988 年，为编纂《景德镇市文物志》相关部分，江建新等对全市境内瓷窑遗址进行了较为全面的调查 [5]。1988 ~ 1999 年，江西省文物考古研究所、景德镇民窑博物馆合作对湖田窑址群进行了 10 次较大规模的发掘，建立了五代、北宋、南宋、元、明共九期十一段的年代框架 [6]。

2000 年以来，景德镇窑址的调查与发掘除了配合基本建设之外，更多地根据学术目标主动开展。主要工作有：2005 年，故宫博物院、江西省文物考古研究所（今江西省文物考古研究院）、景德镇市陶瓷考古研究所合作对丽阳蛇山、碓臼山窑址的发掘 [7]，将视野拓展到景德镇西南部昌江干流沿线。2006 年，江西省文物考古研究所、景德镇民窑博物馆、浮梁县博物馆合作对道塘里、铜锣山、凤凰山窑址的发掘 [8]，丰富了对北宋瓷业的认识。2012 年，北京大学考古文博学院、景德镇市陶瓷考古研究所、景德镇陶瓷学院陶瓷史论教研室合作对兰田大金坞、柏树下、万窑坞窑址的调查发掘 [9]，将景德镇瓷业创始时间提早到晚唐时期。2012 ~ 2015 年，景德镇市陶瓷考古研究所、北京大学考古

[1] 陈万里：《景德镇几个古代窑址的调查》，《文物参考资料》1953年第9期，82～87页。陈万里：《最近调查古窑址所见》，《文物参考资料》1955年第8期，111～113页。

[2] 刘新园、白焜：《景德镇湖田窑考察纪要》，《文物》1980年第11期，39～47页。

[3] 陈定荣：《景德镇柳家湾古瓷窑》，《江西历史文物》1984年第4期，26～28页。江西省文物工作队：《江西景德镇柳家湾古瓷窑址调查》，《考古》1985年第4期，365～359页。

[4] 陈定荣：《江西景德镇杨梅亭古瓷窑》，《东南文化》1992年第2期，267～276页。

[5] 江建新：《景德镇窑业遗存考察述要》，《江西文物》1991年第3期，44～50、79页。江建新：《景德镇窑业遗存的考察与研究》，《陈昌蔚纪念论文集（第三辑）》，陈昌蔚文教基金会，2006年，77～130页。

[6] 江西省文物考古研究所、景德镇民窑博物馆：《景德镇湖田窑址：1988～1999年考古发掘报告》，文物出版社，2007年。

[7] 故宫博物院等：《江西景德镇丽阳蛇山五代窑址清理简报》，《文物》2007年第3期，4～8、47页。故宫博物院等：《江西景德镇丽阳碓臼山元代窑址发掘简报》，《文物》2007年第3期，9～16页。

[8] 江西省文物考古研究所、景德镇民窑博物馆：《江西景德镇竟成铜锣山窑址发掘简报》，《文物》2007年第5期，39～48页。江西省文物考古研究所、浮梁县博物馆：《江西浮梁凤凰山宋代窑址发掘简报》，《文物》2009年第12期，25～38页。江西省文物考古研究所、景德镇民窑博物馆：《江西景德镇道塘里宋代窑址发掘简报》，《文物》2011年第10期，35～50页。

[9] 秦大树等：《景德镇早期窑业的探索：兰田窑发掘的主要收获》，《南方文物》2015年第2期，128～137页。北京大学考古文博学院等：《景德镇市兰田村大金坞窑址调查与试掘》，《南方文物》2015年第2期，67～77页。北京大学考古文博学院等：《景德镇市兰田村柏树下窑址调查与试掘》，《华夏考古》2018年第4期，14～24页。

文博学院、江西省文物考古研究所合作对落马桥窑址的发掘[1]，揭示了景德镇市区早期瓷业的面貌。2014 年，北京大学考古文博学院、景德镇市陶瓷考古研究所合作对湘湖等地的南河流域窑址开展调查[2]，意在梳理 9 ～ 10 世纪景德镇瓷业发展状况。

## 二　南河流域窑址考古调查

江西昌江流域水下文化遗产考古调查项目由江西省文物考古研究所（院）与中国人民大学历史学院等单位联合申报（批复号〔2015〕2259 号），工作为期五年（2015 ～ 2019 年），计划对江西境内昌江流域水下文化遗产，包括与景德镇瓷业生产直接相关的涉水窑址及港口、渡口、码头、桥梁、市镇、庙宇等遗址进行全面调查。其中，中国人民大学历史学院作为合作单位之一，专题开展昌江支流南河流域窑址的区域性考古调查。

以往景德镇陶瓷考古研究通常以点带面，重御窑轻民窑，重城内轻郊外。论明清则曰御窑厂，论宋元则曰湖田窑。而对南河流域广泛分布的唐代至元代窑址缺乏系统了解，对景德镇陶瓷手工业的动态发展过程并不明确。有鉴于此，2015 ～ 2019 年对南河流域窑址的调查借鉴近年来自北方地区先秦考古开始广泛应用的区域性考古调查理念，对景德镇郊区唐代至元代窑址进行了全面系统地调查，希望通过对各采集点标本的类型区分与精细编年，结合地理空间信息，重建景德镇陶瓷手工业发展的动态过程，深入考察不同时段不同区域陶瓷手工业专门化的实际状况，打破此前仅以湖田窑等个别窑场为代表来概括景德镇唐代至元代瓷业粗线条发展的成见。

### （一）调查经过

2015 年，南河流域窑址考古调查正式启动。此时，工作内容与工作方法尚处于尝试阶段。综合权衡既往考古工作和窑址保存状况等方面条件，选定银坑坞窑址群展开调查工作。银坑坞位于景德镇市珠山区竟成镇，在景德镇市区以南、南河汇入昌江处东南，是一组坐南向北的山坳，山间有三条溪流自南向北流出并汇入南河（图 1-1）。经调查，在银坑坞窑址群发现窑址 59 处（以采集点计算，下同）。通过对采集标本的初步整理，这些窑址大致跨越五代、宋元时期，北宋中晚期繁盛而南宋衰微，不同时段窑址之间存在着明显的位移现象，而同时段窑址之间也表现出产品类型及工艺的细微差异。通过本年度的调查工作，对景德镇宋元瓷窑遗址分布与昌江流域水系地理环境之间的关系有了更为明晰的认识，同时也借助区域性考古调查方法深入揭示了以往不甚了解的宋元瓷窑手工业生产的某些特点，为后续调查工作积累了经验。

2016 年，考虑到银坑坞窑址群生产时代的断裂性和产品类型的局限性，将调查工作扩展到南河主要支流小南河流域，以期更为全面地了解景德镇宋元窑业遗存的沿水系分布状况及动态发展过程。调查工作的重点安排在柳家湾一带。柳家湾位于景德镇市浮梁县寿安乡，在小南河东流改向北流转折处，周边谷地较为开阔，南北山边遍布窑址。经调查，在柳家湾东区窑址群（朱溪—王家坞）发现窑址 68 处，北宋中晚期繁盛阶段与银坑坞相比产品面貌有明显差异，而南宋早期窑业的存续也为银坑坞所不见。

[1]　景德镇市陶瓷考古研究所等：《江西景德镇落马桥窑址宋元遗存发掘简报》，《文物》2017 年第 5 期，4 ～ 36 页。

[2]　秦大树等：《景德镇湘湖地区早期窑业调查与试掘的主要收获》，《景德镇南窑考古发掘与研究：2014 年南窑学术研讨会论文集》，科学出版社，2015 年，121 ～ 158 页。北京大学考古文博学院：《景德镇南河流域三步园、焦坑坞、白虎湾窑址调查试掘简报》，《华夏考古》2018 年第 5 期，11 ～ 36 页。

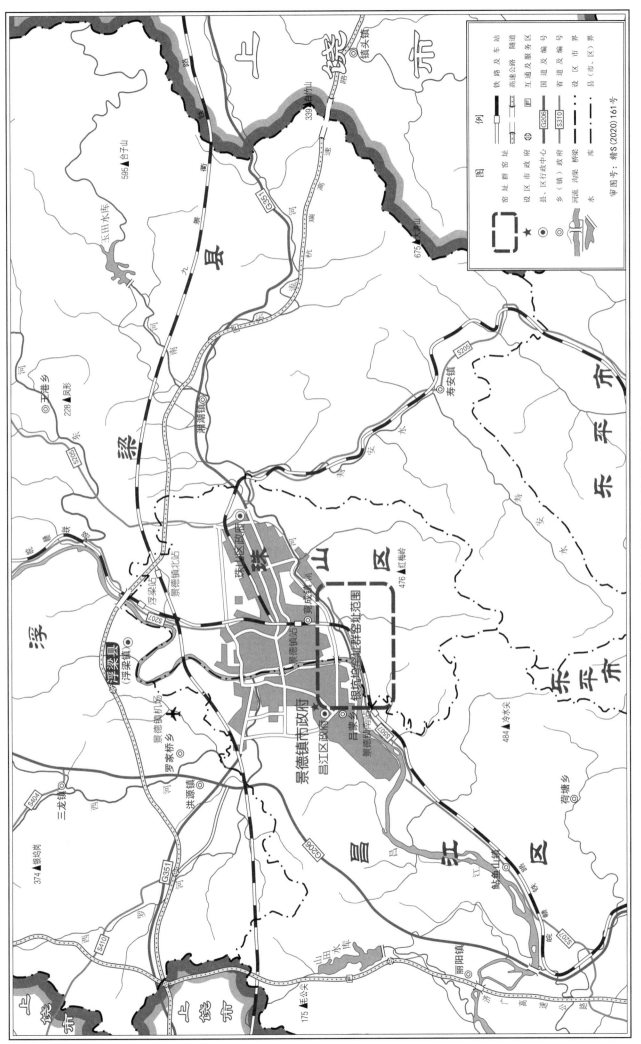

图 1—1　景德镇银坑坞均窑窑址群位置示意图

2017 年，调查工作从柳家湾开始沿小南河谷地向西边上游拓展，是为柳家湾西区窑址群（寺前—丰旺）。这里是寿安乡西南隅，再向西则进入乐平市境，且再未发现窑址分布。经调查，此区发现窑址 33 处，发展时段明显滞后于其他区域，至北宋中晚期始广泛分布，且产品类型简单。同年，又将调查范围拓展至柳家湾以北小南河下游东西两侧（属浮梁县寿安乡）以及南河干流（属浮梁县湘湖镇），因窑址数量庞大，只完成部分调查工作。

2018 年，对小南河东区窑址群、小南河西区窑址群、湘湖街窑址群进行补充调查。小南河东西两侧山谷、山坳遍布窑址，其中西侧的外小里—内小里谷地，东侧的灵珠—灵安谷地窑址又各自沿小南河支流溪水呈东西向密集分布。经调查，小南河西区窑址群发现窑址 46 处，五代即有相当程度规模，北宋不甚发达，南宋早中期最为繁盛。小南河东区窑址群发现窑址 77 处，北宋中晚期为其盛期，且产品类型与同期其他窑址群也有明显区别。南河干流南北山坳及近岸丘墩亦有窑址广泛分布，受居住区扩展影响，已有不少破坏无存。经调查，湘湖街窑址群发现窑址 38 处，此区东北隅兰田一带唐末即有窑业起步，五代宋初窑业较其他区域更为密集，北宋产品竞争力下降，但保持一些特色产品的专业化生产。

2019 年，全面整理调查资料，在历年前期工作的基础上重点完成采集品分类、标本拣选、绘图摄影及器物描述等项工作，为调查报告的编写奠定基础。

## （二）工作理念

为达到预设的研究目标，本次考古调查及资料整理建立了一些新的工作理念：田野调查时按照最小范围确定采集点，尽可能凸显器物组合的单纯性；室内整理时注意观察标本生产工艺特征，并在 1∶1 比例绘图中予以表现；报告编写时以采集点为单位发表资料，以体现窑址之间的横向对比。

作为考古调查，尽管无法像考古发掘那样获得可靠的层位关系，但并不意味着采集遗物的时代混乱无序。通过调查实践认识到，景德镇窑业堆积情况与浙江地区窑址单一地点多时段反复重叠的特点有所不同。大多数情况下，随着时段的变化，窑业堆积通常有规律地向窑炉前方或左右两方顺次推移。使得在其他地区窑址必须通过发掘才能获得的纵向层位关系转化为通过地面调查即有可能获得的横向层位关系。于是，只要在调查工作中注意分辨窑址不同位置散布遗物的类型差别，缩小采集点平面范围，就可以最大限度保证采集标本组合的单纯性与时代的一致性。因此，整理工作也以采集点为基本单位进行，不同采集点器物的编号、分类及标本拣选均独立进行，不进行同类合并，为各采集点之间比较异同创造条件。

为了能够更好地纵向建立不同时期器物发展序列及横向比较不同窑场产品制作工艺，器物绘图工作强调尽可能全面地表现瓷器的生产工艺特征。为此，绝大部分标本米格纸底图均由调查队员亲手绘制，而不是将这项工作直接转交给技术人员。在绘图时，需对成型、修坯、装饰、施釉、装烧等各项生产流程在瓷器本体上遗留的痕迹作全面细致地观察，并在图上尽可能予以表现。为此，标本采用 1∶1 比例绘制（除部分窑具，报告中均采用 1∶2 的比例印制），除通常的剖视图、俯视图之外，特别要求加绘反映器物底部支烧痕迹的局部仰视图。在装饰方面，用不同的绘制手段来表现刻划、刮削、篦划、压棱、沥粉、模印等技法的特征与差异。在施釉方面，注意绘制釉面在外壁及足壁内外的分布范围并与露胎部分相区别。在装烧方面，注意表现支钉、垫环、垫饼等不同类型支烧具在器物本体上的残留及所生痕迹并用不同手法予以表现。通过以上努力，可以进一步增加考古绘图所蕴含的信息量，提升其研究利用价值。

## （三）主要收获

景德镇南河流域窑址调查工作是瓷窑遗址区域性考古调查的一次有益尝试。调查范围覆盖景德镇市南河流域湘湖、寿安、竟成三个乡镇，包括银坑坞、湘湖街、小南河西区、小南河东区、柳家湾西区、柳家湾东区共 6 个窑址群，发现瓷窑遗址 321 处，挑选瓷器标本约 5000 件，涵盖唐代末期至元代早中期近 500 年时间跨度。窑址数量超出了此前以文物普查为依据对景德镇窑址的笼统把握，产品面貌突破了以此前主要湖田窑为代表对景德镇窑业的片面认识。采集标本可支持建立更为细致的编年体系，得以据此构建景德镇唐代至元代陶瓷手工业动态发展过程，纠正此前重点从分期视角考虑大时期之间产品跳跃性差异而较少从编年视角观察小时段之间产品渐进性过渡的局限与偏差。

# 三　银坑坞窑址群概况及报告编写说明

本书是景德镇南河流域窑址考古调查报告的第一卷，介绍银坑坞窑址群的考古调查资料。

银坑坞坐南朝北，隔昌江与景德镇市区相望。山坞长约 3000 米，最宽处约 500 米。自坞口开始向南，西侧山麓依次有天宝桥、草坦上、大碓下、毛家墩、红庙下、白庙下、杉树林、潘家桥 8 个自然村；东侧山麓依次有兰家井、郑家坞 2 个自然村。郑家坞以南为一分支山坞，溪流聚为八角湾水库。银坑坞西侧近 500 米另有一坐南朝北小山坞，名为小坞里。银坑坞三面环山，东有沙陀山、茅山尖、红梅岭，外为满坑坞；西有南山、东南山，外为渡峰坑；南从潘家桥缘溪谷而上，翻越牛角岭，外为丘冲坞，可达府口一带小南河上游谷地。

银坑坞窑址群可以分为银坑西区、银坑东区、小坞里区、银坑外区四个区域（见附件）。窑址大多位于山前缓坡地带，背山面水。前三个区域，窑址或分布于南北向主山坞东西两侧，或分布于东西向分支山坞南北两侧；后一个区域，窑址均在南河或昌江沿岸。由满坑坞窑址向东约 1000 米，即进入湖田窑址群范围；由月山坞窑址向西沿昌江顺流而下约 20 千米，始达丽阳窑址群范围。

报告对调查采集器物的介绍分为采集点、组别、釉色、器类与器形、标本 5 个部分，下面分项予以说明。

### 1. 采集点

银坑坞窑址群调查发现窑址 59 处。由于调查工作的重点是注意分辨窑址不同位置散布遗物的类型差别，缩小采集点平面范围，最大限度保证标本器物组合的单纯性与时代的一致性，因此窑址编号采用小写英文字母与阿拉伯数字相结合形式，前者表示窑址，后者表示采集点[1]。报告中标本介绍便以采集点为单位进行。

### 2. 组别

此项不是必需的层级。如某一采集点器物群面貌较为复杂，则根据器形、纹饰、胎釉、装烧等特征的异同，通过排比整理进一步区分成若干各具时代特征的组别，用罗马数字表示。

### 3. 釉色

标本依釉色分为青釉、青白釉、酱釉、青灰釉、卵白釉五大类。这只是为了资料介绍便利，从

---

[1] 只有八角湾d例外。第一次调查时分为两个采集点，即稍北的d（1）和稍南的d（2）。第二次补充调查时，窑址已遭破坏连为一片，无法明确区分原d（1）和d（2）范围，于是将这一区域内补采标本单位编号为d（3）。

视觉呈色角度出发所作类别区分，并不是与釉质成分等相联系的定性概念。其中青白釉瓷内涵最为复杂，包括五代至南宋不同时段从白色至青色各种不同呈色。其他釉色则局限于特定时期，如青釉瓷属于五代、酱釉瓷属于北宋中期，而青灰釉瓷和卵白釉瓷则特指元代粗精两类产品之间的区分。所以，一方面不同南宋呈色较深的青白釉器物完全可能与元代青灰釉器物外观相仿，而某些元代器物呈色也会介于典型的青灰釉与卵白釉之间使得无论归向哪类都似是而非。

### 4. 器类与器形

由于调查采集的方式本身就带有抽样意味，并且采集器物的种类也明显受到遗址保存状况的影响，所以本书没有像一般的考古发掘报告那样对采集器物进行分类统计工作。这样一来，就资料介绍而言，类型学分析就不是必要的前提。为避免繁缛的分类层级与代号给读者带来困扰，只保留最基本的器类划分，并将该类之下各种器形顺次罗列。在瓷器分类时，如何区分碗与盏、盘与碟，向来缺乏明确可行的标准，本书仅保留碗与碟两个类别。其中碗类不包含盖碗，碟类特指圈足碟，而将平底碟（部分略作隐圈足状）另外单列。

### 5. 标本

窑址采集器物作为工业垃圾，同类产品之间具有高度的相似性。银坑坞窑址群乃至南河流域诸窑址群同时代窑址器物类型就多有重叠，使得某一窑址所见器物残缺之处往往可以根据其它窑址所见同类可复原器物予以推知。因此，本书介绍标本时，对于口沿或底足残缺的器物，尽可能根据对同类器物面貌的了解，对缺失部分特征予以补充描述。但这部分推测性的文字置入括号之内，仅供读者使用时参考，而不作为绝对的依据。

# 第二章　银坑坞西区采集器物

## 一　白庙下（BMX）

### 1. 青白釉瓷

碗

（1）（五葵口外敞），斜弧腹，内底一周凹棱作大平底，圈足，足墙内斜，足端斜削，外底同心圆式旋坯痕，垫环垫烧。

BMX：24，两件残器与窑具发生粘连，釉色发白，施釉至下腹及足端，外壁见旋坯痕，外底粘连垫环。足径7.1厘米（图2-1，1；彩版2-1，1）。

（2）敞口或敞口微敛，斜弧腹，圈足，挖足较浅，足墙内斜，外底多有同心圆式旋坯痕，足端支钉支烧。

BMX：3，釉色白中微泛黄，施釉至足端，釉面有细密开片，足墙外侧见两处抓痕，足端粘连一枚支钉。口径12.8、足径4.6、高4.0厘米（图2-1，2；彩版2-1，2）。

BMX：6，内底心凹，釉色白中微泛灰，施釉至下腹及足，外壁见旋坯痕，足端粘连两枚支钉。口径12.6、足径4.3、高4.0厘米（图2-1，3）。

BMX：9，外底心有小圆凸，足端斜削，釉色白中微泛灰，施釉至下腹及足，足墙外侧见两处抓痕，足端粘连一枚支钉。口径12.6、足径4.4、高4.1厘米（图2-1，4）。

BMX：10，内底凹，釉色白中微泛黄，施釉至下腹及足，足端粘连四枚支钉，其中一枚脱落，可见垫烧痕。口径11.6、足径4.6、高3.9厘米（图2-1，5；彩版2-1，3）。

BMX：19，外底心有小圆凸，釉色白中微泛灰，施釉至下腹及足，外壁粘连匣钵残块，足端粘连两枚支钉。口径12.6、足径4.5、高3.6厘米（图2-1，6；彩版2-1，4）。

BMX：1，釉色发白，施釉至足端，外壁见旋坯痕，外底见垫烧痕。口径12.0、足径4.6、高4.4厘米（图2-1，7；彩版2-2，1）。

BMX：2，釉色白中微泛灰，施釉至足端。口径12.6、足径4.7、高4.4厘米（图2-1，8）。

BMX：4，足端斜削，釉色发白，施釉至下腹。口径11.8、足径4.6、高4.1厘米（图2-1，9）。

BMX：7，内底心凹，釉色发白，施釉至下腹及足，外壁见旋坯痕，足端可分辨出五枚支钉印痕。口径12.7、足径4.5、高4.2厘米（图2-2，1；彩版2-2，2）。

BMX：8，外底心有小圆凸，足端斜削，釉色白中泛黄，施釉至足端，内壁釉面有少量棕眼。口径12.2、足径4.6、高4.7厘米（图2-2，2）。

BMX：13，外底心有小圆凸，釉色白中微泛灰，施釉至下腹及足端，外壁见旋坯痕，足端粘连三枚支钉，另有一枚可见垫烧痕。口径12.4、足径4.0、高4.0厘米（图2-2，3；彩版2-2，3）。

BMX：18，内底心凹，外底心有小圆凸，釉色白中泛灰，施釉至足端，外底流釉，外壁见旋坯痕，

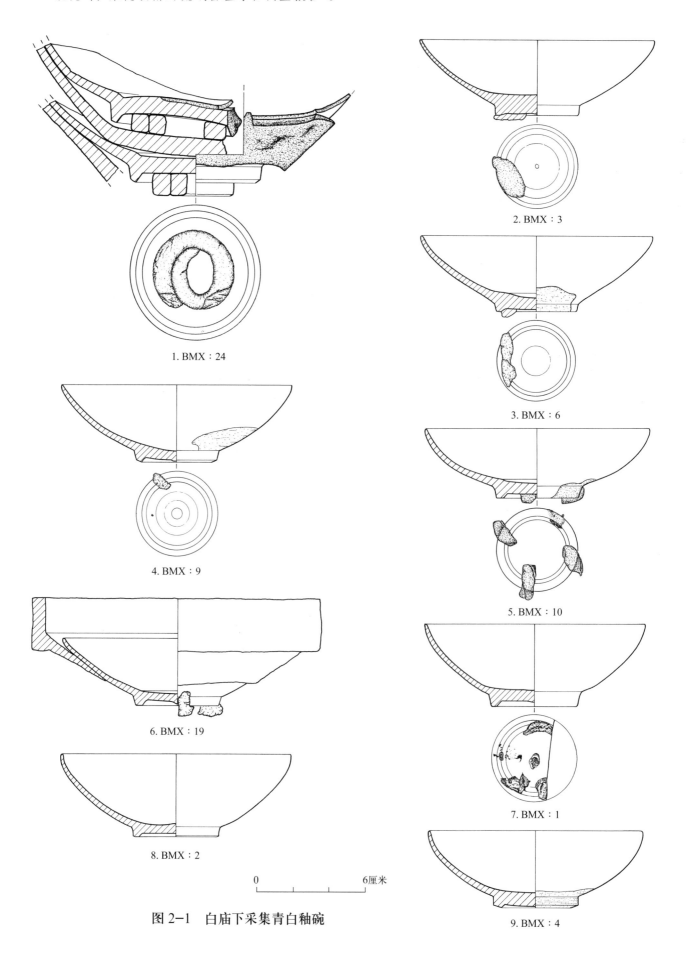

1. BMX：24

2. BMX：3

3. BMX：6

4. BMX：9

5. BMX：10

6. BMX：19

7. BMX：1

8. BMX：2

9. BMX：4

0　　　　　　　　6厘米

图 2-1　白庙下采集青白釉碗

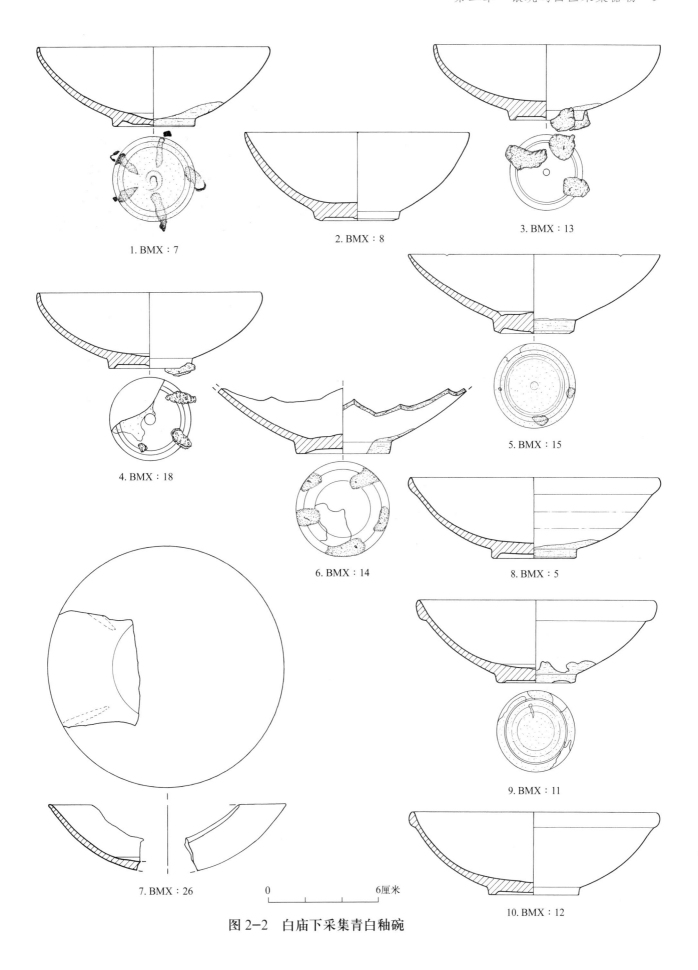

1. BMX：7

2. BMX：8

3. BMX：13

4. BMX：18

5. BMX：15

6. BMX：14

7. BMX：26

0　　　　　6厘米

8. BMX：5

9. BMX：11

10. BMX：12

图2-2　白庙下采集青白釉碗

足墙外侧见两处对称的抓痕，足端粘连两枚支钉，另有一枚可见垫烧痕。口径12.6、足径4.5、高3.6厘米（图2-2，4）。

（3）五葵口外敞，斜弧腹，内底一周凹棱作小平底，圈足，足墙内斜，足端斜削，外底同心圆式旋坯痕，足端支钉支烧。

BMX：15，内外底心微凸，釉色白中微泛青，施釉至下腹及足，足端流釉。口径13.7、足径4.4、高4.2厘米（图2-2，5；彩版2-2，4）。

BMX：14，釉色发白，积釉处微泛青，施釉至下腹及足，足底流釉，釉面有开片，外壁修坯不平整，足墙外侧见两处抓痕，外底见五枚支钉印痕。足径5.0、残高3.5厘米（图2-2，6；彩版2-3，1）。

（4）五葵口外敞，斜弧腹，内底一周凹棱作小平底，外壁压棱，内壁对应压棱处凸起。

BMX：26，釉色发白，施釉至下腹。残存口腹部分，口径12.8、残高3.4厘米（图2-2，7）。

（5）唇口，斜弧腹，圈足，挖足较浅，足墙内斜，外底多有同心圆式旋坯痕，足端支钉支烧。

BMX：5，釉色白中微泛黄，施釉至下腹，釉面局部开片，外壁见几道旋痕，足端微微斜削，足墙外侧见两处抓痕。口径13.8、足径4.7、高4.3厘米（图2-2，8；彩版2-3，2）。

BMX：11，釉色白中泛灰，施釉至下腹及足端，足底流釉，外壁见旋坯痕，足墙外侧见一处抓痕。口径13.0、足径4.3、高4.4厘米（图2-2，9；彩版2-3，3）。

BMX：12，釉色白中泛灰，施釉至足端，外壁见旋坯痕。口径13.6、足径5.0、高4.4厘米（图2-2，10）。

碟

撇口，折腹，内底一周凹棱作大平底，窄圈足，足墙内斜，外底多有同心圆式旋坯痕，支钉支烧，四枚左右。

BMX：16，内底下凹，釉色白中微泛黄，施釉至足端，外底中心残留支钉支烧痕。足径7.2、残高2.4厘米（图2-3，1；彩版2-3，4）。

BMX：17，釉色白中微泛灰，施釉至下腹及足，外壁见旋坯痕，外底残留支钉支烧痕。足径6.6、

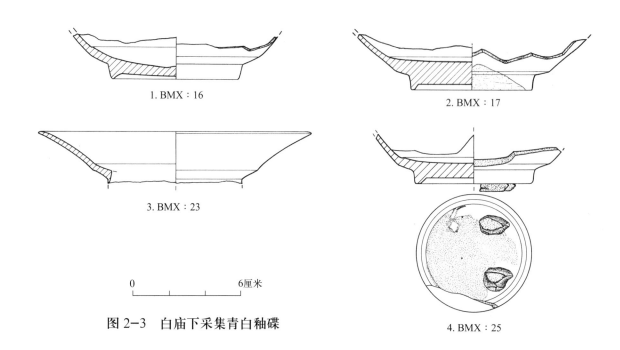

1. BMX：16

2. BMX：17

3. BMX：23

0 ————— 6厘米

4. BMX：25

图2-3　白庙下采集青白釉碟

残高 2.9 厘米（图 2-3，2；彩版 2-4，1）。

BMX：23，残存口沿部分，釉色白中微泛黄，釉面有棕眼。口径 15.0、残高 2.7 厘米（图 2-3，3）。

BMX：25，釉色发白，施釉至足端，足底流釉，外底粘连两枚支钉。足径 6.2、残高 2.6 厘米（图 2-3，4）。

### 2. 窑具

匣钵

漏斗形。

BMX：20，胎质较细腻，呈土黄色，匣钵内壁粘有器物残片，内底粘连一枚残损支钉。口径 14.0、底径 5.2、高 5.2 厘米（图 2-4，1；彩版 2-4，2）。

BMX：21，胎质较粗，方唇红褐色，腹青灰色，匣钵内壁粘有器物残片。口径 15.5、底径 5.3、高 6.4 厘米（图 2-4，2；彩版 2-4，3）。

BMX：22，胎质较粗，呈红褐色，匣钵内底粘有五枚红褐色支钉，其中两枚粘连器物残足。口径 18.8、底径 7.0、高 8.3 厘米（图 2-4，3；彩版 2-4，4）。

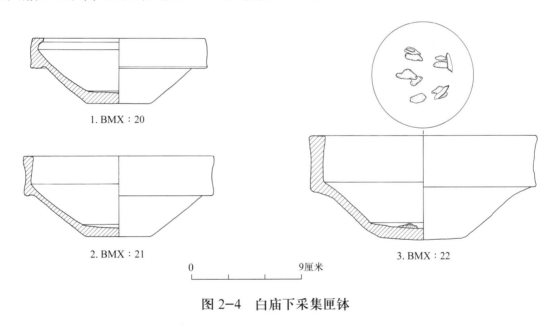

1. BMX：20

2. BMX：21

3. BMX：22

0 ————————— 9厘米

图 2-4　白庙下采集匣钵

## 二　碓家坞（DJW）

### 1. 青白釉瓷

碗

（1）敞口，斜弧腹，内底一周凹棱作小平底，圈足，挖足较浅，足墙内斜，外底同心圆式旋坯痕，足底支钉支烧。

DJW：24，口微敛，釉色白中泛灰，积釉处微泛青色，施釉至下腹，内底一周凹棱。口径 15.4、足径 4.8、高 5.4 厘米（图 2-5，1；彩版 2-5，1）。

DJW：25，釉色白中泛灰，施釉至下腹，足底粘连两枚支钉，另两枚残缺。口径 13.2、足径 4.2、高 4 厘米（图 2-5，2）。

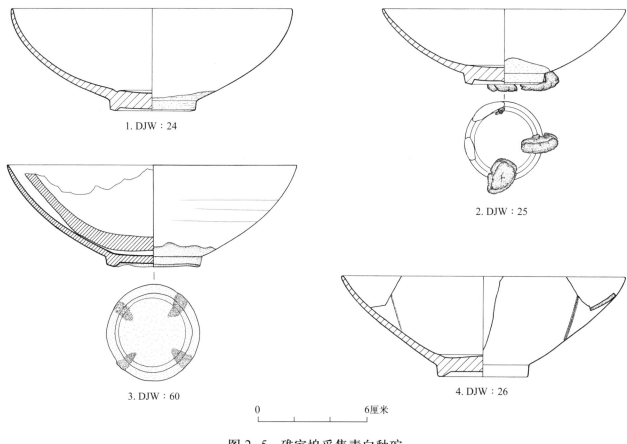

1. DJW：24

2. DJW：25

3. DJW：60

4. DJW：26

0　　　　　　　　6厘米

图 2-5　碓家坞采集青白釉碗

DJW：60，釉色白中泛灰，施釉至下腹，外壁见修坯痕，内壁粘连匣钵残块，圈足变形，足底见四枚支钉痕。口径 15.8、足径 5、高 5.4 厘米（图 2-5，3；彩版 2-5，2）。

（2）五葵口外敞，斜弧腹，内底一周凹棱作小平底，圈足，足墙内斜，外壁对应葵口处有压棱，内壁对应压棱处凸起，外底同心圆式旋坯痕，足底支钉支烧。

DJW：26，釉色白中泛黄，施釉至足端，釉面有细碎开片。口径 15.2、足径 4.8、高 5.2 厘米（图 2-5，4；彩版 2-5，3）。

（3）唇口，斜弧腹，圈足，挖足较浅，足墙内斜，外底同心圆式旋坯痕，足底支钉支烧。

DJW：15，釉色白中泛灰，施釉至下腹，釉面有棕眼。口径 11、足径 4、残高 4 厘米（图 2-6，1）。

DJW：20，釉色白中泛灰，施釉至下腹，外壁粘连匣钵残块。口径 13.3、足径 4.6、高 4.5 厘米（图 2-6，2）。

DJW：21，釉色较白，施釉至下腹，釉面有少量条状开片，外壁粘连匣钵残块，足底粘连一枚支钉。口径 12.2、足径 4.2、高 4.5 厘米（图 2-6，3）。

DJW：44，唇稍窄，内底心凹，釉色白中泛黄，施釉至下腹，足底有流釉，釉面有条状开片。口径 12.2、足径 4.3、高 4.1 厘米（图 2-6，4；彩版 2-5，4）。

DJW：53，釉色白中泛青，施釉至下腹，不均匀，釉面有开片，足底见四枚支钉痕。口径 12.4、足径 4.3、高 3.9 厘米（图 2-6，5；彩版 2-6，1）。

DJW：19，器物变形，釉色白中泛灰，施釉至下腹，内外壁粘连匣钵残块，足底粘连四枚红褐色支钉（图 2-6，6；彩版 2-6，2）。

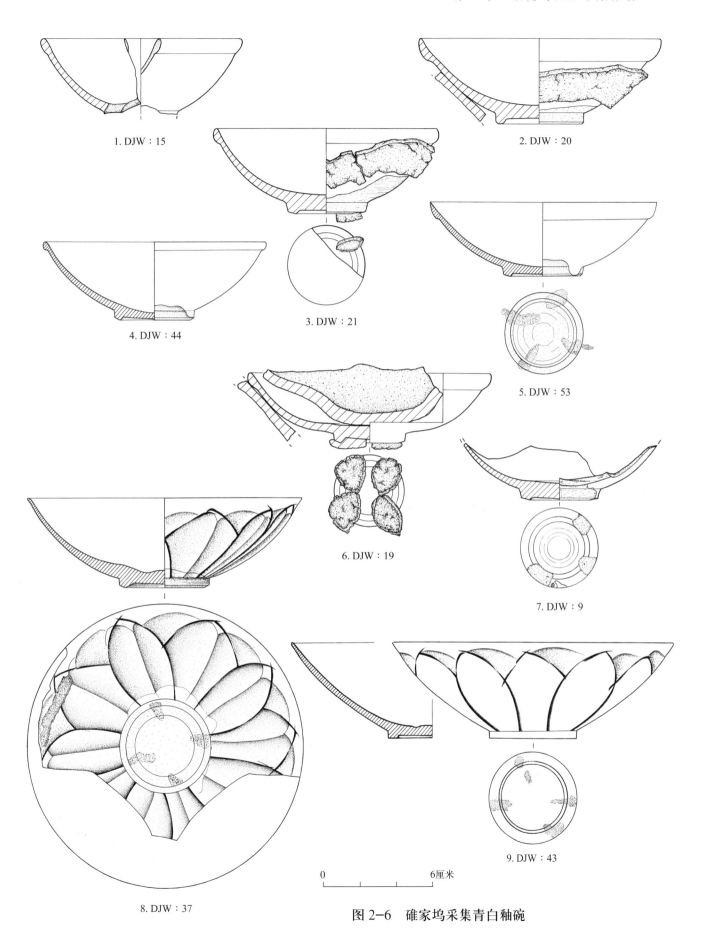

1. DJW：15

2. DJW：20

3. DJW：21

4. DJW：44

5. DJW：53

6. DJW：19

7. DJW：9

8. DJW：37

9. DJW：43

0        6厘米

图2-6 碓家坞采集青白釉碗

DJW：9，釉色白中泛灰，施釉至下腹，足端有流釉，外壁见旋削痕，足底见支钉痕。足径4.2、残高2.9厘米（图2-6，7）。

（4）敞口微侈，斜弧腹，内底小圆凸，圈足，足墙内斜，足端斜削，外壁刻削十组莲瓣，外底同心圆式旋坯痕，足底支钉支烧。

DJW：37，釉色白中微泛青，施釉至下腹及足，足底见四枚支钉痕。口径15、足径4.9、高4.8厘米（图2-6，8；彩版2-6，3）。

DJW：43，釉色白中泛灰，施釉至外底，釉面有条状开片，足底见四枚支钉痕。口径15.4、足径4.8、高5.1厘米（图2-6，9；彩版2-6，4）。

盖碗

（1）直口，深弧腹，圈足，足墙内斜，外底同心圆式旋坯痕，垫饼垫烧。

DJW：34，微变形，釉色白中泛黄，施釉至足端，外底有流釉，外壁粘连匣钵残块。口径10.9、足径5.6、高6.2～6.4厘米（图2-7，1；彩版2-7，1）。

（2）直口微敛，深弧腹稍鼓，圈足，足墙内斜，外壁篦划蕉叶纹，外底垫饼垫烧。

DJW：59，釉色白中微泛青，施釉裹足端，外底流釉，粘连垫饼残渣，见垫烧痕。口径11.8、足径6.5、高6.9厘米（图2-7，2；彩版2-7，2）。

DJW：2，釉色白中泛灰，施釉至足端，外底流釉，内壁开片细碎。足径5.8、残高2.7厘米（图2-7，3）。

DJW：23，釉色白中泛青，施釉至足端，外底流釉，釉面有开片，外底见同心圆式旋坯痕及圆形垫烧痕。足径6.2、残高3.6厘米（图2-7，4）。

（3）直口，深弧腹，圈足，足墙内斜，外壁刻划十组莲瓣，外底垫饼垫烧。

DJW：46，足墙内斜，釉色白中泛灰，施釉至足端，外底流釉，见圆形垫烧痕。口径11.9、足径6.2、高6.4厘米（图2-7，5；彩版2-7，3）。

DJW：47，足端斜削一周，釉色白中泛灰，施釉至足端。口径11.4、足径5.3、高5.6厘米（图2-7，6；彩版2-7，4）。

碗盖

（1）盖面弧，中心置纽，盖沿平折微上翘，沿下设子口，盖面篦划蕉叶纹。

DJW：30，盖顶部分残缺，釉色白中泛灰，内外皆施釉，有细碎开片。盖径10.8、残高3厘米（图2-8，1）。

DJW：42，盖顶部分残缺，釉色白中微泛青，外壁施釉，内壁无釉，见细密旋痕。盖径12.2、残高2.8厘米（图2-8，2；彩版2-8，1）。

（2）盖面弧，中心置纽，折唇内凹，盖面刻划莲瓣纹，内底支钉或垫饼垫烧。

DJW：40，失纽，釉色白中微泛青，外壁施釉，内壁无釉，内底见四枚支钉痕。盖径13.7、残高3.6厘米（图2-8，3；彩版2-8，2）。

DJW：41，釉色白中微泛青，外壁施釉，内壁无釉，内底见五枚支钉痕。盖径13.2、高3.7厘米（图2-8，4；彩版2-8，3）。

DJW：28，釉色白中泛青，釉面有条状开片，外壁施釉，内壁无釉，内底见垫烧痕。残高2.9厘米（图2-8，5）。

DJW：38，釉色白中泛青，外壁施釉，内壁无釉，有细密旋痕，内底见垫烧痕。盖径13.6、高4.6

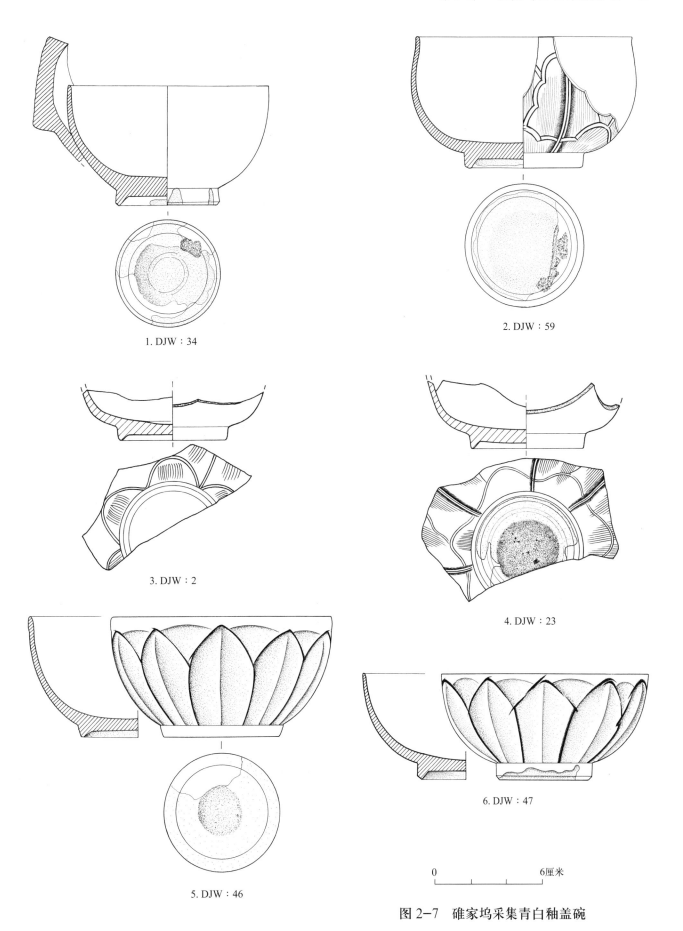

1. DJW：34

2. DJW：59

3. DJW：2

4. DJW：23

5. DJW：46

6. DJW：47

0　　　　　　　　6厘米

图 2-7　碓家坞采集青白釉盖碗

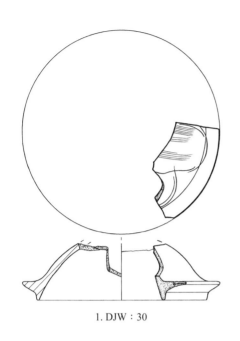

1. DJW：30

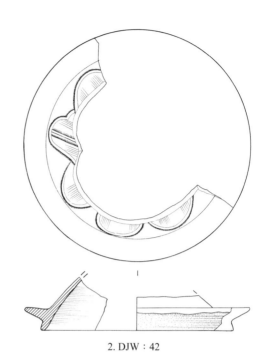

2. DJW：42

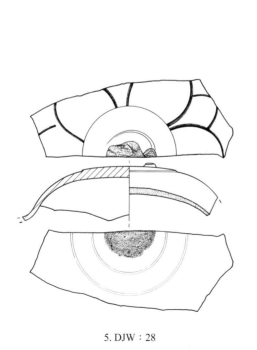

5. DJW：28

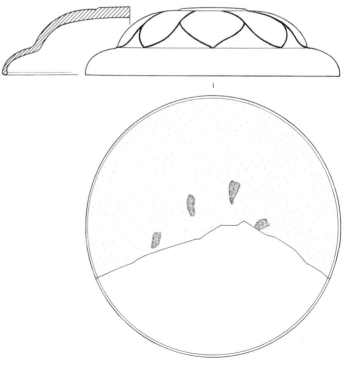

3. DJW：40

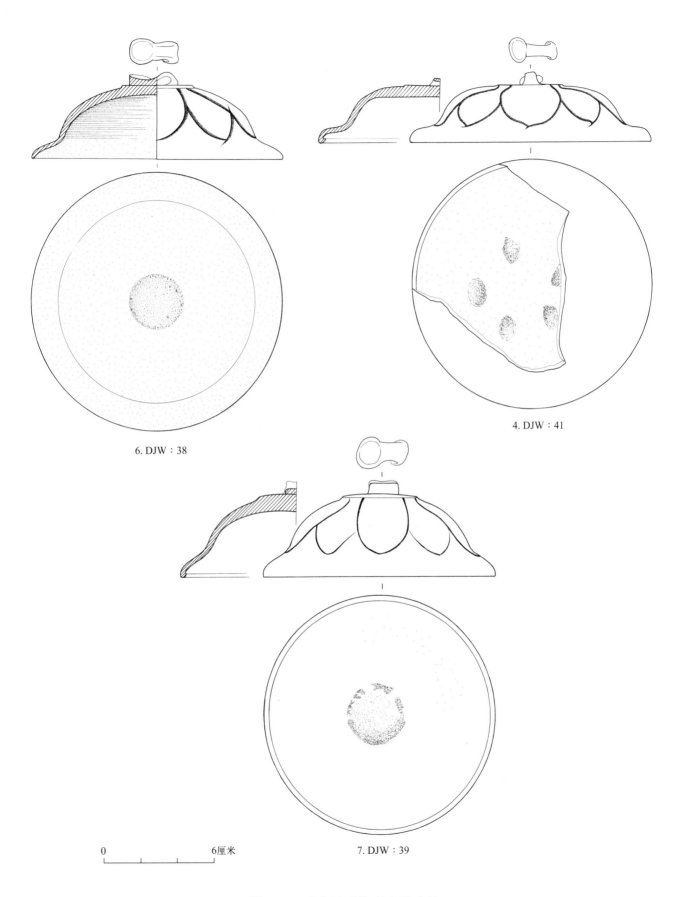

6. DJW：38

4. DJW：41

0　　　　　　　6厘米

7. DJW：39

图 2-8　碓家坞采集青白釉碗盖

厘米（图2-8，6；彩版2-8，4）。

DJW：39，釉色白中泛灰，外壁施釉，内壁无釉，内底见垫烧痕。盖径12.6、高5厘米（图2-8，7；彩版2-9，1）。

DJW：63，釉色白中泛灰，外壁施釉，内壁无釉，外壁粘连匣钵残块，匣钵外底见垫环残渣，内底中心粘连一块完整垫环（彩版2-9，1）。

碟

（1）敞口微侈，弧腹微折，内底一周凹棱作大平底，圈足，足墙内斜，外底同心圆式旋坯痕，垫环或垫饼垫烧。

DJW：27，釉色白中泛灰，施釉至足端，外底见垫烧痕。口径12.2、足径6.4、高3.5厘米（图2-9，1）。

DJW：35，釉色白中泛灰，施釉至足端，釉面有粗大条状开片。口径12.2、足径6.2、高3.8厘米（图2-9，2；彩版2-9，3）。

DJW：36，釉色白中泛黄，施釉至下腹，外壁修坯旋痕清晰，下腹近底足有几处抓痕，外底见垫烧痕。口径11.8、足径5.9、高3.8厘米（图2-9，3；彩版2-9，4）。

DJW：51，釉色白中微泛黄，施釉至下腹，釉面有细碎开片。口径12.4、足径6.6、高3.7厘米（图2-9，4）。

（2）凹花口，弧腹微折，内底一周凹棱作大平底，圈足，足墙内斜，足端斜削，外壁压棱，内壁对应压棱处凸起，外底垫饼垫烧。

DJW：50，釉色白中泛黄，施釉至下腹及足，釉面有棕眼，外壁粘连匣钵残渣，外底见垫烧痕。口径12、足径6.4、高4.2厘米（图2-9，5；彩版2-10，1）。

（3）尖花口，弧腹微折，内底一周凹棱作大平底，圈足，足墙内斜，足端斜削，外壁压棱，内壁对应压棱处凸起，外底同心圆式旋坯痕，垫饼垫烧。

DJW：31，压棱出尖，釉色白中泛灰，施釉至足，外壁见旋削痕，外底见垫烧痕。口径12、足径6、高3.4厘米（图2-9，6；彩版2-10，2）。

（4）敞口微侈，弧腹微折，内底一周凹棱作大平底，圈足，足墙内斜，外壁篦划蕉叶纹，外底垫饼垫烧。

DJW：58，釉色白中泛青，施釉裹足端，釉面有开片，外底见垫烧痕。口径12、足径6.3、高3.9厘米（图2-9，7；彩版2-10，3）。

（5）敞口或敞口微侈，弧腹微折，内底一周凹棱作大平底，圈足，足墙内斜足端斜削，外壁刻削莲瓣八至十二组，外底同心圆式旋坯痕，垫饼垫烧。

DJW：5，釉色白中泛灰，施釉至足端。口径12.3、足径6.7、高3.9厘米（图2-10，1）。

DJW：7，釉色白中微泛青，施釉至足端，内壁粘连匣钵残块，外底粘连一块完整垫饼。口径12、足径6.2、高3.8厘米（图2-10，2；彩版2-10，4）。

DJW：11，足墙内斜，足端微斜削，釉色白中泛黄，施釉至足端，外底流釉。口径10、足径4.8、高3.7厘米（图2-10，3）。

DJW：12，釉色白中泛灰，施釉至足端，釉面有少量开片，外底见垫烧痕。口径12.2、足径6.2、高3.7厘米（图2-10，4）。

DJW：48，釉色白中泛灰，施釉至足端，外足墙不甚规整。口径10.6、足径5、高3.3厘米（图2-10，5）。

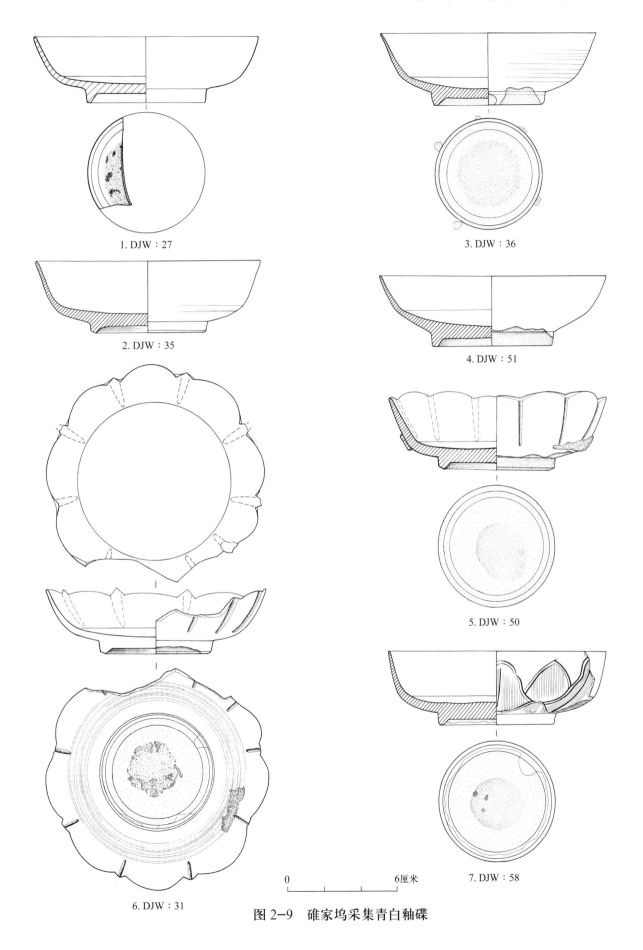

1. DJW：27

2. DJW：35

3. DJW：36

4. DJW：51

5. DJW：50

6. DJW：31

7. DJW：58

0　　　　　　　6厘米

**图 2-9　碓家坞采集青白釉碟**

1. DJW：5

2. DJW：7

3. DJW：11

4. DJW：12

5. DJW：48

6. DJW：49

7. DJW：32

8. DJW：33

9. DJW：1

0　　　　　　　6厘米

图2-10　碓家坞采集青白釉碟

DJW：49，釉色白中泛灰，施釉至下腹，外足墙不甚规整，外底见垫烧痕。口径 10.6、足径 5、高 3.3 厘米（图 2-10，6；彩版 2-11，1）。

DJW：32，釉色白中微泛青，施釉至足端，外底见圆形垫烧痕。口径 12.1、足径 6.4、高 3.6 厘米（图 2-10，7；彩版 2-11，2）。

DJW：33，釉色白中微泛青，施釉至足端，外壁粘连匣钵残块，外底见垫烧痕。口径 12.2、足径 7、高 3.9 厘米（图 2-10，8）。

DJW：1，足端微斜削，釉色白中微泛青，施釉至足端，外底流釉，见垫烧痕。足径 6.8、残高 3.2 厘米（图 2-10，9）。

平底碟

（1）敞口，弧腹微折，内底一周凹棱作平底，外平底或稍内凹，垫饼垫烧。

DJW：13，釉色白中泛灰，施釉至底。口径 14.8、底径 7、高 3.8 厘米（图 2-11，1）。

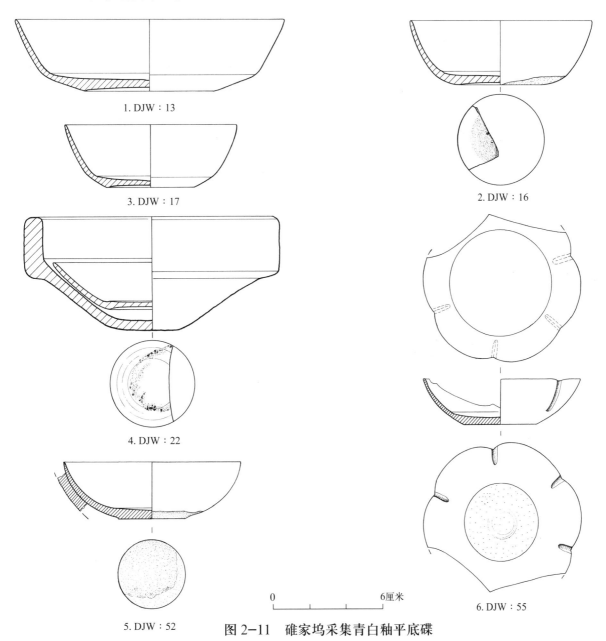

1. DJW：13

3. DJW：17

2. DJW：16

4. DJW：22

5. DJW：52

6. DJW：55

图 2-11 碓家坞采集青白釉平底碟

DJW：16，釉色白中泛灰，局部施釉不及底，外底见垫烧痕。口径 10、底径 5.4、高 3.4 厘米（图 2-11，2）。

DJW：17，釉色白中泛灰，施釉至底。口径 9.4、底径 4.8、高 3.3 厘米（图 2-11，3）。

DJW：22，釉色白中泛灰，施釉不及底，外壁粘连匣钵残块，外底见垫烧痕。口径 13.8、底径 4.6、高 6 厘米（图 2-11，4；彩版 2-11，3）。

DJW：52，釉色白中泛灰，施釉不及底，釉面有棕眼，外底见垫烧痕。口径 9.6、底径 3.5、高 3 厘米（图 2-11，5；彩版 2-11，4）。

（2）六瓣花口，弧腹微折，内底一周凹棱作平底，外壁压棱六道，内壁对应凸起，外底同心圆式旋坯痕，垫饼垫烧。

DJW：55，釉色白中泛灰，施釉至底，外底见垫烧痕。口径 8.6、底径 4、高 2.4 厘米（图 2-11，6；彩版 2-12，1）。

酒台

盘口，压棱作五葵口，斜折沿，折腹，圈足，足墙内斜，托盘中心置矮浅托台，外底同心圆式旋坯痕，支钉、垫环或垫饼垫烧。

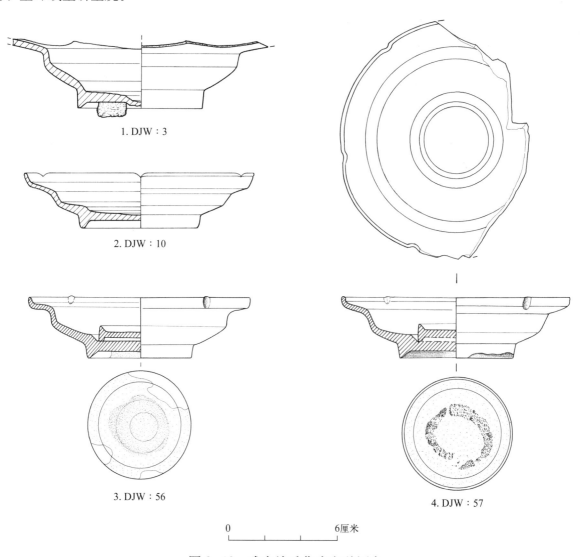

1. DJW：3

2. DJW：10

3. DJW：56

4. DJW：57

0　　　　　　　　6厘米

图 2-12　碓家坞采集青白釉酒台

DJW：3，失口沿及托台部分，釉色白中泛灰，施釉至足端，外底粘连两枚支钉。足径6.8、残高3.6厘米（图2-12，1）。

DJW：10，失托台部分，釉色白中微泛灰，施釉至足端。口径12.6、足径6.4、高2.9厘米（图2-12，2）。

DJW：56，釉色白中泛黄，施釉至足端，底足局部流釉，釉面有细密开片，外底见垫烧痕。口径12.2、足径5.7、高3.2厘米（图2-12，3；彩版2-12，2）。

DJW：57，釉色白中微泛青，施釉至足端，外底见垫环垫烧痕。口径12.8、足径6.2、高3.2厘米（图2-12，4；彩版2-12，3）。

杯

（1）直口，深弧腹，圈足，外底垫饼垫烧。

DJW：54，釉色白中泛灰，施釉至足端，外壁粘连匣钵残块，外底粘连一块完整垫饼。口径9.4、足径3.6、高4.6厘米（图2-13，1；彩版2-12，4）。

（2）花口微侈，斜弧腹，近底旋削一周，圈足，足墙内斜，足端斜削，外壁压棱，内壁对应凸起，

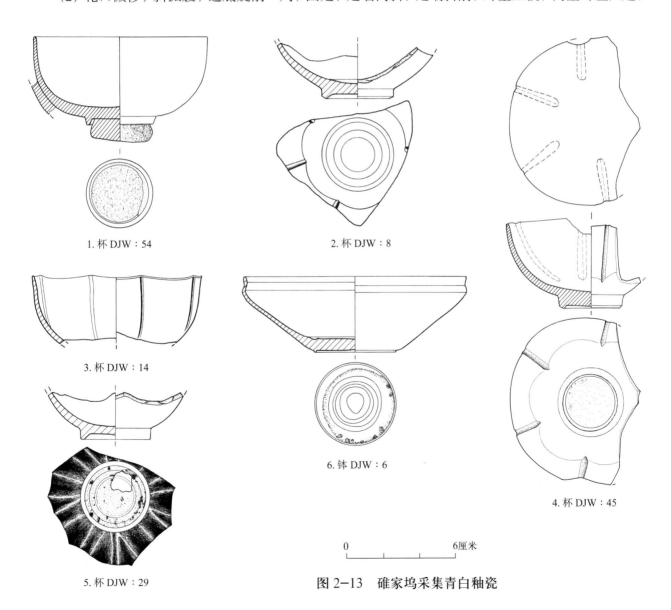

1. 杯 DJW：54

2. 杯 DJW：8

3. 杯 DJW：14

6. 钵 DJW：6

4. 杯 DJW：45

5. 杯 DJW：29

0    6厘米

图2-13 碓家坞采集青白釉瓷

外底同心圆式旋坯痕，垫饼垫烧。

DJW∶8，釉色白中泛灰，施釉至足端。足径 3.4、残高 3 厘米（图 2-13，2）。

DJW∶14，残存口沿部分，釉色白中发黄，釉面有细密开片。口径 9.2、残高 3.6 厘米（图 2-13，3）。

DJW∶45，微变形，六出花口，釉色白中泛灰，施釉至足端，釉面有棕眼，外底见垫烧痕。口径 9.2、足径 3.4、高 4.5～4.7 厘米（图 2-13，4；彩版 2-13，1）。

（3）斜弧腹，圈足，外壁刻划莲瓣纹，不甚规整，外底同心圆式旋坯痕，垫饼垫烧。

DJW∶29，釉色白中泛灰，施釉至足端，釉面有开片，外底见垫烧痕。足径 3.8、残高 2.5 厘米（图 2-13，5；彩版 2-13，2）。

钵

束口，斜腹，平底浅挖，内底一周凹棱作小平底，外底同心圆式旋坯痕，垫饼垫烧。

DJW∶6，釉色白中微泛灰，施釉至底，外壁见旋痕，外底见垫烧痕。口径 12.2、底径 4.4、高 4 厘米（图 2-13，6；彩版 2-13，3）。

## 2. 窑具

匣钵

（1）漏斗形，直口，方唇，腹壁上直下内收，平底微凸。

DJW∶4，红褐色胎。口径 12.8、底径 4.0、高 7.8 厘米（图 2-14；彩版 2-13，4）。

DJW∶18，土黄色胎（彩版 2-14，1）。

DJW∶61，红褐色胎，内部置烧一件直口碗（彩版 2-14，2）。

DJW∶62，土黄色胎，外底有五枚支钉印痕，倒置使用，垫烧碗盖。口径 16.8、底径 5.8、高 7.1 厘米（彩版 2-14，3）。

（2）桶形，直口，方唇，腹壁微弧，平底内凹。

DJW∶64，红褐色胎，表面布满黑色窑斑，内底有三组圆形垫烧痕。口径 24、底径 25.4、高 8.6 厘米（彩版 2-14，4）。

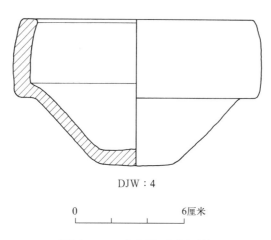

DJW∶4

0 ——————— 6厘米

图 2-14　碓家坞采集匣钵

# 三　红庙下（HMX）

## （一）Ⅰ组

### 青白釉瓷

碗

（唇口），斜腹，内底一周凹棱作大平底，圈足，足墙内斜，外底同心圆式旋坯痕，使用支钉叠烧。

HMX：23，釉色发白，施釉至下腹及足，釉面有开片，外壁见旋坯痕，内底八枚、外底十枚松子状支钉痕。足径7.8、残高3.0厘米（图2-15，1；彩版2-15，1）。

## （二）Ⅱ组

### 1. 青白釉瓷

碗

（1）敞口，斜弧腹，圈足，足墙内斜，外底多有同心圆式旋坯痕，足端支钉支烧，五枚左右。

HMX：3，口微敛，腹微变形，釉色白中微泛灰，釉面有棕眼和气孔，外壁粘连匣钵，足端粘连支钉。口径13.1、足径4.8、高4.9厘米（图2-15，2；彩版2-15，2）。

HMX：6，釉色白中泛黄，施釉至外底，足端露胎，釉面有细密开片。口径13.4、足径5.0、高4.2厘米（图2-15，3）。

HMX：8，釉色白中微泛灰，施釉至足端，釉面有棕眼，外壁旋坯痕清晰，足端见支钉支烧痕。口径12.8、足径4.8、高4.6厘米（图2-15，4；彩版2-15，3）。

HMX：9，内底微凹，足端斜削，釉色白中微泛黄，施釉至足端，釉面有少量棕眼，足端粘连两枚支钉，另见三处垫烧痕。口径12.6、足径5.0、高4.1厘米（图2-15，5）。

HMX：15，足端斜削，釉色白中发黄，施釉至下腹及足端，外壁旋坯痕清晰，足端粘连四枚支钉，另可分辨出一处垫烧痕。口径12.2、足径4.6、高4.4厘米（图2-15，6；彩版2-15，4）。

HMX：18，釉色白中微泛灰，施釉至下腹及足端，釉面有黑点，足端可分辨出五枚支钉支烧痕。口径12.2、足径5.0、高4.4厘米（图2-15，7；彩版2-16，1）。

HMX：20，口微敛，釉色白中发黄，杂质多色不纯，施釉至下腹及足，外壁见旋坯痕，足墙外侧见两处抓痕。口径12.8、足径4.8、高4.3厘米（图2-15，8）。

HMX：21，釉色白中发黄，施釉至下腹及足，外底流釉，釉面有细碎开片。口径12.7、足径4.6、高4.6厘米（图2-15，9）。

HMX：24，足端斜削，釉色白中泛黄，施釉至下腹及足端，釉面有细碎开片，足端可分辨出六枚支钉支烧痕。口径13.0、足径4.6、高4.4厘米（图2-16，1）。

HMX：29，釉色白中泛黄，施釉至下腹及足，釉面有条状开片，足墙外侧粘连一枚支钉残块。口径12.2、足径5.1、高4.8厘米（图2-16，2）。

（2）敞口，斜腹，内底一周凹棱作小平底，圈足，足墙内斜，外底同心圆式旋坯痕，足端支钉支烧。

HMX：12，釉色白中泛灰，施釉至下腹，釉面有开片，露胎处显土红色，胎体多杂质。口径13.3、足径5.2、高4.8厘米（图2-16，3；彩版2-16，2）。

（3）五葵口外敞，斜弧腹，内底一周凹棱作小平底，圈足，足墙内斜，外壁对应葵口处压棱五道，

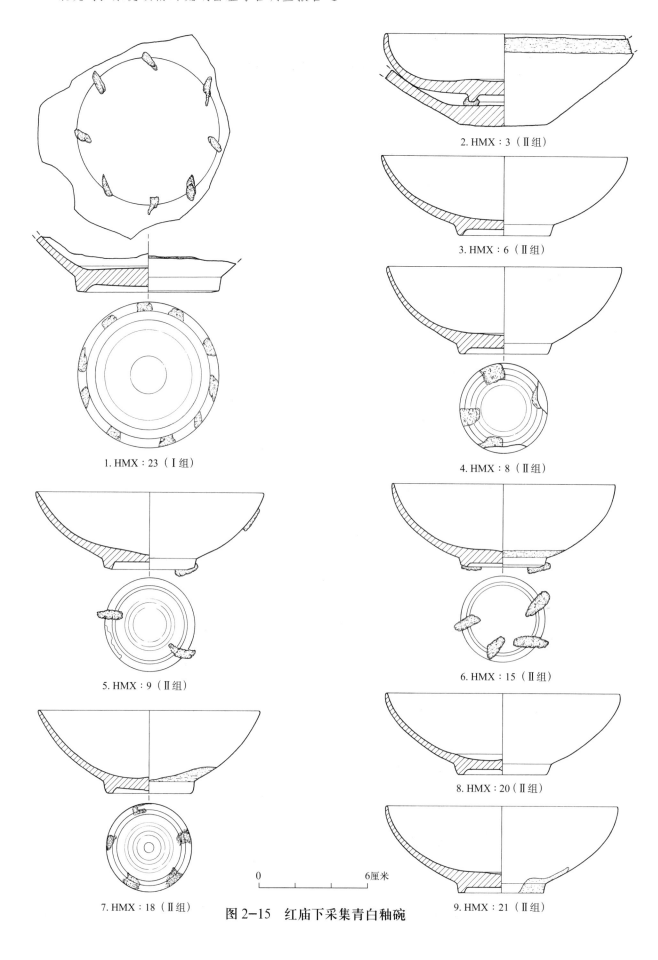

1. HMX：23（Ⅰ组）

2. HMX：3（Ⅱ组）

3. HMX：6（Ⅱ组）

4. HMX：8（Ⅱ组）

5. HMX：9（Ⅱ组）

6. HMX：15（Ⅱ组）

7. HMX：18（Ⅱ组）

8. HMX：20（Ⅱ组）

9. HMX：21（Ⅱ组）

0　　　　　　6厘米

图2-15　红庙下采集青白釉碗

内壁对应压棱处凸起，外底同心圆式旋坯痕，足端支钉支烧，五枚左右。

HMX：7，釉色白中微泛黄，施釉至下腹及足，釉面有棕眼，外壁见旋坯痕，外底见五枚支钉支烧痕。口径 13.4、足径 5.4、高 5.0 厘米（图 2-16，4；彩版 2-16，3）。

HMX：16，釉色白中发黄，施釉至下腹及足，釉面有细密开片，足墙外侧见两处抓痕。口径 13.1、足径 5.1、高 4.4 厘米（图 2-16，5）。

HMX：17，釉色白中微泛灰，施釉至下腹及足，足端斜削，粘连支钉残渣，可分辨出五枚垫烧痕。口径 12.8、足径 5.0、高 4.7 厘米（图 2-16，6）。

HMX：19，釉色白中微泛灰，施釉至下腹及足端，釉面有棕眼，外壁旋坯痕清晰，足端斜削，足底粘连一枚支钉残块。口径 13.2、足径 5.2、高 4.8 厘米（图 2-16，7；彩版 2-16，4）。

HMX：25，釉色发白，施釉至下腹及足端，外壁旋坯痕清晰，足底粘连一枚支钉残块。口径 12.4、足径 5.0、高 4.4 厘米（图 2-16，8；彩版 2-17，1）。

（4）唇口，斜弧腹，圈足，挖足较浅，足墙内斜，足端斜削，外底同心圆式旋坯痕，足底支钉支烧。

HMX：4，釉色白中泛灰，施釉至下腹及足，足底见四枚支钉垫烧痕。口径 11.6、足径 4.2、高 4.2 厘米（图 2-16，9；彩版 2-17，2）。

（5）（侈口），斜弧腹，内底小圆凸，圈足，足端斜削，足墙内斜，外壁刮削莲瓣，外底同心圆式旋坯痕，垫饼垫烧。

HMX：27，釉色白中微泛灰，施釉至足端，外底流釉，见痕。足径 5.0、残高 2.5 厘米（图 2-16，10；彩版 2-17，3）。

盖碗

（1）敞口，深弧腹，内底一周凹棱作大平底，窄圈足较高，外底同心圆式旋坯痕，垫饼垫烧。

HMX：1，釉色白中泛灰，施釉裹足端，外底见垫烧痕。足径 5.8、残高 5.4 厘米（图 2-17，1；彩版 2-17，4）。

HMX：28，釉色白中泛黄，施釉裹足端。口径 12.4、足径 6.0、高 5.9 厘米（图 2-17，2）。

HMX：30，釉色白中泛灰，施釉裹足端，外底流釉。足径 6.4、残高 4.7 厘米（图 2-17，3）。

HMX：37，釉色白中泛灰，施釉裹足端，内足墙旋痕密集，内壁粘连匣钵残块，外底粘连一块圆形垫饼，垫饼直径约 3.7 厘米。口径 12.8、足径 5.8、高 6.2 厘米（图 2-17，4；彩版 2-18，1）。

HMX：10，釉色白中泛灰，施釉裹足端，外底流釉，见垫烧痕，外壁见旋坯痕。口径 11.4、足径 6.2、高 5.5 厘米（图 2-17，5；彩版 2-18，2）。

（2）（敞口），深弧腹，内底一周凹棱作大平底，窄圈足较高，外壁刻划蕉叶纹，间饰篦划纹，外底同心圆式旋坯痕，垫饼垫烧。

HMX：2，釉色白中微泛青，施釉裹足端，外底流釉，见垫烧痕。足径 6.8、残高 4.9 厘米（图 2-18，1）。

HMX：33，釉色白中微泛青，施釉裹足端，外底流釉，粘连垫饼残块。足径 6.0、残高 4.3 厘米（图 2-18，2；彩版 2-18，3）。

（3）（敞口），深弧腹，窄圈足较高，外壁刻划蕉叶纹，间饰篦划纹，外底同心圆式旋坯痕，垫饼垫烧。

HMX：14，釉色发黄，施釉至足端，内足墙见旋痕。足径 5.9、残高 3.7 厘米（图 2-18，3；彩版 2-18，4）。

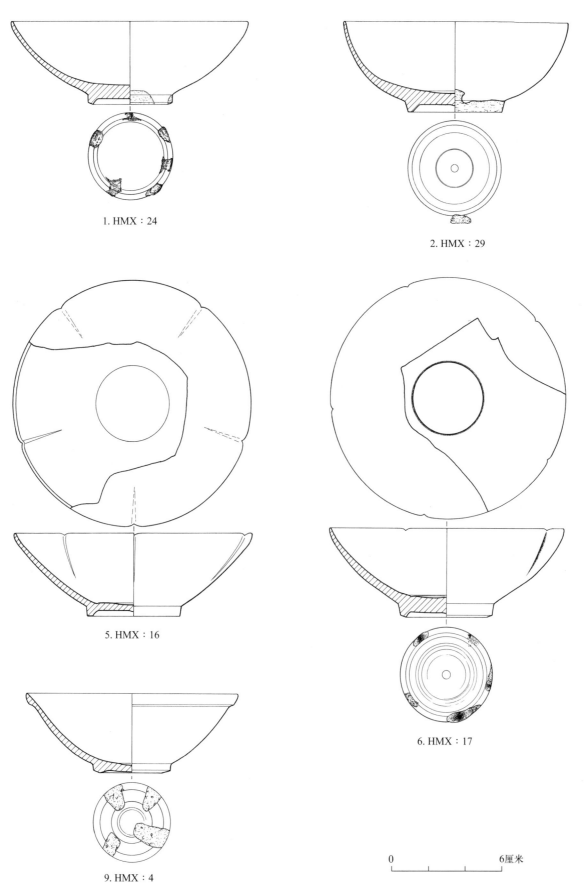

1. HMX：24

2. HMX：29

5. HMX：16

6. HMX：17

9. HMX：4

0　　　　　　6厘米

图 2-16　红庙下采集青白釉碗（Ⅱ组）

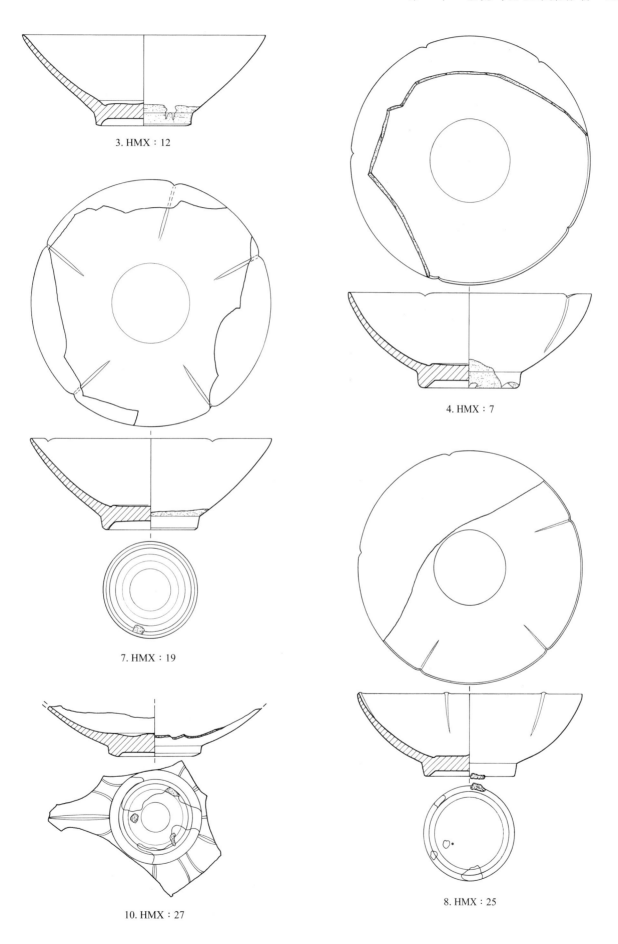

3. HMX：12

7. HMX：19

10. HMX：27

4. HMX：7

8. HMX：25

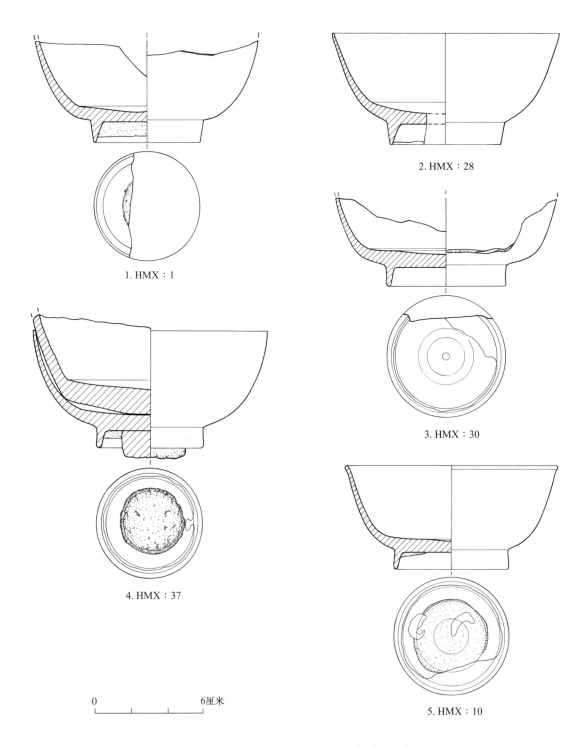

1. HMX：1

2. HMX：28

3. HMX：30

4. HMX：37

5. HMX：10

0　　　　　　　6厘米

图 2-17　红庙下采集青白釉盖碗（Ⅱ组）

HMX：45，器物变形，釉色白中泛灰，施釉不均匀，釉面有棕眼，外壁粘连垫饼及匣钵（彩版 2-18，5）。

碗盖

盖顶弧，中心置纽，盖沿平折微上翘，沿下设短子口，盖面篦划纹饰，内壁同心圆式旋坯痕，垫饼垫烧。

HMX：22，釉色白中微泛青，内壁未施釉。盖径 11.6、高 3.2 厘米（图 2-19，1；彩版 2-17，5）。

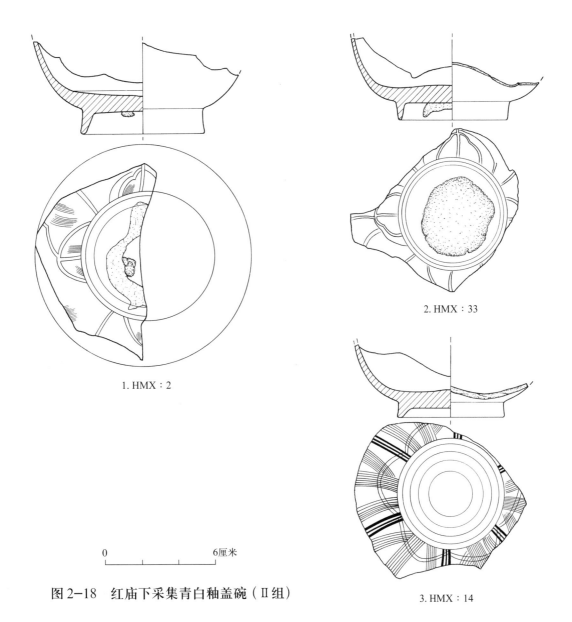

1. HMX：2

2. HMX：33

0 ⊢———————⊣ 6厘米

图2-18 红庙下采集青白釉盖碗（Ⅱ组）

3. HMX：14

碟

（1）敞口，斜弧腹，圈足，足墙内斜，外壁压棱五道，内壁对应凸起，外底同心圆式旋坯痕，足端支钉支烧。

HMX：38，釉色白中泛灰，施釉至足端，内壁粘连匣钵残块，匣钵底残留支钉痕，器物外壁见旋削痕，外底粘连四枚支钉，另有一处支钉脱落致足墙残缺。口径10.4、足径5.2、高2.6厘米（图2-19，2；彩版2-19，1）。

（2）敞口，斜壁，折腹，内底一周凹棱作大平底，圈足稍高，外底同心圆式旋坯痕，垫饼垫烧。

HMX：11，釉色白中泛灰，施釉至下腹及足，外底见垫烧痕。口径11.5、足径4.9、高4.5厘米（图2-19，3）。

HMX：13，釉色白中泛灰，施釉至足端，外底流釉。口径11.1、足径5.1、高4.4厘米（图2-19，4；彩版2-19，2）。

（3）十瓣花口，折腹，内底一周凹棱作大平底，圈足稍高，外壁对应花口处压棱十道，内壁对

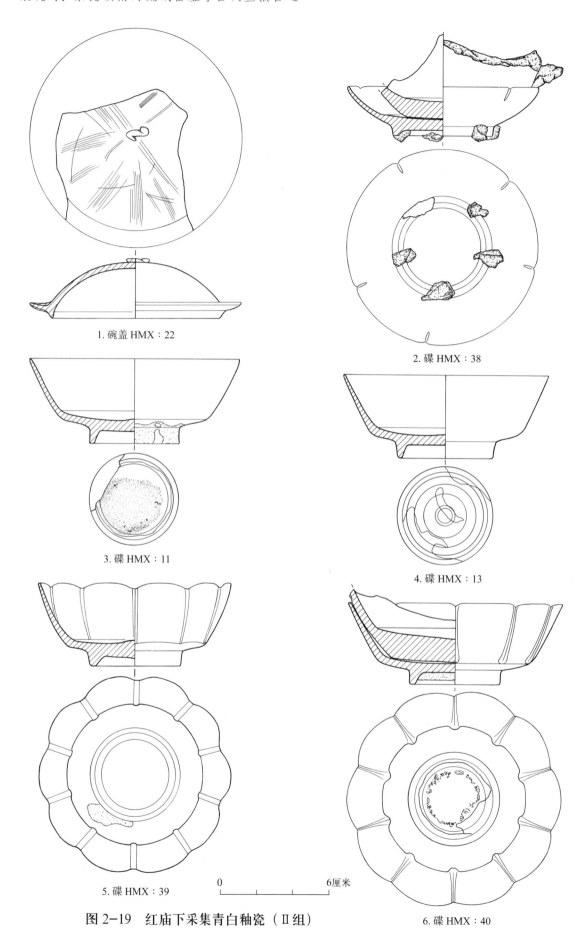

1. 碗盖 HMX：22

2. 碟 HMX：38

3. 碟 HMX：11

4. 碟 HMX：13

5. 碟 HMX：39

0　　　　　　　6厘米

图 2-19　红庙下采集青白釉瓷（Ⅱ组）

6. 碟 HMX：40

应压棱处凸起，外底同心圆式旋坯痕，垫饼垫烧。

HMX：39，釉色白中泛灰，积釉处闪青色，施釉至下腹及足端，釉面有开片，内外足墙见旋痕。口径10.6、足径4.8、高4.4厘米（图2-19，5；彩版2-19，3）。

HMX：40，釉色白中泛灰，积釉处闪青色，施釉至足，足端及内足墙流釉，内壁粘连匣钵残块，外底见垫烧痕。口径11.6、足径4.8、高4.3厘米（图2-19，6；彩版2-19，4）。

酒台

（1）盘口折沿，口沿外壁有压棱，折腹，窄圈足较高，中间置托台，稍高于托盘，外底心有一气孔，垫环垫烧。

HMX：34，口沿外壁残余压棱两道，釉色白中泛灰，施釉裹足，釉面有棕眼，外底见一圈垫烧痕。口径12.2、足径7.0、高3.7厘米（图2-20，1；彩版2-20，1）。

（2）平折沿，折腹，窄圈足较高，中间置托台，稍高于托盘，外底心有一小气孔，垫环垫烧。

HMX：35，釉色白中泛灰，施釉裹足端，托台粘连匣钵残块，外底见一圈垫烧痕。口径11.2、足径7.4、

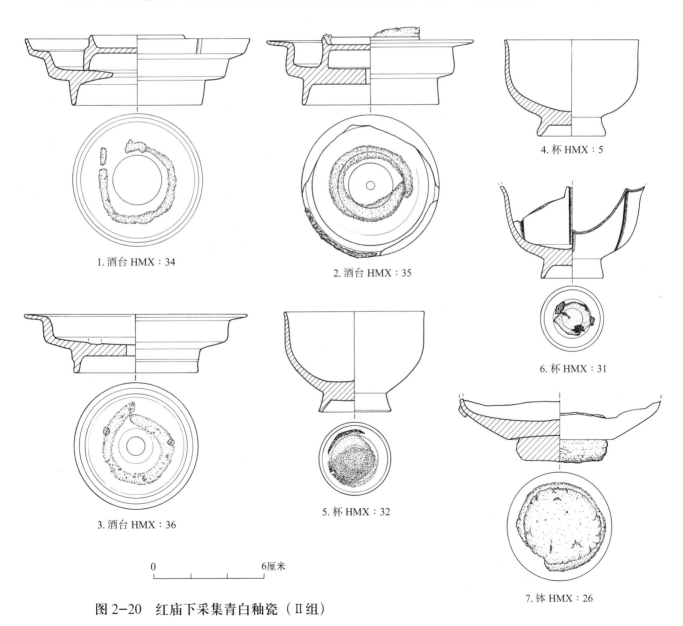

1. 酒台 HMX：34

2. 酒台 HMX：35

4. 杯 HMX：5

6. 杯 HMX：31

3. 酒台 HMX：36

5. 杯 HMX：32

7. 钵 HMX：26

0　　　　　　6厘米

图2-20　红庙下采集青白釉瓷（Ⅱ组）

高 3.6 厘米（图 2-20，2）。

HMX：36，托台残，釉色白中泛灰，施釉裹足端，托盘与托台粘接处一圈无釉，外底见同心圆式旋坯痕及一圈垫烧痕。口径 12.1、足径 6.8、残高 3.1 厘米（图 2-20，3；彩版 2-20，2）。

杯

（1）直口，深弧腹，窄圈足较高，足墙外撇，外底同心圆式旋坯痕，垫饼垫烧。

HMX：5，釉色白中泛灰，积釉处闪青色，施釉裹足端，外底流釉，见垫烧痕。口径 7.4、足径 3.8、高 5.1 厘米（图 2-20，4）。

HMX：32，釉色白中泛灰，施釉裹足端，外壁见旋坯痕，外底见垫烧痕。口径 7.6、足径 4.0、高 5.3 厘米（图 2-20，5；彩版 2-20，3）。

（2）六瓣花口，深弧腹，窄圈足较高，足墙外撇，外壁对应花口处压棱六道，内壁对应压棱处凸起，外底垫饼垫烧。

HMX：31，釉色白中泛灰，积釉处微闪青色，施釉裹足，外底见垫烧痕。足径 3.4，残高 4.9 厘米（图 2-20，6；彩版 2-20，4）。

钵

（束口），折腹，内底一周凹棱作平底，外底同心圆式旋坯痕，垫饼垫烧。

HMX：26，釉色白中泛灰，外底刮釉，粘连一块垫饼，垫饼直径约 5 厘米。底径 5.8、残高 2.1 厘米（图 2-20，7；彩版 2-21，1）。

### 2. 窑具

匣钵

（1）漏斗形，直口，方唇，腹壁上直下内收，平底或微凸。

HMX：41，褐色胎，含杂质较多，内底残留支钉残渣（彩版 2-21，2）。

HMX：43，土黄色胎，纯净少杂质，内部置烧一件敞口碗，匣钵肩部有刻划痕（彩版 2-21，3）。

HMX：44，褐色胎，胎质较纯净，内部置烧一件五葵口碗（彩版 2-21，4）。

HMX：46，红褐色胎，内部置烧一件支钉垫烧的敞口碗（彩版 2-22，1）。

HMX：47，褐色胎，杂质较多，内底残留支钉痕（彩版 2-22，2）。

HMX：48，红褐色胎，较纯净，内部置烧一件支钉垫烧的敞口碗，五枚支钉（彩版 2-22，3）。

（2）钵形，敞口微敛，深弧腹，平底稍内凹。

HMX：42，红褐色胎，质地较紧实（彩版 2-22，4）。

# 四　塘坞 a（TWa）

## 1. 青白釉瓷

碗

（1）敞口，斜弧腹，圈足，足端斜削，外底同心圆式旋坯痕，足端支钉支烧。

TWa：4，釉色白中泛灰，施釉至下腹及足，外壁修坯不平整，足底残留一枚支钉痕。口径 11.4、足径 4.2、高 3.8 厘米（图 2-21，1）。

TWa：8，釉色白中泛灰，施釉至足端，釉面有开片，足端残留支钉痕。口径 12.0、足径 4.0、高 3.7 厘米（图 2-21，2；彩版 2-23，1）。

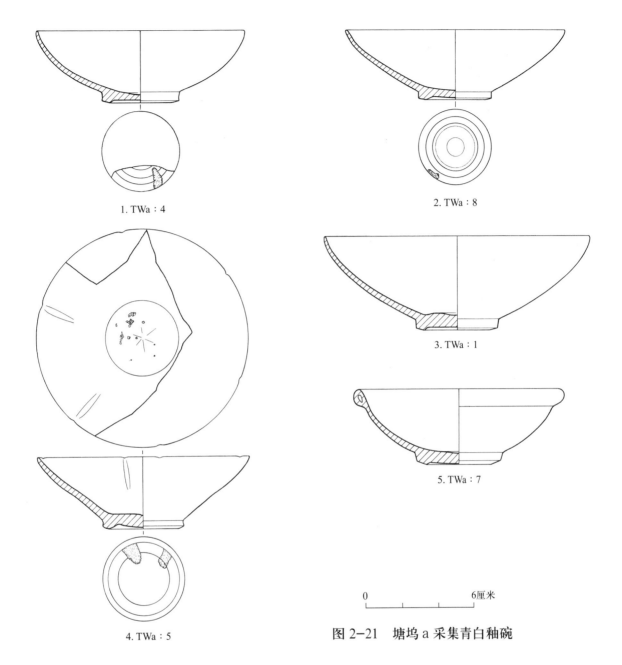

1. TWa：4

2. TWa：8

3. TWa：1

5. TWa：7

4. TWa：5

0　　　　　　6厘米

图 2-21　塘坞 a 采集青白釉碗

　　（2）敞口，斜弧腹，内底一周凹棱作小平底，圈足，足墙内斜，足端斜削，外底同心圆式旋坯痕，足端支钉支烧。

　　TWa：1，釉色白中泛灰，施釉至下腹及足，釉面有细密开片，足端流釉，见支钉痕。口径 14.5、足径 4.6、高 5.0 厘米（图 2-21，3；彩版 2-23，2）。

　　（3）敞口，斜弧腹，内底一周凹棱作小平底，圈足，足端斜削，外壁压棱五道，内壁对应压棱处凸起，外底同心圆式旋坯痕，足端支钉支烧。

　　TWa：5，釉色白中泛灰，施釉至足端，外壁见修坯痕，足底可分辨出四枚支钉痕。口径 11.6、足径 4.4、高 3.8 厘米（图 2-21，4；彩版 2-23，3）。

　　（4）唇口，斜弧腹，圈足，挖足较浅，足墙内斜，足端斜削，外底同心圆式旋坯痕，足底支钉支烧。

　　TWa：7，釉色白中泛灰，施釉至足端，足底可分辨出四枚支钉痕。口径 11.7、足径 4.5、高 4.0 厘米（图 2-21，5；彩版 2-23，4）。

碟

（侈口），弧腹微折，内底一周凹棱作平底，圈足，挖足较浅，外壁刻削莲瓣，外底同心圆式旋坯痕，垫饼垫烧。

TWa：9，釉色白中泛灰，施釉至足端，外底见垫烧痕。足径6.5、残高2.4厘米（图2-22，1；彩版2-24，1）。

平底碟

敞口，弧腹微折，内底一周凹棱作平底，外底垫饼垫烧。

TWa：2，釉色白中泛灰，施釉至下腹，外壁见旋坯痕，粘连匣钵及垫饼。口径9.0、底径3.6、高3.0厘米（图2-22，2；彩版2-24，2）。

酒台

口沿残缺，矮圈足，足墙内斜，托盘中心置托台，台身堆贴一圈覆莲纹，内足墙及外底同心圆式旋坯痕，外底垫环垫烧。

TWa：6，釉色白中泛灰，积釉处微闪青色，施釉至足端，外底流釉，见环形垫烧痕。足径6.6、残高2.7厘米（图2-22，3；彩版2-24，3）。

杯

敞口，深弧腹，窄圈足，挖足较浅，外底垫饼垫烧。

TWa：10，釉色白中泛灰，施釉至下腹及足，外壁见旋坯痕，外底见垫烧痕。口径9.2、足径3.8、

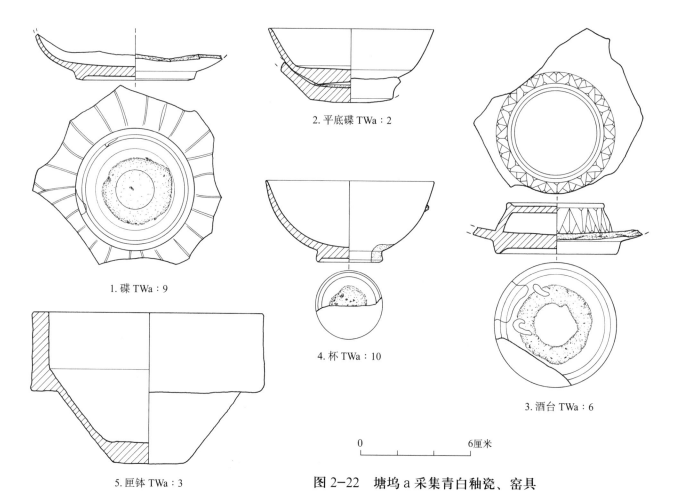

1. 碟 TWa：9

2. 平底碟 TWa：2

3. 酒台 TWa：6

4. 杯 TWa：10

5. 匣钵 TWa：3

图2-22　塘坞a采集青白釉瓷、窑具

高 4.3 厘米（图 2-22，4；彩版 2-24，4）。

### 2. 窑具

匣钵

漏斗形，直口，方唇，腹壁上直下内收，平底微凸。

TWa：3，土黄色胎，较细密，含杂质。口径 12.8、底径 4.0、高 8.0 厘米（图 2-22，5；彩版 2-24，5）。

# 五　塘坞 b（TWb）

### 1. 青白釉瓷

碗

（1）（侈口），斜弧腹，内底小圆凸，圈足，足端斜削，外壁刻削莲瓣纹，外底同心圆式旋坯痕，垫饼垫烧。

TWb：13，釉色白中泛黄，施釉至下腹，釉面有细碎开片。足径 4.6、残高 2.1 厘米（图 2-23，1）。

（2）撇口，外壁压棱作五瓣花口，内壁对应压棱处凸起，斜弧腹，内小平底，圈足稍高，足墙内斜，外底同心圆式旋坯痕，垫饼垫烧。

TWb：7，釉色白中泛灰，施釉至足端，内足墙及外底流釉，釉面有粗大开片，外壁粘连匣钵残块，外底见垫烧痕。口径 13.0、足径 4.0、高 5.6 厘米（图 2-23，2；彩版 2-25，1）。

盖碗

（1）（敞口），深弧腹，圈足，足墙内斜，外壁刻划蕉叶纹，外底同心圆式旋坯痕，垫饼垫烧。

TWb：12，釉色白中泛灰，施釉裹足端，外底流釉，釉面有条状开片。足径 5.6、残高 2.6 厘米（图 2-23，3）。

（2）（敞口），深弧腹，窄圈足较高，内底平，外壁刻划蕉叶纹，间饰篦纹，外底垫饼垫烧。

TWb：11，釉色白中泛灰，施釉裹足端，外底流釉，粘连垫饼残块。足径 6.6、残高 2.2 厘米（图 2-23，4）。

碗盖

顶部残阙，盖面弧，刻划花叶纹，盖沿折唇内凹。

TWb：2，釉色白中泛黄，盖内侧近顶无釉。盖径 13.9、残高 3.8 厘米（图 2-23，5；彩版 2-25，2）。

碟

（1）敞口，斜壁，折腹，内底一周凹棱作大平底，圈足较高，内足墙及外底同心圆式旋坯痕，垫饼垫烧。

TWb：14，釉色白中泛灰，积釉处微闪青色，施釉至足，外底见垫烧痕。足径 5、残高 3.6 厘米（图 2-23，6）。

TWb：15，釉色白中微泛青，釉面有开片。口径 11.2、残高 3.5 厘米（图 2-23，7）。

（2）十瓣花口，斜壁，折腹，内底一周凹棱作大平底，圈足，外壁压棱，内壁对应压棱处凸起。

TWb：10，釉色白中微泛青，釉面有开片。口径 10、残高 3.6 厘米（图 2-23，8）。

酒台

（1）平折沿，折腹，圈足较高，中间置托台，托台腹壁斜直，高于托盘，内足墙及外底同心圆

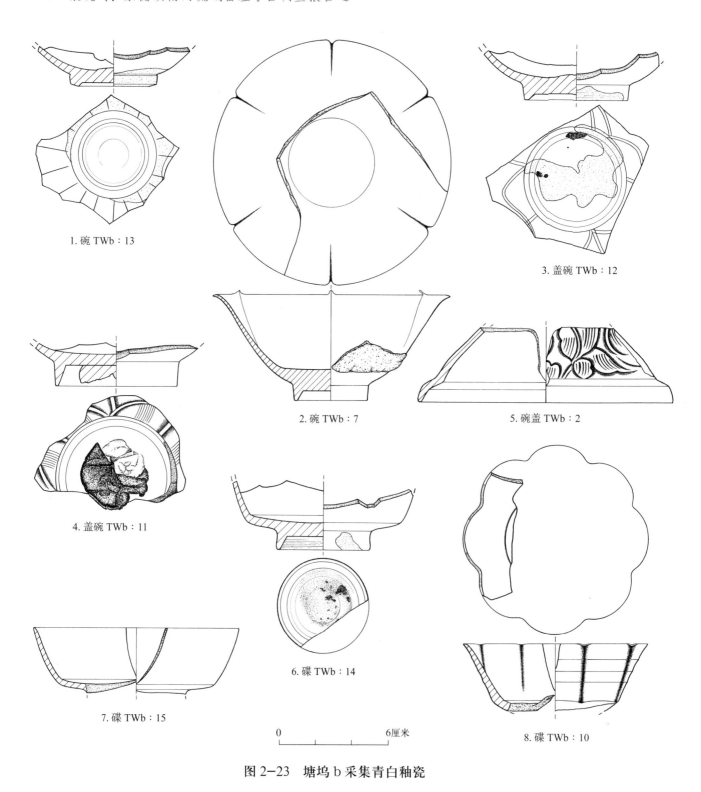

1. 碗 TWb：13
3. 盖碗 TWb：12
4. 盖碗 TWb：11
2. 碗 TWb：7
5. 碗盖 TWb：2
7. 碟 TWb：15
6. 碟 TWb：14
8. 碟 TWb：10

0      6厘米

图 2-23 塘坞 b 采集青白釉瓷

式旋坯痕，垫饼或垫环垫烧。

　　TWb：1，釉色白中泛青，施釉裹足端，外底见垫烧痕。口径 11.0、足径 6.9、高 3.3 厘米（图 2-24，1；彩版 2-25，3）。

　　（2）平折沿，唇微翘，折腹，圈足较高，外底心有一气孔，托盘中间置矮弧腹托台，稍高于托盘，托盘盘沿篦划缠枝花叶纹，托台外壁篦划蕉叶纹，外底同心圆式旋坯痕，垫环垫烧。

TWb：9，釉色白中泛灰，施釉裹足端，外底流釉，见环形垫烧痕。口径12.0、足径7.0、高2.9厘米（图2-24，2；彩版2-25，4）。

（3）口沿残缺，圈足，足墙内斜，托盘中心置托台，托台斜腹壁，台身堆贴一圈覆莲纹，内足墙及外底同心圆式旋坯痕，施釉至足端，外底垫环垫烧。

TWb：5，口沿残缺，釉色白中泛青，外底见垫烧痕。足径6.2、残高2.7厘米（图2-24，3；彩版2-25，5）。

杯

（1）直口，深弧腹，圈足较高，足墙外撇，外底同心圆式旋坯痕，垫饼垫烧。

TWb：4，釉色白中微泛黄，施釉裹足端，外底流釉。口径7.6、足径4.0、高5.8厘米（图2-24，4；彩版2-26，1）。

（2）直口微侈，深弧腹，圈足较高，足墙外撇，外壁篦划纹饰，外底同心圆式旋坯痕，垫饼垫烧。

TWb：6，釉色白中微泛青，施釉裹足端，外底流釉，见垫烧痕。口径8.0、足径3.6、高5.4厘米（图2-24，5；彩版2-26，2）。

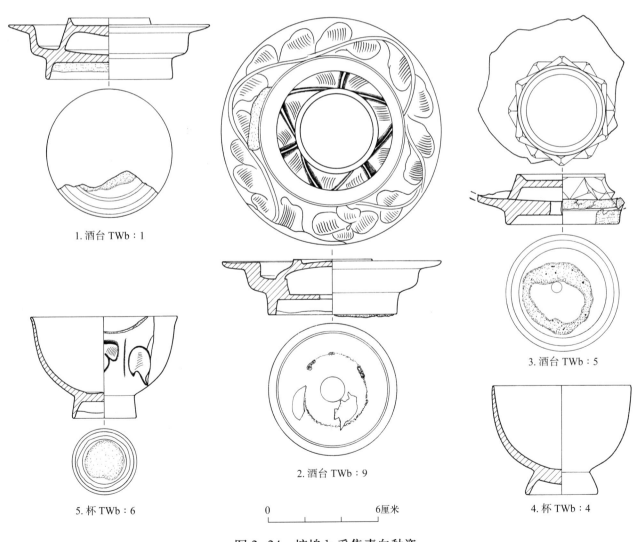

1. 酒台 TWb：1

2. 酒台 TWb：9

3. 酒台 TWb：5

5. 杯 TWb：6

4. 杯 TWb：4

0       6厘米

**图2-24 塘坞b采集青白釉瓷**

### 2. 酱釉瓷

碗

敞口，斜弧腹，圈足，挖足较浅，外底垫饼垫烧。

TWb：8，酱釉，色不纯，有兔毫，施釉至下腹及足，不均匀，内壁粘连匣钵残块，外底见垫烧痕。口径 11.8、足径 3.6、高 4.5 厘米（图 2-25，1；彩版 2-26，3）。

平底碟

敞口，斜弧腹微折，内底一周凹棱作大平底，外平底浅挖，外壁压棱内壁凸起，外底同心圆式旋坯痕，垫饼垫烧。

TWb：3，酱釉，色不纯，外底刮釉。底径 7.0、残高 2.4 厘米（图 2-25，2；彩版 2-26，4）。

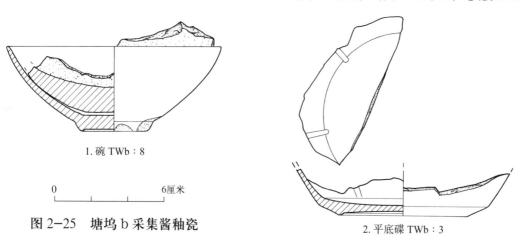

1. 碗 TWb：8

0　　　　　　　6厘米

图 2-25　塘坞 b 采集酱釉瓷

2. 平底碟 TWb：3

## 六　草坦上（CTS）

### （一）Ⅰ组

### 青白釉瓷

碗

（1）直口，窄唇，深弧腹，高圈足，外底垫饼垫烧。

CTS：7，釉色白中泛黄，施釉裹足端，釉面有细密开片，内足墙见旋痕，外底见垫烧痕。口径 14.8、足径 6.2、高 8.0 厘米（图 2-26，1；彩版 2-27，1）。

CTS：20，釉色白中泛灰，施釉裹足端，釉面有细密开片，挖足不规整，内足墙见旋痕，外底同心圆式旋坯痕。足径 6.7、残高 6.4 厘米（图 2-26，2）。

（2）敛口，鼓腹，高圈足，外底垫饼垫烧。

CTS：1，釉色白中微泛灰，施釉裹足，釉面有粗大条状开片，外底粘连垫饼残渣，见垫烧痕。口径 10.4、足径 4.6、高 6.6 厘米（图 2-26，3；彩版 2-27，2）。

（3）敞口微侈，外作窄唇，斜弧腹，内底圆凸，圈足，足墙内斜，外底垫饼垫烧。

CTS：4，釉色白中微泛灰，施釉至足端，外底见垫烧痕。口径 11.0、足径 3.4、高 4.2 厘米（图 2-26，4；彩版 2-27，3）。

（4）（敞口微侈），斜腹，圈足，内壁划花，外底垫饼垫烧。

CTS：27，纹饰较模糊，釉色白中微泛青，釉面有细碎开片，外底心刮釉，粘连垫饼残块，见垫

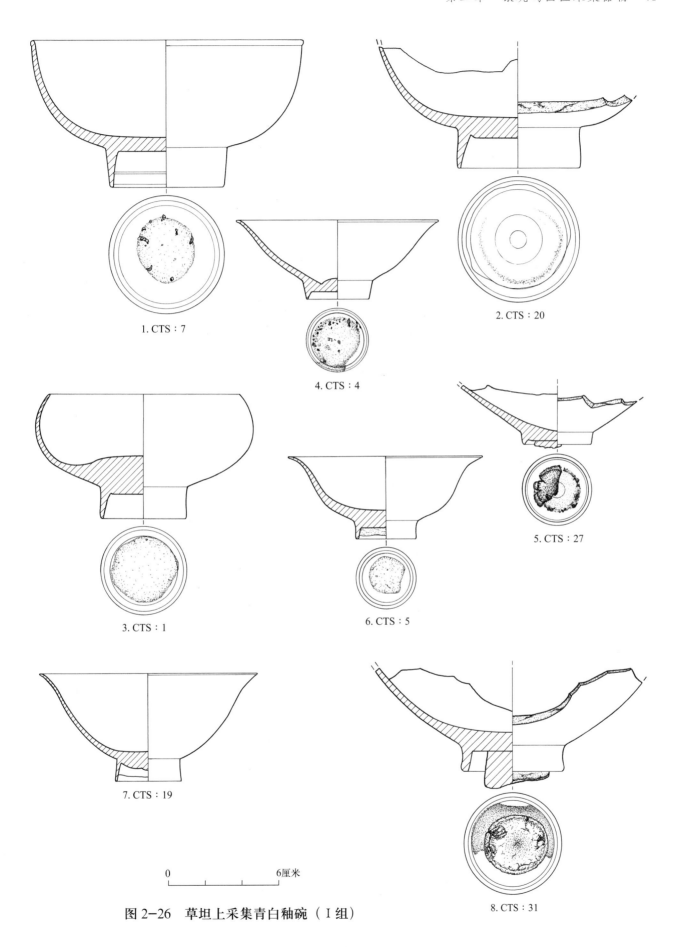

1. CTS：7

2. CTS：20

4. CTS：4

3. CTS：1

6. CTS：5

5. CTS：27

7. CTS：19

8. CTS：31

0　　　　　　6厘米

图 2-26　草坦上采集青白釉碗（Ⅰ组）

烧痕。足径 3.7、残高 3.1 厘米（图 2-26，5；彩版 2-27，4）。

（5）侈口，斜弧腹，圈足较高，外底垫饼垫烧。

CTS：5，釉色白中泛青，积釉处显青色，施釉裹足端，釉面有细碎开片，外底见同心圆式旋坯痕及垫烧痕。口径 10.6、足径 3.3、高 4.4 厘米（图 2-26，6；彩版 2-28，1）。

CTS：19，釉色白中泛灰，施釉裹足端，釉面有条状开片，外底见旋坯痕。口径 11.8、足径 3.6、高 5.7 厘米（图 2-26，7；彩版 2-28，2）。

CTS：31，釉色白中微泛青，外足墙下端积釉显青色，施釉裹足端，釉面有开片，外底粘连一块垫饼。足径 5.4、残高 5.3 厘米（图 2-26，8）。

盖碗

（敞口），深弧腹，圈足稍高，内底一周大凹棱，外底垫饼垫烧。

CTS：16，釉色白中微泛灰，施釉裹足端，外足墙局部露胎，外底见旋坯痕及垫烧痕。足径 5.7、残高 3.7 厘米（图 2-27，1；彩版 2-28，3）。

碗盖

盖弧拱，近顶有两级凸起的小圆台，中心置三叉茎纽，折沿，唇稍内凹，垫饼或垫环垫烧。

CTS：9，纽残，釉色白中泛黄，积釉处微闪青色，釉面有细碎开片，内壁中心无釉，见垫烧痕。盖径 13、残高 3.7 厘米（图 2-27，2；彩版 2-28，4）。

碟

（1）侈口，斜弧腹，饼足浅挖，内壁一周凹弦纹，外底同心圆式旋坯痕，垫饼垫烧。

CTS：14，生烧，釉色内壁土红，外壁白中泛灰，釉面生涩有棕眼，外底刮釉，见垫烧痕。口径 15.0、足径 4.6、高 4.2 厘米（图 2-28，1；彩版 2-29，1）。

（2）侈口，斜弧腹，饼足浅挖，内底刻划纹饰，外底垫饼垫烧。

CTS：2，釉色白中泛黄，外底刮釉，见垫烧痕。口径 13.2、足径 4.0、高 3.8 厘米（图 2-28，2；彩版 2-29，2）。

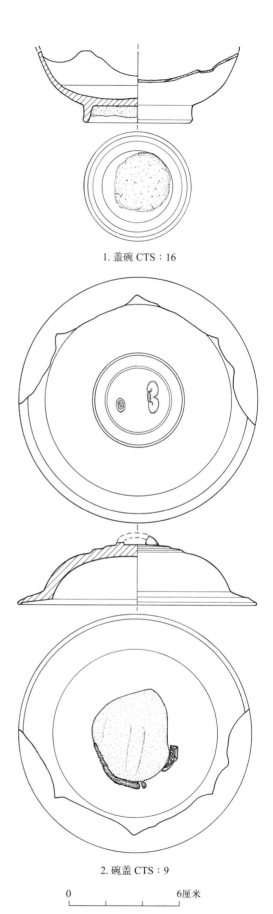

1. 盖碗 CTS：16

2. 碗盖 CTS：9

0　　　　　　6厘米

图 2-27　草坦上采集青白釉瓷（Ⅰ组）

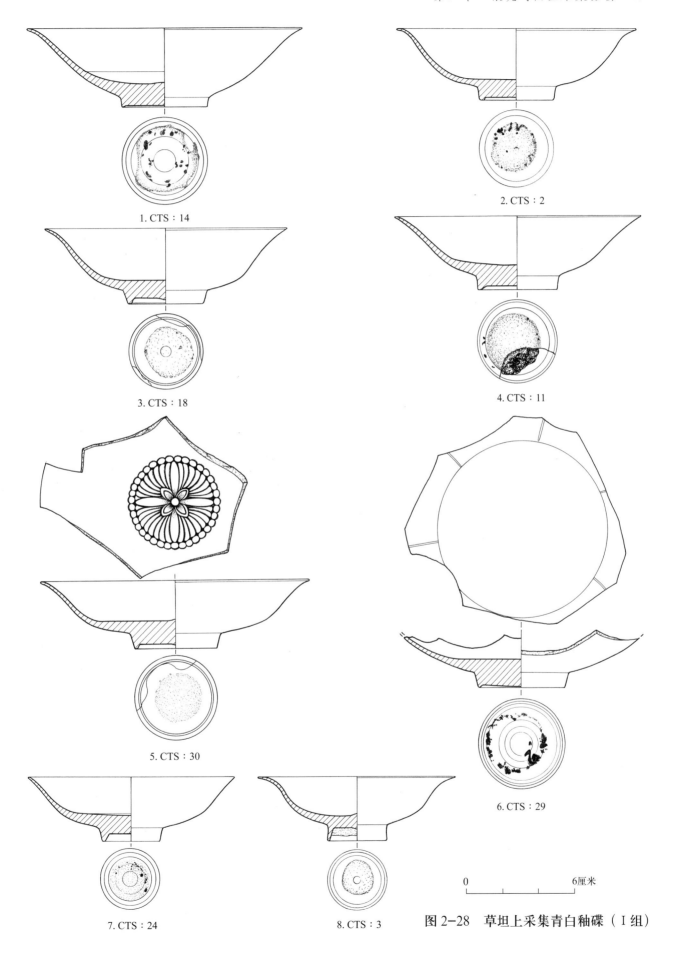

1. CTS：14

2. CTS：2

3. CTS：18

4. CTS：11

5. CTS：30

6. CTS：29

7. CTS：24

8. CTS：3

0　　　　　　6厘米

图2-28　草坦上采集青白釉碟（Ⅰ组）

CTS：18，内底划转轮菊，较模糊，釉色白中微泛青，釉面有粗大开片，外底刮釉，见垫烧痕。口径13.2、足径4.0、高4.0厘米，（图2-28，3；彩版2-29，3）。

（3）侈口，斜弧腹，饼足浅挖，内底压印纹饰，外底垫饼垫烧。

CTS：11，内底纹饰模糊，仅具轮廓，釉色白中泛黄，局部闪青色，外底流釉，见垫烧痕。口径13.6、足径4.4、高3.9厘米（图2-28，4；彩版2-29，4）。

CTS：30，内底压印连珠纹及十字花，釉色白中泛黄，外底流釉，见垫烧痕。口径14.6、足径4.4、高3.6厘米（图2-28，5）。

（4）（侈口，六葵口），斜弧腹，饼足浅挖，内壁沥粉出筋六道，内大平底稍内凹，篦划纹饰模糊，外底同心圆式旋坯痕，垫饼垫烧。

CTS：29，釉色白中微泛灰，釉面有条状开片，外底刮釉，见垫烧痕。足径4.8、残高3.1厘米（图2-28，6；彩版2-30，1）。

（5）侈口，斜弧腹，圈足，内底一周凹弦纹，外底垫饼垫烧。

CTS：24，釉色白中微泛青，施釉至足端，釉面有开片，外底见垫烧痕。口径11.2、足径3.2、高3.4厘米（图2-28，7；彩版2-30，2）。

（6）侈口，斜弧腹，窄圈足，外底垫饼垫烧。

CTS：3，釉色白中微泛青，施釉裹足端，外底见垫烧痕。口径10.8、足径3.2、高3.4厘米（图2-28，8；彩版2-30，3）。

平底碟

（1）（敞口），斜弧腹，平底稍上凸，外底垫饼垫烧。

CTS：17，釉色白中微泛青，外底刮釉，见垫烧痕。底径3.2、残高1.4厘米（图2-29，1；彩版2-30，4）。

（2）（敞口），斜弧腹，平底稍上凸，内壁沥粉出筋六道，外底垫饼垫烧。

CTS：22，釉色白中泛黄，釉面有细密开片，外底刮釉，见垫烧痕。底径4.6、残高1.7厘米（图2-29，2；彩版2-31，1）。

（3）（敞口），斜弧腹，平底浅挖，内壁沥粉出筋六道，外壁对应压棱六道，外底垫饼垫烧。

CTS：21，釉色白中微泛灰，釉面有开片，外底刮釉，见垫烧痕。底径4.6、残高2.0厘米（图2-29，3；彩版2-31，2）。

杯

直口，深弧腹，圈足外撇，外底垫饼垫烧。

CTS：6，釉色白中泛灰，积釉处闪青色，施釉裹足，外底粘连垫饼残块。口径7.2、足径3.4、高5.1厘米（图2-29，4；彩版2-31，3）。

灯盏

唇口，斜腹或斜弧腹，圈足，挖足较浅，外底垫饼垫烧。

CTS：8，釉色白中泛灰，釉面有开片，外底粘连一块圆形垫饼。口径8.2、足径3.6、高2.1厘米（图2-29，5）。

CTS：10，生烧，釉面生涩，釉色白中泛黄，满釉。口径8.7、足径3.4、高2.3厘米（图2-29，6；彩版2-31，4）。

CTS：23，足端斜削一周，釉色白中泛黄，满釉，外底粘连垫饼残块。口径8.4、足径2.9、高2.2

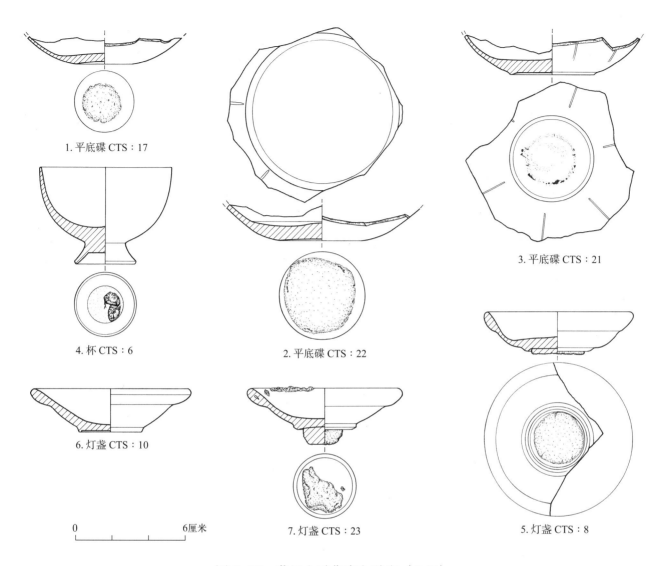

1. 平底碟 CTS：17

4. 杯 CTS：6

6. 灯盏 CTS：10

0        6厘米

2. 平底碟 CTS：22

7. 灯盏 CTS：23

3. 平底碟 CTS：21

5. 灯盏 CTS：8

图 2-29　草坦上采集青白釉瓷（Ⅰ组）

厘米（图 2-29，7）。

## （二）Ⅱ组

青白釉瓷

碗

（六葵口外敞），斜弧腹，饼足浅挖，内底小圆凸，外底垫饼垫烧。

CTS：26，釉色白中微泛青，釉面有开片，外底心刮釉，见垫烧痕。足径 3.4、残高 3.2 厘米（图 2-30，1；彩版 2-32，1）。

CTS：28，釉色白中微泛青，釉面有开片，外底心刮釉，粘连垫饼残块，见垫烧痕。足径 3.6、残高 2.2 厘米（图 2-30，2）。

平底碟

（1）（敞口，十二瓣花口），斜弧腹，平底稍上凸，内壁沥粉出筋十二道，内底一周凹弦纹，外底垫饼垫烧。

CTS：25，釉色白中泛黄，釉面有开片，外壁近底处旋削一周，外底刮釉，见垫烧痕。底径4.3、残高1.2厘米（图2-30，3；彩版2-32，2）。

（2）敞口，弧腹，略作隐圈足，平底稍内凹，内底一周凹弦纹，内有篦划纹饰，外底垫饼垫烧。

CTS：12，釉色白中泛青，外壁近底处积釉显青色，外壁粘连匣钵残块，外底刮釉，见垫烧痕。口径10、底径4.2、高2.2厘米（图2-30，4）。

CTS：13，釉色白中泛青，外底刮釉，见垫烧痕。口径9.8、底径4.2、高2.3厘米（图2-30，5）。

CTS：15，釉色青白，外底刮釉，见垫烧痕。口径9.6、底径4.2、高1.8厘米（图2-30，6；彩版2-32，3）。

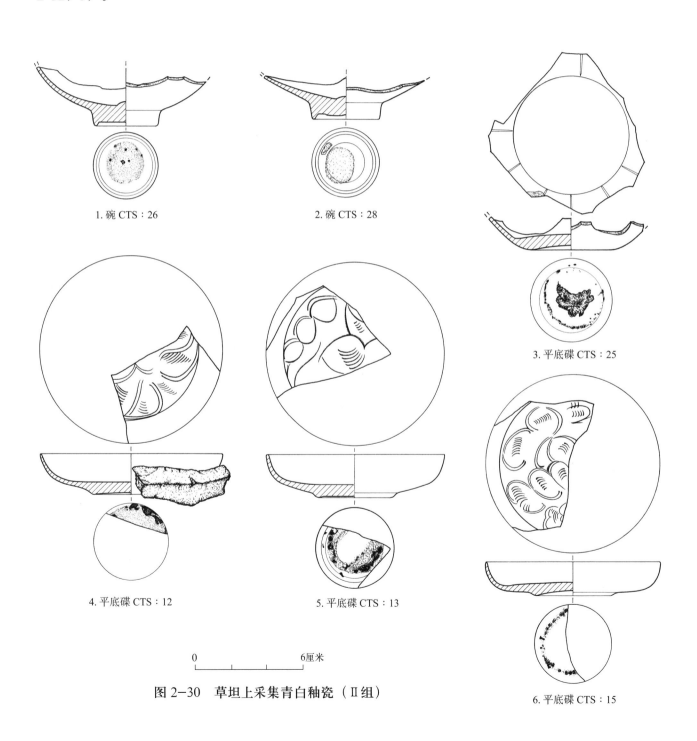

1. 碗 CTS：26

2. 碗 CTS：28

3. 平底碟 CTS：25

4. 平底碟 CTS：12

5. 平底碟 CTS：13

6. 平底碟 CTS：15

0　　　　　　6厘米

图2-30　草坦上采集青白釉瓷（Ⅱ组）

# 第三章　银坑东区采集器物

## 一　兰家井 a1（LJJa1）

### （一）Ⅰ组

**青白釉瓷**

碗

（侈口），斜弧腹，圈足较高，挖足较深，外底垫饼垫烧。

LJJa1:1，釉色白中泛黄，施釉至足，不均匀，外壁近底足处局部露胎，有流釉。足径4.8、残高4厘米（图3-1，1）。

碟

（侈口），斜弧腹，圈足，内底压印菊瓣纹，较模糊，外底垫饼垫烧。

LJJa1:2，釉色白中微泛青，施釉至足，外足墙局部露胎，有流釉和积釉，外腹壁见旋削痕，内足墙见旋痕。外底见垫烧痕。足径3.8、残高3.5厘米（图3-1，2；彩版3-1，1）。

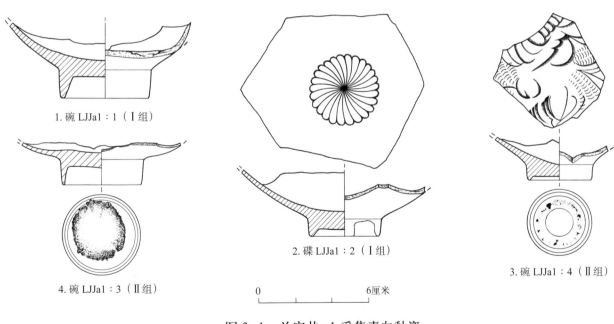

1. 碗 LJJa1：1（Ⅰ组）

2. 碟 LJJa1：2（Ⅰ组）

3. 碗 LJJa1：4（Ⅱ组）

4. 碗 LJJa1：3（Ⅱ组）

0　　　　　　　6厘米

图 3-1　兰家井 a1 采集青白釉瓷

### （二）Ⅱ组

**青白釉瓷**

碗

（1）（侈口），弧腹，窄圈足稍高，足墙内角圆折，内底一周凹弦纹，外底垫饼垫烧。

LJJa1：4，釉色白中泛青，施釉至足端，外壁近底足处一圈积釉，外底见垫烧痕。足径4.4、残高2.2厘米（图3-1，3）。

（2）（敞口或敞口外撇），斜腹，饼足浅挖，内壁篦划菊纹及篦点纹，外底垫饼垫烧。

LJJa1：3，釉色白中泛青，施釉至足端，外底见垫烧痕。足径3.4、残高2.3厘米（图3-1，4；彩版3-1，2）。

# 二　兰家井 a2（LJJa2）

## （一）Ⅰ组

### 青白釉瓷

碗

（1）（敞口微侈，窄唇），斜弧腹，圈足，内底圆凸，外底垫饼垫烧。

LJJa2：6，釉色白中泛灰，施釉至足，外足墙局部露胎，釉面有粗大开片，内足墙及外底见垫烧痕。足径3.6、残高3厘米（图3-2，1；彩版3-1，3）。

（2）（侈口），斜弧腹，圈足，外底垫饼垫烧。

LJJa2：5，釉色白中泛灰，施釉裹足端。足径3.6、残高2.5厘米（图3-2，2）。

## （二）Ⅱ组

### 青白釉瓷

碗

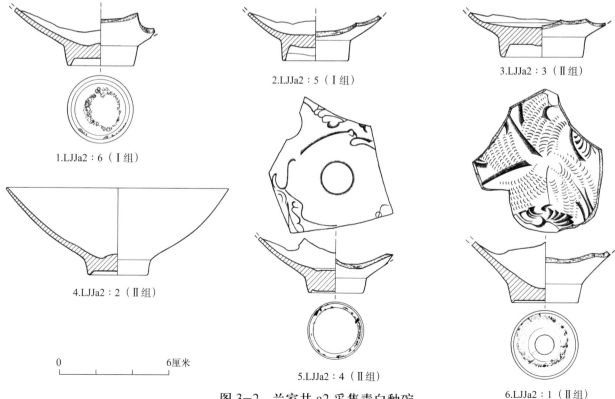

2.LJJa2：5（Ⅰ组）

3.LJJa2：3（Ⅱ组）

1.LJJa2：6（Ⅰ组）

4.LJJa2：2（Ⅱ组）

0　　　　　　6厘米

5.LJJa2：4（Ⅱ组）

6.LJJa2：1（Ⅱ组）

图3-2　兰家井 a2 采集青白釉碗

（1）（侈口），弧腹，窄圈足稍高，足墙内角圆折，内底一周凹弦纹，外底垫饼垫烧。

LJJa2∶3，釉色白中泛灰，施釉至足端，釉面有开片，外底见旋修痕。足径4.4、残高2.3厘米（图3-2，3）。

（2）敞口微侈，斜弧腹，圈足，挖足较浅，内底圆凸，外底垫饼垫烧。

LJJa2∶2，釉色白中泛黄，施釉至足端。口径12.2、足径3.2、高4.6厘米（图3-2，4）。

（3）（敞口微侈），斜弧腹，饼足浅挖，内底圆凹，内壁刻划三组花卉，外底垫饼垫烧。

LJJa2∶4，釉色白中微泛青，施釉至足端，外底见垫烧痕。足径3、残高3厘米（图3-2，5；彩版3-1，4）。

（4）（敞口或敞口外撇），斜腹，饼足浅挖，内壁篦划菊纹及篦点纹，外底垫饼垫烧。

LJJa2∶1，釉色白中泛青，施釉至足端，内底心积釉，外底见垫烧痕。足径3.6、残高3厘米（图3-2，6；彩版3-1，5）。

# 三　兰家井a3（LJJa3）

## （一）Ⅰ组

### 青白釉瓷

碗

（五葵口外敞），斜弧腹，内小平底，圈足，足墙内斜，足端斜削，外壁压棱五道，外底同心圆式旋坯痕，足端支钉支烧。

LJJa3∶1，釉色白中泛灰，施釉至足端，内足墙及外底有流釉，外足墙及足端残留支钉印痕。足径4.6、残高3.2厘米（图3-3，1；彩版3-2，1）。

碟

（1）弧腹，矮圈足，挖足较浅，内底凸起，外底同心圆式旋坯痕，支钉支烧。

LJJa3∶7，釉色白中泛灰，釉面有棕眼，外底刮釉，见同心圆式旋坯痕，残留若干支钉印痕。足径8.4、残高2.1厘米（图3-3，2；彩版3-2，2）。

（2）弧腹，矮圈足，挖足较浅，外底同心圆式旋坯痕，使用支钉叠烧。

LJJa3∶8，器物变形，内底凹陷，圈足变形，釉色白中泛灰，釉面有棕眼，外底刮釉，内底心有叠烧产生的粘连，见五枚支钉痕，外足墙及足端残留支钉痕。足径7.6、残高2.7厘米（图3-3，3；彩版3-2，3）。

## （二）Ⅱ组

### 青白釉瓷

碗

（1）（侈口），斜弧腹，高圈足，内底印花模糊，外底垫饼垫烧。

LJJa3∶6，釉色白中泛黄，施釉裹足端，釉面有细碎开片，外底见旋痕及垫烧痕。足径5.4、残高5.8厘米（图3-3，4；彩版3-2，4）。

（2）（侈口），斜弧腹，高圈足，外底垫饼垫烧。

LJJa3∶5，釉色白中微泛青，施釉至足，外足墙局部露胎，釉面有粗大开片，挖足粗率。足径4.8、

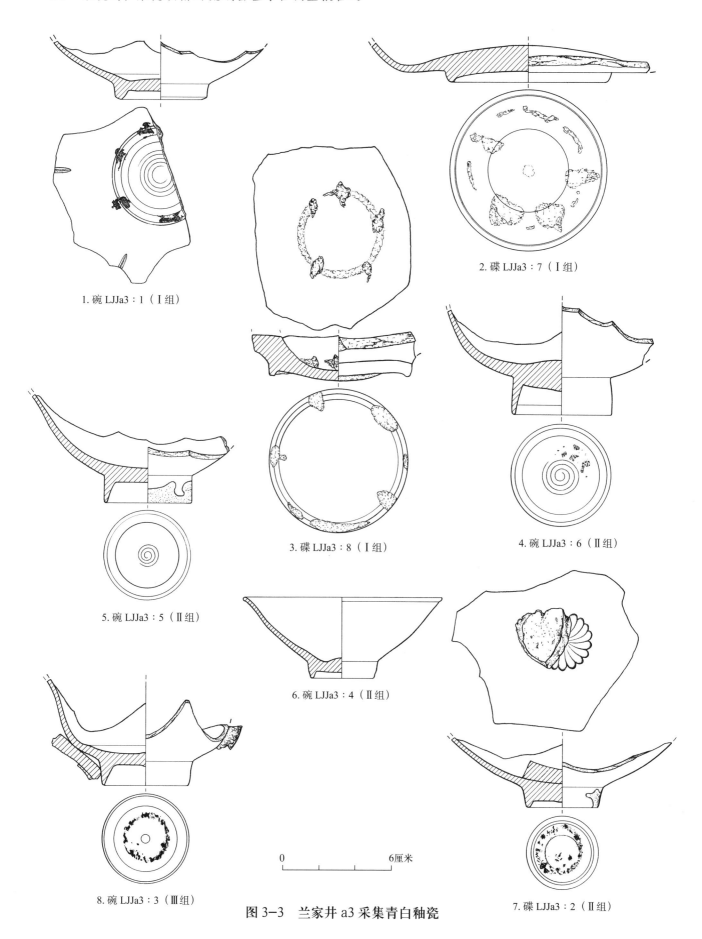

1. 碗 LJJa3：1（I组）

2. 碟 LJJa3：7（I组）

3. 碟 LJJa3：8（I组）

4. 碗 LJJa3：6（II组）

5. 碗 LJJa3：5（II组）

6. 碗 LJJa3：4（II组）

8. 碗 LJJa3：3（III组）

0      6厘米

7. 碟 LJJa3：2（II组）

图 3-3 兰家井 a3 采集青白釉瓷

残高 5.6 厘米（图 3-3，5）。

（3）敞口微侈，窄唇，斜弧腹，内底圆凸，圈足，外底垫饼垫烧。

LJJa3：4，釉色白中泛灰，施釉至足，外足墙局部露胎，釉面有开片。口径 10.9、足径 3.5、高 4.3 厘米（图 3-3，6；彩版 3-2，5）。

碟

（侈口），斜弧腹，圈足，挖足较浅，内底心压印菊瓣，外底垫饼垫烧。

LJJa3：2，釉色白中泛青，施釉至足，外足墙局部露胎，内足墙有流釉，釉面有粗大开片，内底粘连匣钵残块，外底见垫烧痕。足径 3.9、残高 3.7 厘米（图 3-3，7）。

## （三）Ⅲ组

### 青白釉瓷

碗

侈口，斜弧腹，窄圈足，足墙内角圆折，内底一周凹弦纹，外底垫饼垫烧。

LJJa3：3，釉色白中泛灰，积釉处微泛青，施釉至足端，外壁粘连匣钵残块，外底见垫烧痕。足径 4.7、残高 5.6 厘米（图 3-3，8；彩版 3-2，6）。

# 四　兰家井 b1（LJJb1）

## 青白釉瓷

碗

（1）（侈口），弧腹，窄圈足，足墙内角圆折，内底一周凹弦纹，外底垫饼垫烧。

LJJb1：1，釉色白中泛灰，施釉至足端，外底见垫烧痕。足径 4.2、残高 2.8 厘米（图 3-4，1；彩版 3-3，1）。

（2）（敞口或敞口外撇），斜腹，饼足浅挖，内底篦划菊纹及篦点纹，外底垫饼垫烧。

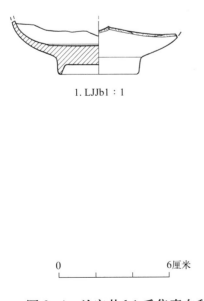

1. LJJb1：1

0　　　　　　　6厘米

**图 3-4　兰家井 b1 采集青白釉碗**

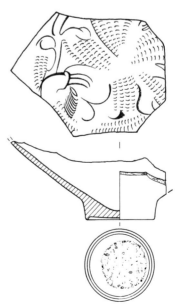

2. LJJb1：2

LJJb1：2，釉色白中泛青，施釉至足端，内底凹陷处积釉，外底见垫烧痕。足径3.8、残高4.2厘米（图3-4，2；彩版3-3，2）。

## 五　兰家井b2（LJJb2）

### 青白釉瓷

碗

（1）侈口，弧腹，窄圈足，足墙内角多圆折，内底一周凹弦纹，外底垫饼垫烧。

LJJb2：2，内底凸起，釉色白中微泛青，施釉至足端，外底见垫烧痕。足径3.9、残高2.5厘米（图3-5，1）。

LJJb2：5，釉色白中微泛青，施釉至足端，外壁近底足处一圈积釉，外底见垫烧痕。足径3.9、残高3.2厘米（图3-5，2；彩版3-3，3）。

LJJb2：10，釉色白中微泛青，施釉至足端，釉面局部开片，外壁近底足处一圈积釉，外底粘连一块完整垫饼。足径5、残高2.8厘米（图3-5，3）。

（2）（敞口微侈），斜弧腹，饼足浅挖，内底刻划菊纹，外底垫饼垫烧。

LJJb2：6，釉色白中泛灰，施釉至足端，外足墙见跳刀痕，外底见垫烧痕。足径3.2、残高2.6厘米（图3-5，4）。

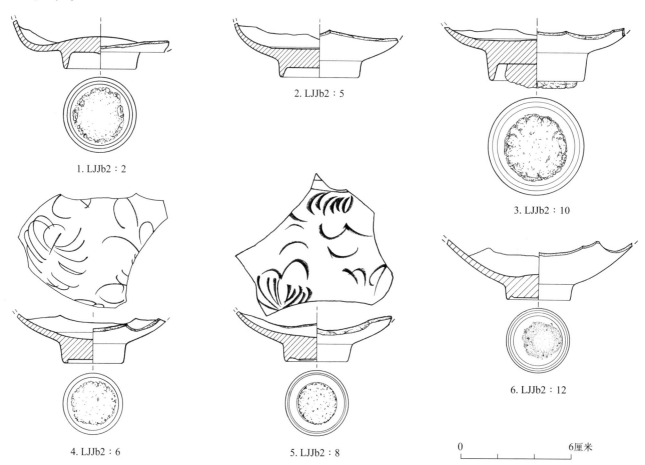

1. LJJb2：2　　2. LJJb2：5　　3. LJJb2：10

4. LJJb2：6　　5. LJJb2：8　　6. LJJb2：12

0　　　　　　6厘米

图3-5　兰家井b2采集青白釉碗

LJJb2：8，釉色白中微泛青，施釉至足端，外足墙中部有一圈凹弦纹，外底周缘旋削一圈，见垫烧痕。足径3.4、残高2.6厘米（图3-5，5；彩版3-3，4）。

（3）（敞口微侈），斜弧腹，内底小圆凸，饼足浅挖，外底垫饼垫烧。

LJJb2：12，釉色白中微泛青，施釉至足端，外底周缘旋削一圈，见垫烧痕。足径3.4、残高3.1厘米（图3-5，6）。

（4）（敞口微侈），斜弧腹，内底小圆凸，饼足浅挖，内壁刻划三组花卉纹，外底垫饼垫烧。

LJJb2：3，生烧，釉色白中泛黄，施釉至足端，釉面生涩有土沁。足径3.4、残高2.8厘米（图3-6，1；彩版3-4，1）。

LJJb2：7，釉色白中微泛青，施釉至足端，外壁近底足处一圈积釉，外底见垫烧痕。足径3.3、残高2.4厘米（图3-6，2）。

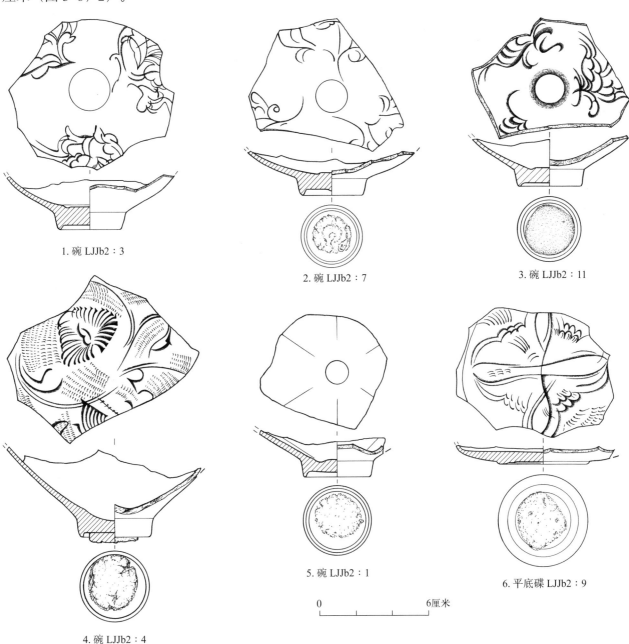

1. 碗 LJJb2：3

2. 碗 LJJb2：7

3. 碗 LJJb2：11

4. 碗 LJJb2：4

5. 碗 LJJb2：1

6. 平底碟 LJJb2：9

0　　　　　6厘米

图3-6　兰家井b2采集青白釉瓷

LJJb2：11，釉色内壁白中泛灰有土沁，外壁白中泛黄，施釉至足端，外底见垫烧痕。足径 3.4、残高 2.8 厘米（图 3-6，3）。

（5）（敞口或敞口外撇），斜腹，饼足浅挖，内底篦划菊纹及篦点纹，外底垫饼垫烧。

LJJb2：4，釉色白中泛灰，内底心积釉微泛青，施釉至足端，外底粘连一块垫饼。足径 3.7、残高 4.8 厘米（图 3-6，4；彩版 3-4，2）。

（6）（敞口微侈，六葵口），斜腹，饼足浅挖，内底圆凸，内壁对应葵口处沥粉出筋六道，外底垫饼垫烧。

LJJb2：1，釉色白中泛灰，外底见垫烧痕。足径 3.6、残高 2.5 厘米（图 3-6，5；彩版 3-4，3）。

平底碟

（敞口），弧腹，略作隐圈足，挖足极浅，内底一周凹弦纹，刻划四叶花纹，间饰篦纹，外底垫饼垫烧。

LJJb2：9，釉色白中微泛青，外底刮釉，见垫烧痕。底径 5、残高 1 厘米（图 3-6，6；彩版 3-4，4）。

# 六　塘坞里（TWL）

## （一）Ⅰ组

### 青白釉瓷

碗

（1）（敛口），弧腹，高圈足，足壁外侧一周凸棱，外底垫饼垫烧。

TWL：9，釉色白中泛灰，施釉裹足端，釉面有粗大开片，内足墙及外底见垫烧痕。足径 4.8、残高 4.6 厘米（图 3-7，1；彩版 3-5，1）。

（2）侈口，斜弧腹，圈足较高，外底垫饼垫烧。

TWL：5，釉色白中泛灰，施釉裹足端，釉面局部开片，外底见垫烧痕。口径 12.6、足径 3.6、高 5.3 厘米（图 3-7，2）。

TWL：15，釉色白中泛灰，施釉至足端，外足墙局部露胎，釉面有棕眼及开片，外底见垫烧痕。口径 12.4、足径 3.6、高 5.5 厘米（图 3-7，3）。

TWL：27，釉色白中泛青，施釉裹足端，外足墙积釉，釉面局部开片，外底见垫烧痕。口径 12.4、足径 3.9、高 5.3 厘米（图 3-7，4；彩版 3-5，2）。

TWL：28，釉色白中泛灰，积釉处微泛青，施釉裹足端，釉面有开片，外底见垫烧痕。口径 12.5、足径 3.7、高 5.6 厘米（图 3-7，5）。

TWL：30，釉色白中泛灰，施釉至足端，外足墙局部露胎，釉面有细碎开片，内壁落满窑渣。口径 14.5、足径 4.7、高 6.6 厘米（图 3-7，6；彩版 3-5，3）。

（3）侈口，斜弧腹，窄圈足，内壁沥粉出筋，内底点状圆凸，外底垫饼垫烧。

TWL：13，釉色白中泛灰，施釉裹足端，外底见垫烧痕。口径 11、足径 3.4、高 4.5 厘米（图 3-7，7）。

（4）敞口微侈，宽唇，斜弧腹，内底圆凸，圈足，外底垫饼垫烧。

TWL：6，釉色白中泛灰，施釉至足端，下腹及外足墙多露胎，内足墙见旋痕。足径 3.5、残高 4.1 厘米（图 3-8，1）。

TWL：14，残存口沿部分，釉色白中泛灰。口径 12、残高 3.4 厘米（图 3-8，2）。

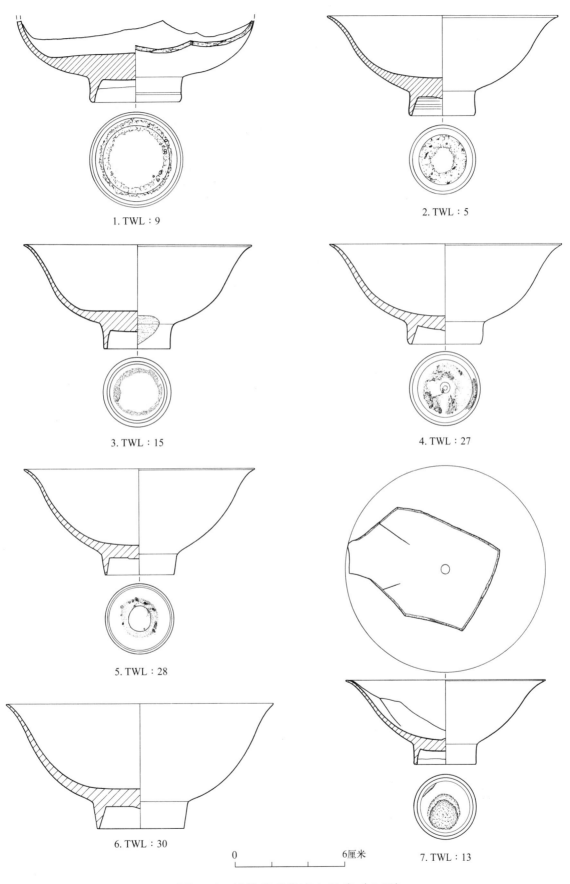

1. TWL：9

2. TWL：5

3. TWL：15

4. TWL：27

5. TWL：28

6. TWL：30

7. TWL：13

0　　　　　　6厘米

图 3-7　塘坞里采集青白釉碗（Ⅰ组）

TWL：24，釉色白中泛灰，局部积釉微泛青，施釉至足端，釉面有细碎开片，内足墙见旋痕，外底见垫烧痕。口径 11.6、足径 3.4、高 5.4 厘米（图 3-8，3；彩版 3-5，4）。

（5）敞口微侈，窄唇，斜弧腹，内底圆凸，圈足，外底垫饼垫烧。

TWL：2，釉色白中泛灰，积釉处微泛青，施釉至足端，下腹及外足墙局部露胎，釉面有细碎开片，内足墙及外底见同心圆式旋坯痕，外底见垫烧痕。口径 11、足径 3.2、高 4.2 厘米（图 3-8，4；彩版 3-5，5）。

TWL：12，釉色白中泛灰，施釉至足端，外足墙局部露胎，釉面有棕眼。口径 10.4、足径 3.2、高 4.1 厘米（图 3-8，5；彩版 3-6，1）。

TWL：22，釉色白中泛灰，施釉至足端，外足墙局部露胎，釉面有细碎开片。口径 10.8、足径 3.2、高 4.4 厘米（图 3-8，6）。

TWL：23，釉色白中泛灰，施釉至足端，外足墙局部露胎，釉面有稀疏开片，内足墙见旋痕，外壁粘连匣钵残片，外底见垫烧痕。口径 11.2、足径 3.6、高 4.4 厘米（图 3-8，7；彩版 3-6，2）。

碟

（1）侈口，斜弧腹，饼足浅挖，内底一周凹弦纹，外底垫饼垫烧。

TWL：19，釉色白中泛灰，釉面有开片，外底刮釉，外壁见旋坯痕。口径 15、足径 4.6、高 4.2 厘米（图 3-9，1）。

TWL：20，釉色白中泛灰，外底刮釉，内壁釉面开片，内底粘连匣钵残块，外底见垫烧痕。口径 14.9、足径 4.4、高 3.9 厘米（图 3-9，2；彩版 3-6，3）。

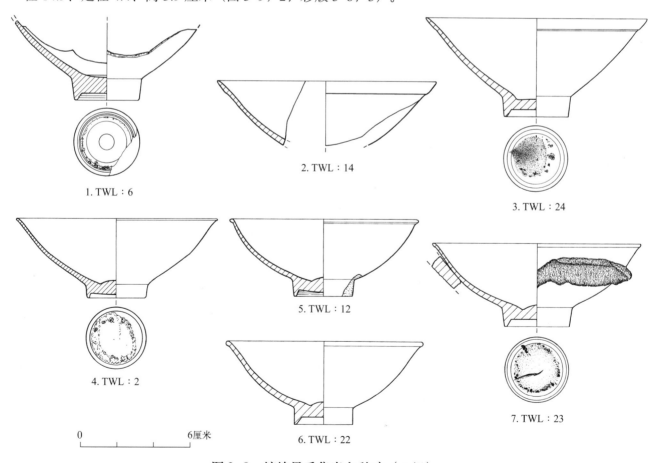

1. TWL：6
2. TWL：14
3. TWL：24
4. TWL：2
5. TWL：12
6. TWL：22
7. TWL：23

0　　　　　　　　6厘米

图 3-8　塘坞里采集青白釉碗（Ⅰ组）

（2）侈口，斜弧腹，饼足浅挖，内底或压印纹饰，外底垫饼垫烧。

TWL：1，内底压印团花，较模糊，釉色白中泛灰，釉面有开片，外底刮釉，见垫烧痕。足径4、残高2.2厘米（图3-9，3）。

TWL：11，釉色白中泛灰，施釉至足端，外足墙局部露胎，釉面有黑色细线开片。口径14.2、足径3.8、高4.5厘米（图3-9，4）。

TWL：17，内底压印团花，釉色白中泛灰，施釉至足端，外足墙局部露胎，外底见垫烧痕。足径4、残高3.9厘米（图3-9，5）。

TWL：18，釉色白中泛灰，外壁近底足处积釉微泛青，施釉至足端，釉面有开片。口径13、足径3.4、高3.6厘米（图3-9，6；彩版3-6，4）。

## （二）Ⅱ组

### 青白釉瓷

碗

（1）侈口，六葵口，斜弧腹，窄圈足，足墙内角圆折，外壁对应葵口处压棱六道，内底一周凹

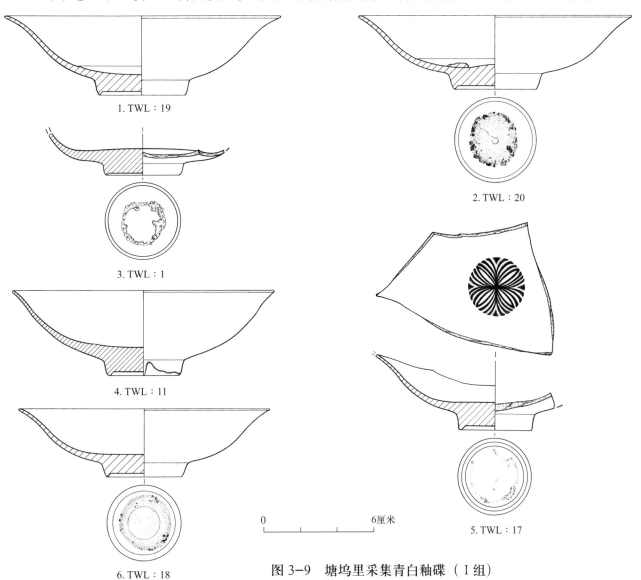

1. TWL：19

2. TWL：20

3. TWL：1

4. TWL：11

5. TWL：17

6. TWL：18

0        6厘米

图3-9 塘坞里采集青白釉碟（Ⅰ组）

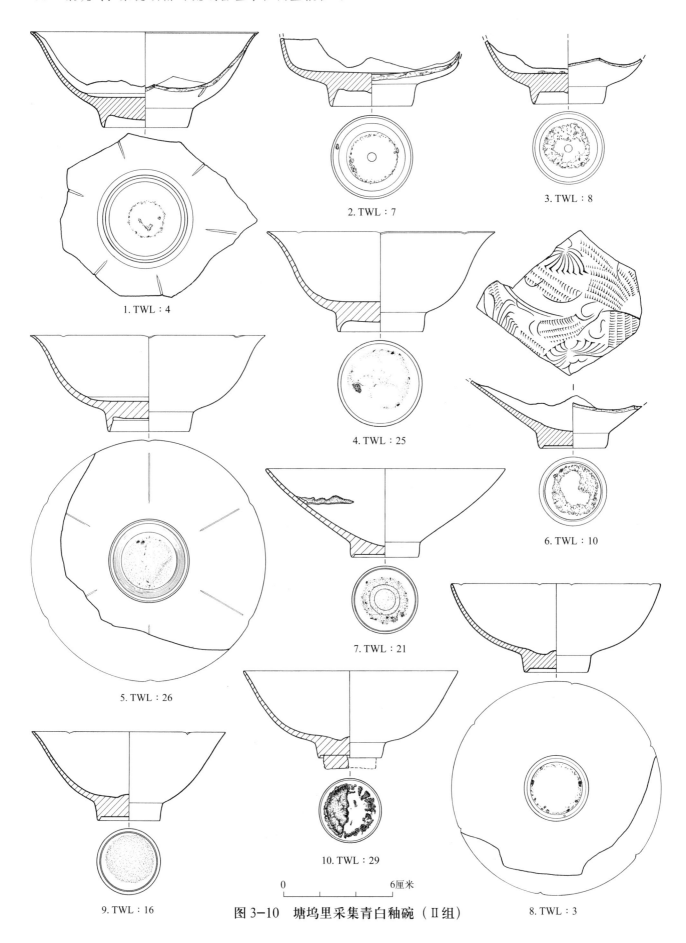

1. TWL：4

2. TWL：7

3. TWL：8

4. TWL：25

5. TWL：26

6. TWL：10

7. TWL：21

8. TWL：3

9. TWL：16

10. TWL：29

0                    6厘米

图3-10　塘坞里采集青白釉碗（Ⅱ组）

弦纹，外底垫饼垫烧。

TWL：4，生烧，釉色白中泛灰，施釉至足端，外壁见旋坯痕，外底见垫烧痕。足径 4.7、残高 5 厘米（图 3-10，1）。

TWL：7，釉色白中泛灰，施釉至足端，内壁有开片，外底见垫烧痕。足径 4.4、残高 3.6 厘米（图 3-10，2）。

TWL：8，釉色白中泛灰，外壁近底足处积釉微泛青，施釉至足端，外底见垫烧痕。足径 3.8、残高 3.4 厘米（图 3-10，3）。

TWL：25，釉色白中泛灰，施釉至足端，釉面有条状开片，外底见垫烧痕。口径 12.2、足径 4.6、高 5.3 厘米（图 3-10，4）。

TWL：26，釉色白中泛灰，施釉至足端，釉面有条状开片，外底见垫烧痕。口径 12.8、足径 4.4、高 5.1 厘米（图 3-10，5；彩版 3-7，1）。

（2）敞口或敞口外撇，斜腹，饼足浅挖，内壁或篦划菊纹及篦点纹，外底垫饼垫烧。

TWL：10，釉色白中泛灰，积釉处微泛青，施釉至足端，釉面有黑色细线开片，外底见垫烧痕。足径 3.5、残高 3.6 厘米（图 3-10，6）。

TWL：21，釉色白中泛灰，外壁近底足处积釉微泛青，施釉至足端，釉面有开片，内壁粘连匣钵残渣，外底见垫烧痕。口径 12.6、足径 3.6、高 4.7 厘米（图 3-10，7；彩版 3-7，3）。

（3）敞口或敞口微侈，作六葵口，斜弧腹，饼足浅挖，内底小圆凸，外底垫饼垫烧。

TWL：3，釉色白中泛灰，施釉至足端，外底同心圆式旋坯痕，见垫烧痕。口径 11.4、足径 3.4、高 4.7 厘米（图 3-10，8；彩版 3-7，2）。

TWL：16，釉色白中泛灰，外壁近底足处积釉微泛青，施釉至足端，外底见垫烧痕。口径 10.6、足径 3.4、高 4.7 厘米（图 3-10，9）。

TWL：29，釉色白中泛灰，积釉处泛青，施釉至足端，釉面有开片，外底粘连垫饼残块，见垫烧痕。口径 11.4、足径 3.4、高 4.6 厘米（图 3-10，10；彩版 3-7，4）。

# 七 郑家坞 a1（ZJWa1）

## （一）Ⅰ组

### 青白釉瓷

碗

（1）斜弧腹，窄圈足较高，挖足较深，外底垫饼垫烧。

ZJWa1：7，生烧，釉色白中泛土红，施釉裹足端，釉面有开片，挖足不甚规整。足径 4、残高 3.6 厘米（图 3-11，1）。

ZJWa1：8，釉色白中泛青，施釉裹足端，釉面有开片，外底见垫烧痕。足径 4.5、残高 3.6 厘米（图 3-11，2；彩版 3-8，1）。

（2）斜弧腹，高圈足，足壁外侧一周凸棱，外底垫饼垫烧。

ZJWa1：4，釉色白中泛灰，施釉裹足端，釉面有开片。足径 4.4、残高 4.3 厘米（图 3-11，3；彩版 3-8，2）。

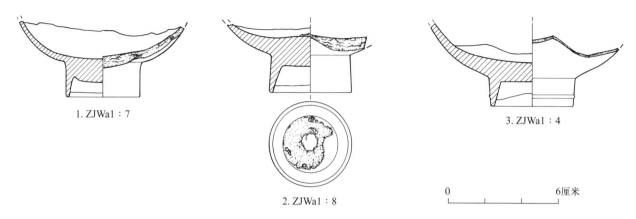

1. ZJWa1：7

2. ZJWa1：8

3. ZJWa1：4

0　　　　　　　　　6厘米

图 3-11　郑家坞 a1 采集青白釉碗（Ⅰ组）

（二）Ⅱ组

**青白釉瓷**

碗

（1）弧腹，窄圈足较高，挖足稍浅，外壁压印锯齿状菊瓣纹，外底垫饼垫烧。

ZJWa1：12，釉色白中泛灰，外底心无釉，见旋痕及垫烧痕。足径 5.8、残高 4.7 厘米（图 3-12，1；彩版 3-8，3）。

（2）侈口，弧腹，窄圈足稍高，足墙内角多圆折，内底一周凹棱，外底垫饼垫烧。

ZJWa1：3，釉色白中微泛青，外底心无釉，见旋痕及垫烧痕。足径 5.2、残高 3 厘米（图 3-12，2）。

ZJWa1：11，釉色白中泛黄，施釉至足端，釉面有开片。足径 4.2、残高 5.1 厘米（图 3-12，3；彩版 3-8，4）。

（3）敞口外撇，斜腹，饼足浅挖，内壁篦划菊纹及篦点纹，内底凹，外底垫饼垫烧。

ZJWa1：1，釉色白中泛灰，施釉至足端。口径 13.7、足径 2.8、高 5.5 厘米（图 3-12，4）。

ZJWa1：2，釉色白中泛灰，施釉至足端，釉面有土沁，外底见垫烧痕。口径 14.2、足径 3.3、高 5.3 厘米（图 3-12，5）。

ZJWa1：10，釉色白中微泛青，施釉至足端，内底积釉，外底见垫烧痕。口径 14、足径 3.6、高 5.3 厘米（图 3-13，6；彩版 3-9，1）。

ZJWa1：9，器物变形，塌坐于匣钵内，釉色白中泛灰，釉面生涩有开片（彩版 3-9，2）。

（4）（侈口，六葵口），斜腹，内底圆凸，饼足浅挖，内壁沥粉出筋六道，外底垫饼垫烧。

ZJWa1：5，釉色白中微泛青，施釉至足端，外底见垫烧痕。足径 3.6、残高 3 厘米（图 3-13，1；彩版 3-9，3）。

（5）敞口微侈，斜弧腹，内底小圆凸，饼足浅挖，外底垫饼垫烧。

ZJWa1：13，器物变形，釉色白中泛灰，施釉至足端，釉面有棕眼，外底见垫烧痕。足径 3.3、高 4.4～5.1 厘米（图 3-13，2；彩版 3-9，4）。

（6）（敞口微侈），斜弧腹，内底圆凸，饼足浅挖，内壁三组划花，外底垫饼垫烧。

ZJWa1：6，釉色白中泛灰，施釉至足端，内底一圈积釉，外底见垫烧痕。足径 3.4、残高 3.6 厘米（图 3-13，3；彩版 3-9，5）。

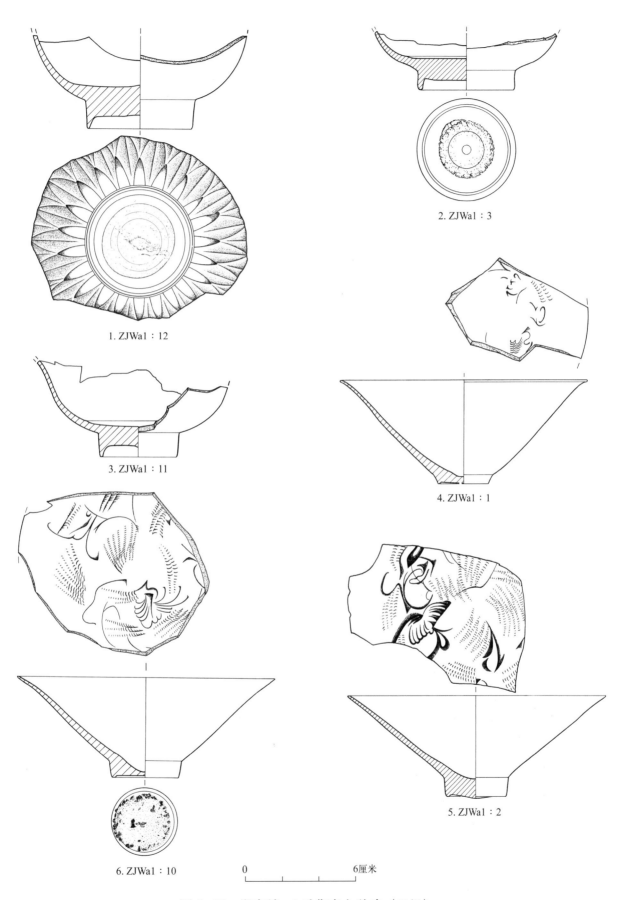

1. ZJWa1∶12

2. ZJWa1∶3

3. ZJWa1∶11

4. ZJWa1∶1

5. ZJWa1∶2

6. ZJWa1∶10

0　　　　　　　　6厘米

图 3-12　郑家坞 a1 采集青白釉碗（Ⅱ组）

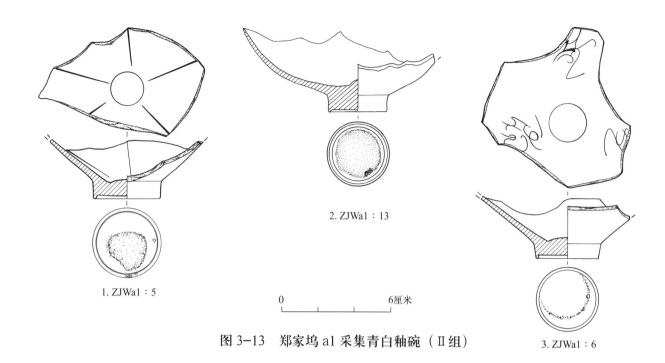

1. ZJWa1：5

2. ZJWa1：13

0          6厘米

图 3-13 郑家坞 a1 采集青白釉碗（Ⅱ组）

3. ZJWa1：6

# 八 郑家坞 a2（ZJWa2）

## （一）Ⅰ组

### 青白釉瓷

碗

侈口，斜腹，饼足，内壁模印回字纹及花瓣，内底圆凸，外底垫饼垫烧。

ZJWa2：4，釉色青白泛灰，外底无釉。口径 13.6、残高 4.9 厘米（图 3-14，1；彩版 3-10，1）。

芒口碟

（敞口，芒口），斜腹，浅圈足，组合支圈覆烧。

ZJWa2：6，釉色青白，满釉。足径 8、残高 1.9 厘米（图 3-14，2；彩版 3-10，2）。

## （二）Ⅱ组

### 青白釉瓷

碗

（1）（侈口，方唇），斜弧腹，饼足浅挖，内平底，内壁沥粉出筋六道，外底垫饼垫烧。

ZJWa2：3，釉色青白泛灰，釉面有开片，外底无釉，内壁见旋坯痕，外底见同心圆式旋坯痕及垫烧痕。足径 5.3、残高 3.8 厘米（图 3-14，3；彩版 3-10，3）。

（2）（侈口，方唇），斜弧腹，饼足浅挖，内平底，篦划纹饰，外壁刻划莲瓣纹，外底垫饼垫烧。

ZJWa2：2，釉色青白泛灰，釉面有细密开片，外底无釉。足径 5.2、残高 2 厘米（图 3-14，4；彩版 3-10，4）。

（3）（侈口，方唇），斜弧腹，饼足，外底垫饼垫烧。

ZJWa2：5，釉色青白，外底无釉，见旋痕及垫烧痕。足径 4.2、残高 2 厘米（图 3-14，5）。

（4）（敞口），斜腹，饼足，外底垫饼垫烧。

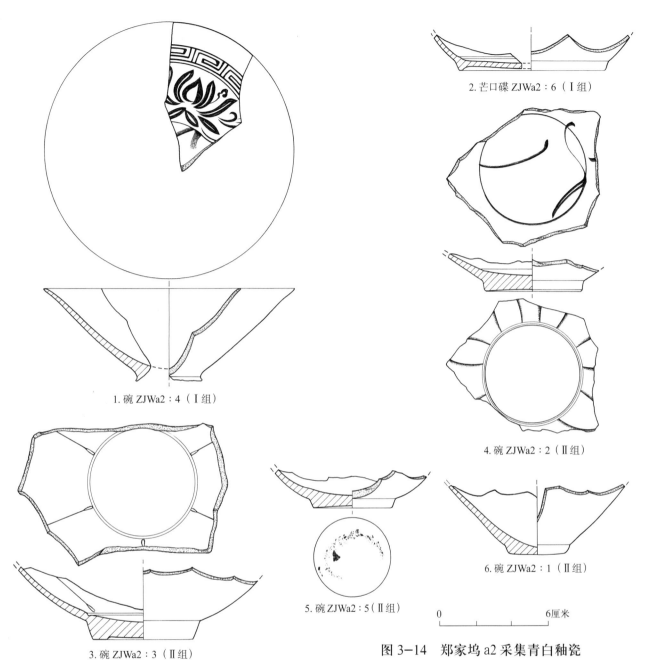

1. 碗 ZJWa2：4（Ⅰ组）

2. 芒口碟 ZJWa2：6（Ⅰ组）

3. 碗 ZJWa2：3（Ⅱ组）

4. 碗 ZJWa2：2（Ⅱ组）

5. 碗 ZJWa2：5（Ⅱ组）

6. 碗 ZJWa2：1（Ⅱ组）

0　　　　　　　　6厘米

图 3-14　郑家坞 a2 采集青白釉瓷

ZJWa2：1，釉色青白泛灰，外底无釉，内壁见旋坯痕，外底见旋痕及垫烧痕。足径 5.2、残高 2
厘米（图 3-14，6；彩版 3-10，5）。

# 九　郑家坞 b1（ZJWb1）

## 青白釉瓷

碗

（1）斜弧腹，高圈足，足壁外侧一周凸棱，外底垫饼垫烧。

ZJWb1：14，釉色白中泛灰，施釉裹足端，釉面有开片，外壁粘连匣钵残块，外底见同心圆式旋坯痕。
足径 4.4、残高 5.5 厘米（图 3-15，1；彩版 3-11，1）。

（2）侈口，六葵口，弧腹，窄圈足稍高，足墙内角多圆折，内底一周凹弦纹，外壁对应葵口处压棱六道，外底垫饼垫烧。

ZJWb1：1，底稍厚，釉色白中泛青，施釉至足端，釉面有开片及黑点，外底见垫烧痕。口径11.2、足径4、高5.1厘米（图3-15，2）。

ZJWb1：2，釉色白中泛青，施釉至足端，内底积釉。口径12.4、足径4.7、高5.6厘米（图3-15，3；彩版3-11，2）。

ZJWb1：3，釉色白中微泛青，施釉至足端，釉面有开片，外底见垫烧痕。口径12.8、足径4.8、高5.5厘米（图3-15，4）。

ZJWb1：5，釉色白中微泛青，施釉至足端，釉面有开片，外底见同心圆式旋坯痕及垫烧痕。口径12.5、足径4.8、高5.4厘米（图3-15，5）。

ZJWb1：6，釉色白中泛黄，施釉至足端，釉面有棕眼，外底见垫烧痕。口径11.4、足径3.8、高4.5厘米（图3-15，6；彩版3-11，3）。

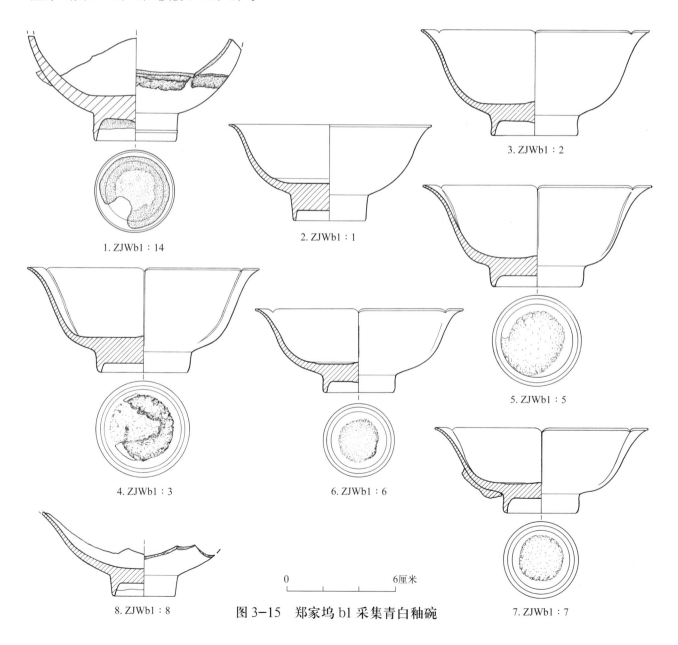

1. ZJWb1：14

2. ZJWb1：1

3. ZJWb1：2

4. ZJWb1：3

5. ZJWb1：5

6. ZJWb1：6

7. ZJWb1：7

8. ZJWb1：8

0　　　　　　6厘米

图3-15　郑家坞b1采集青白釉碗

ZJWb1：7，釉色白中微泛青，施釉至足端，外壁粘连匣钵残块，外底见垫烧痕。口径11.6、足径3.9、高4.5厘米（图3-15，7）。

（3）侈口，斜弧腹，窄圈足，外底垫饼垫烧。

ZJWb1：8，釉色白中泛灰，施釉裹足端，釉面有开片，外底见同心圆式旋坯痕。足径3.4、残高4.4厘米（图3-15，8；彩版3-11，4）。

（4）（侈口），斜腹，饼足浅挖，内壁划简化菊纹，外底垫饼垫烧。

ZJWb1：12，釉色白中泛灰，内底积釉泛青，外底无釉，见垫烧痕。足径3.3、残高3.1厘米（图3-16，1；彩版3-12，1）。

（5）（侈口，六葵口），斜腹，饼足浅挖，内壁沥粉出筋六道，内底小圆凸，外底垫饼垫烧。

ZJWb1：9，釉色白中泛灰，外底无釉，见垫烧痕。足径3.6、残高3.5厘米（图3-16，2；彩版3-12，2）。

（6）六葵口外敞，斜弧腹，内底圆凸，饼足浅挖，外底垫饼垫烧。

ZJWb1：10，釉色白中泛灰，施釉至足端，外底见垫烧痕。足径3.9、残高3.8厘米（图3-16，3）。

ZJWb1：11，釉色白中微泛青，施釉至足端，内壁开片，外底见垫烧痕。足径3.4、残高4.5厘米（图3-16，4）。

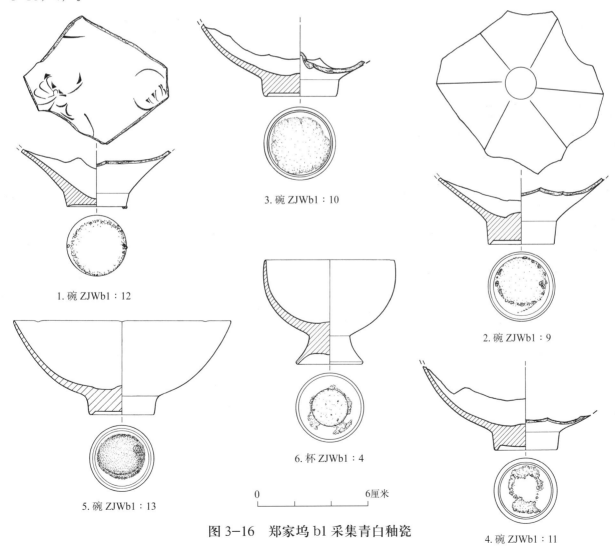

1. 碗 ZJWb1：12

3. 碗 ZJWb1：10

2. 碗 ZJWb1：9

6. 杯 ZJWb1：4

5. 碗 ZJWb1：13

4. 碗 ZJWb1：11

0     6厘米

图3-16 郑家坞b1采集青白釉瓷

ZJWb1：13，口沿有葵缺，釉色白中泛灰，施釉至足端，釉面有长条状开片，外底见垫烧痕。口径11.7、足径3.7、高5.2厘米（图3-16，5；彩版3-12，3）。

杯

直口，深弧腹，圈足较高，足墙外撇，外底垫饼垫烧。

ZJWb1：4，釉色白中泛灰，施釉裹足，釉面有开片。口径7、足径3.6、高5.5厘米（图3-16，6；彩版3-12，4）。

# 一〇　郑家坞b2（ZJWb2）

## 青白釉瓷

碗

（1）敞口外撇，斜腹，饼足浅挖，内壁篦划菊纹及篦点纹，外底垫饼垫烧。

ZJWb2：1，釉色白中泛灰，内底积釉泛青，外底无釉，见垫烧痕。口径14、足径3.8、高5.6厘米（图3-17，1；彩版3-13，1）。

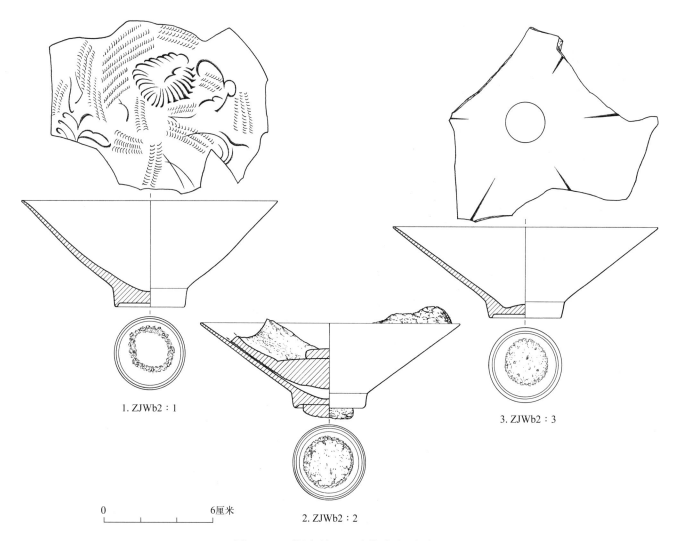

1. ZJWb2：1

0　　　　　　6厘米

2. ZJWb2：2

3. ZJWb2：3

图3-17　郑家坞b2采集青白釉碗

ZJWb2：2，釉色白中泛灰，内壁粘连匣钵残底，外底粘连一块完整垫饼。口径14.2、足径3.8、高4.5厘米（图3-17，2）。

（2）侈口，六葵口，斜腹，内地圆凸，饼足浅挖，内壁沥粉出筋六道，外底垫饼垫烧。

ZJWb2：3，釉色白中泛灰，外底无釉，见垫烧痕。口径14.4、足径3.9、高4.8厘米（图3-17，3；彩版3-13，2）。

# 一一　八角湾 a（BJWa）

## 青白釉瓷

碗

敞口，斜弧腹，内底一周凹棱作小平底，矮圈足，挖足较浅，足端斜削，外壁有旋坯痕，外底垫饼垫烧。

BJWa：2，釉色白中泛灰，施釉至足端，釉面有开片。口径11.8、足径3.4、高4厘米（图3-18，1；彩版3-13，3）。

酒台

托台高于托盘，腹壁稍内弧，托盘盘沿宽平，折腹呈二层台，高圈足，足墙较直，器底有一圆形气孔，外底垫环垫烧。

BJWa：1，釉色白中泛青，施釉裹足端，外底有垫烧痕。口径14.2、足径8.9、高6.8厘米（图3-18，2；彩版3-13，4）。

BJWa：3，变形，釉色白中泛青，外底心无釉，釉面有开片，外底有垫烧痕。口径13.8、残高6.3厘米(彩版3-13，5)。

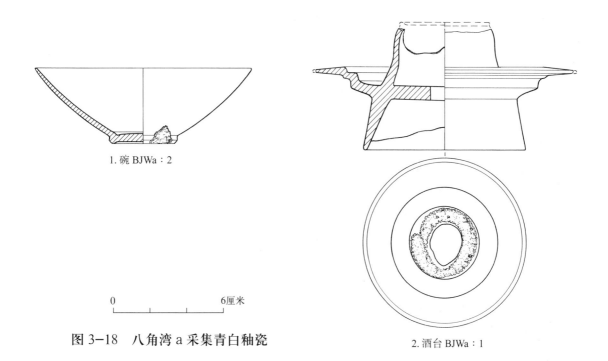

1. 碗 BJWa：2

0　　　　　　6厘米

图3-18　八角湾 a 采集青白釉瓷

2. 酒台 BJWa：1

# 一二  八角湾 b（BJWb）

## （一）I 组

### 青白釉瓷

碗

（1）（敞口），斜弧腹，窄圈足，足墙内角圆折，内壁刻划篦地水菊纹，外壁模印锯齿状菊瓣纹，外底垫饼垫烧。

BJWb：19，釉色青白，外底心刮釉，有垫烧痕。足径 5.2、残高 4.4 厘米（图 3-19，1；彩版 3-14，1）。

（2）（敛口），鼓腹，窄圈足较高，外足墙有一周凸棱，外底垫饼垫烧。

BJWb：21，釉色白中泛青，施釉裹足端，釉面满布开片，外底有垫烧痕。足径 4.6、残高 3.7 厘米（图 3-19，2；彩版 3-14，2）。

（3）斜弧腹，内底一周凹棱，器底较厚，圈足较高，外壁有修坯痕。

BJWb：25，釉色青灰，施釉至足，挖足不规整。足径 5.8、残高 4.5 厘米（图 3-19，3）。

（4）侈口，六葵口，弧腹，内底一周凹棱，外壁对应葵口压棱六道，窄圈足稍高，足墙内角圆折，外底垫饼垫烧。

BJWb：6，釉色白中泛灰，外底无釉，有垫烧痕。口径 12.6、足径 4.5、高 5.2 厘米（图 3-19，4；彩版 3-14，3）。

BJWb：11，釉色白中泛青，外底无釉，釉面满布开片，有垫烧痕。口径 11.5、足径 4.1、高 5.3 厘米（图 3-19，5）。

BJWb：24，釉色白中泛灰，外底无釉。足径 4.9、残高 5.3 厘米（图 3-19，6）。

（5）六葵口外敞，斜弧腹，内底有小圆凸，圈足，挖足浅，足墙内角圆折，外底垫饼垫烧。

BJWb：8，釉色白中泛黄，外底无釉，釉面生涩有气孔，满布细密开片。口径 12、足径 3.4、高 5 厘米（图 3-19，7；彩版 3-14，4）。

（6）（敞口），斜弧腹，圈足，挖足浅，足墙内角圆折，内底刻划篦地水菊纹，外底垫饼垫烧。

BJWb：26，釉色白中泛青，外底无釉，有垫烧痕。足径 3.4、残高 3 厘米（图 3-20，1）。

（7）敞口微侈，窄唇，斜弧腹，内底小圆凸，圈足，挖足较浅，足墙内角圆折，外底垫饼垫烧。

BJWb：23，釉色白中泛灰，施釉至足。口径 11.2、足径 3.3、高 4.3 厘米（图 3-20，2）。

（8）敞口外撇，斜腹，内底凹，饼足浅挖，足墙内角圆折，内壁刻划篦地水菊纹，外底垫饼垫烧。

BJWb：7，釉色白中泛灰，内底心积釉处泛青绿，外底无釉。口径 14.6、足径 3.4、高 4.9 厘米（图 3-20，3）。

BJWb：9，釉色白中泛灰，外底无釉，釉面有条状开片，外底有垫烧痕。口径 14.2、足径 3.6、高 4.6 厘米（图 3-20，4；彩版 3-14，5）。

BJWb：20，釉色白中泛青，外底心无釉，釉面满布开片，外底有垫烧痕。口径 13.5、足径 3.3、高 4.9 厘米（图 3-20，5）。

（9）侈口，六葵口，斜腹，内底圆凸，饼足浅挖，足墙内角圆折，内壁沥粉出筋六道，外壁对应划线六道，外底垫饼垫烧。

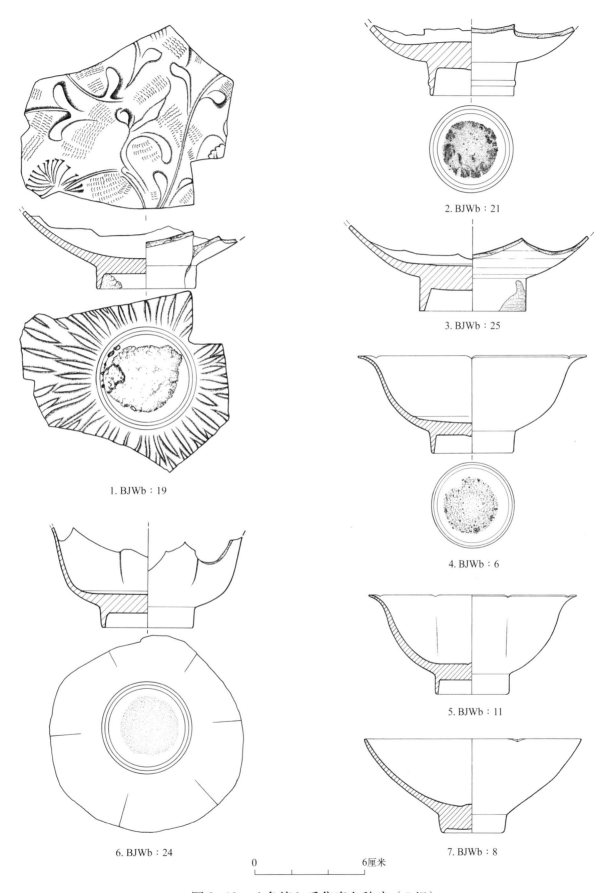

1. BJWb：19

2. BJWb：21

3. BJWb：25

4. BJWb：6

5. BJWb：11

6. BJWb：24

7. BJWb：8

0　　　　　　　　　　6厘米

图 3-19　八角湾 b 采集青白釉碗（I 组）

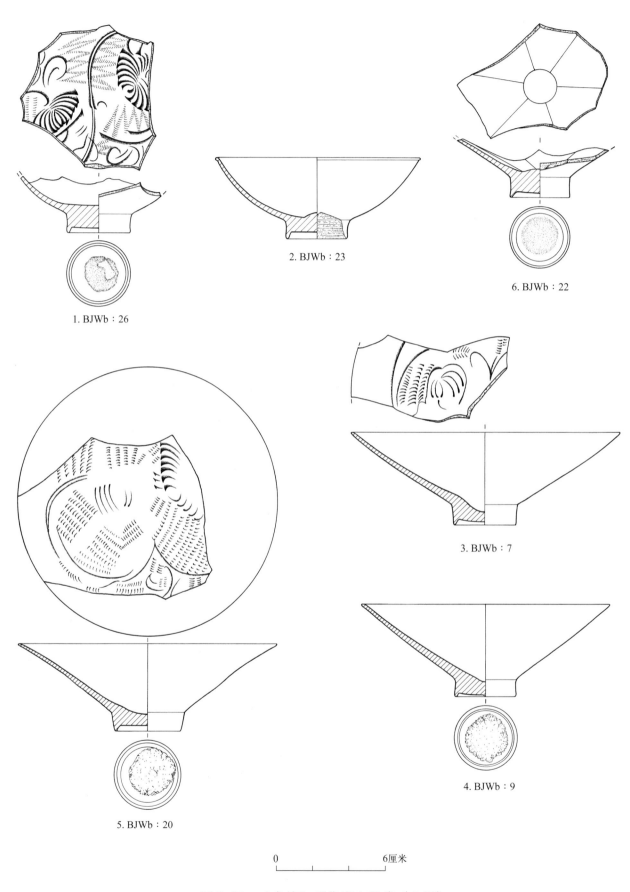

0　　　　　　　6厘米

图 3-20　八角湾 b 采集青白釉碗（Ⅰ组）

BJWb：22，釉色白中泛灰，外底心无釉，有垫烧痕。足径 3.2、残高 3 厘米（图 3-20，6)。

盖碗

（直口)，深弧腹，窄圈足较高，足墙内角圆折，外壁篦划纹饰，外底垫饼垫烧。

BJWb：16，釉色青白，外底心无釉，釉面满布开片，外底有垫烧痕。足径 5.5、残高 4.2 厘米（图 3-21，1；彩版 3-15，1)。

碗盖

（1）盖面弧，顶稍平，中心置三叉梗纽，盖沿平折且较短，沿下出子口，盖面饰篦划纹，盖内侧有同心圆状旋坯痕，盖内心垫环垫烧。

BJWb：2，釉色白中泛青，盖内心无釉，有垫烧痕。盖径 13、高 4 厘米（图 3-21，2；彩版 3-15，2)。

BJWb：32，两个碗盖上下粘连，中间夹一块匣钵残底，釉色白中泛青，盖内心无釉，粘连垫环。

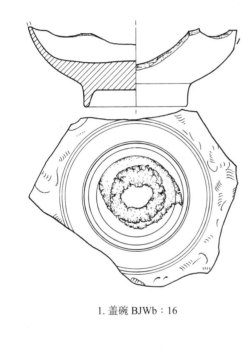

1. 盖碗 BJWb：16

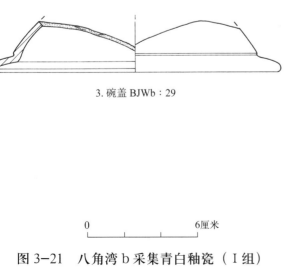

3. 碗盖 BJWb：29

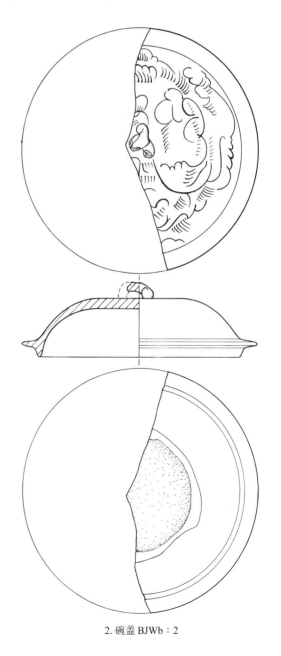

2. 碗盖 BJWb：2

0       6厘米

**图 3-21 八角湾 b 采集青白釉瓷（Ⅰ组）**

（2）盖面弧，近口沿处一周凹弦纹，口沿内凹，圆唇，不设子口。

BJWb：29，釉色白中泛青，内外均施釉。盖径15.8、残高2.6厘米（图3-21，3）。

平底碟

敞口，弧腹，大平底，略作隐圈足，挖足很浅并内凹，内底一周凹弦纹，内有篦划纹饰，外底有同心圆状旋坯痕，垫饼垫烧。

BJWb：4，釉色白中微泛青，外底刮釉，釉面满布开片，内底纹饰不清，底足旋削不甚规整。口径10.8、底径4.3、高2.2厘米（图3-22，1）。

BJWb：5，生烧，釉色泛土红，外底刮釉。口径10.6、底径5、高2.3厘米（图3-22，2）。

BJWb：10，釉色白中泛青，外底刮釉，釉面满布开片，内壁纹饰不清，外壁可见旋坯痕，外底有垫烧痕。口径10、底径4.4、高2厘米（图3-22，3；彩版3-15，3）。

BJWb：12，釉色白中微泛青，外底刮釉，内底篦划波浪纹，外壁有粘连，可见旋坯痕，外底有垫烧痕。口径10.8、底径4.7、高1.6厘米（图3-22，4；彩版3-15，4）。

BJWb：13，釉色白中泛灰，外底刮釉，釉面有细碎开片，内底篦划波浪纹，外底可见垫烧痕。口径10.6、底径4.2、高2.3厘米（图3-22，5）。

BJWb：14，釉色白中泛青，外底刮釉，内底篦划四叶花纹，粘连匣钵残块，外底粘连垫饼。口径10.8、底径4.5、高1.9厘米（图3-23，1；彩版3-16，1）。

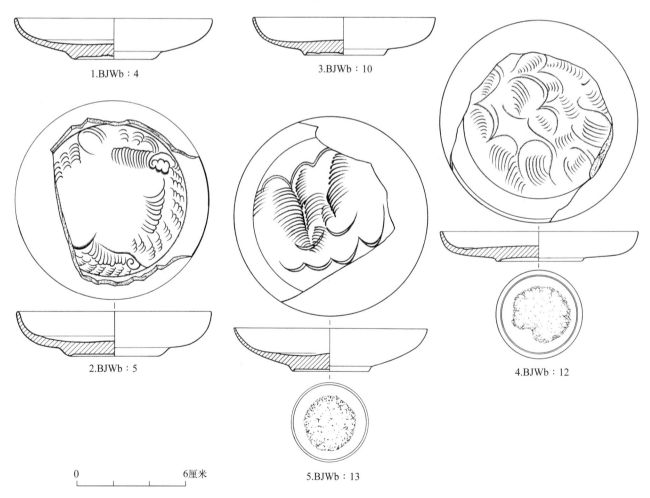

1.BJWb：4　　　　3.BJWb：10

2.BJWb：5　　　　4.BJWb：12

0　　　　6厘米

5.BJWb：13

图3-22　八角湾b采集青白釉平底碟（Ⅰ组）

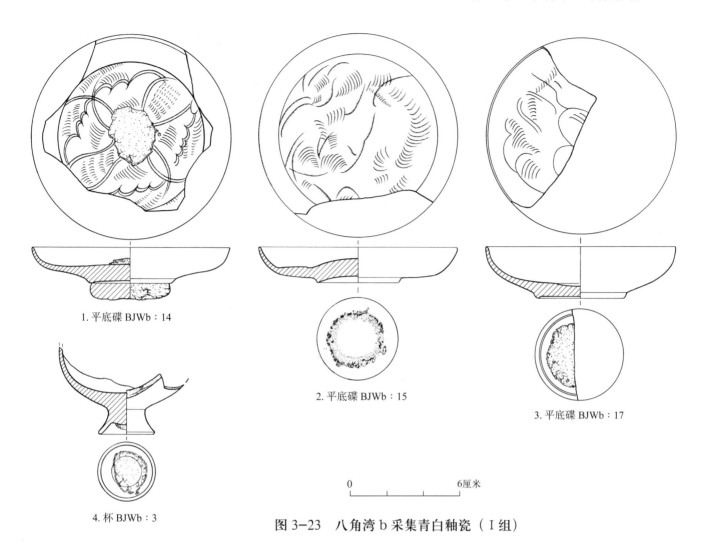

1. 平底碟 BJWb：14

2. 平底碟 BJWb：15

3. 平底碟 BJWb：17

4. 杯 BJWb：3

0　　　　　　　　　　6厘米

**图 3-23　八角湾 b 采集青白釉瓷（Ⅰ组）**

　　BJWb：15，釉色白中泛青，外底刮釉，内底篦划波浪纹，外壁有粘连，可见旋坯痕，外底有垫烧痕。口径 10.8、底径 4.4、高 1.9 厘米（图 3-23，2；彩版 3-16，2）。

　　BJWb：17，釉色白中泛黄，外底刮釉，釉面有细密开片，内底篦划波浪纹，底足旋削不甚规整。口径 10.4、底径 4.8、高 2.8 厘米（图 3-23，3）。

　　杯

　　直口，深弧腹，圈足外撇，外底垫饼垫烧。

　　BJWb：3，釉色白中泛青，施釉裹足，釉面满布细密开片，外底可见垫烧痕。足径 3.1、残高 4.6 厘米（图 3-23，4；彩版 3-16，3）。

## （二）Ⅱ组

### 1. 青白釉瓷

碗

　　（1）斜弧腹，内底一周凹棱作小平底，饼足浅挖，内壁划花，外壁刻划莲瓣纹，外底垫饼垫烧。

　　BJWb：18，釉色青白，外底无釉，内壁划折枝花卉，外底有同心圆状旋坯痕。足径 5.2、残高 4.3 厘米（图 3-24，1；彩版 3-16，4）。

（2）（侈口），斜弧腹，饼足浅挖，足壁厚，足端斜削，内壁划花，外壁刻划莲瓣纹，外底垫饼垫烧。

BJWb：28，釉色青白泛灰，外底无釉，有垫烧痕。足径5.2、残高4厘米（图3-24，2；彩版3-16，5）。

碟

斜弧腹，内底一周凹棱作大平底，外壁近足处旋削一周，饼足浅挖，外底有同心圆状旋坯痕，外底垫饼垫烧。

BJWb：27，釉色偏青绿，外底无釉，釉面有开片，外底粘连垫饼残渣。足径6.8、残高3.7厘米（图3-24，3）。

1. 青白釉碗 BJWb：18

2. 青白釉碗 BJWb：28

4. 吉州窑黑釉碗 BJWb：30

3. 青白釉碟 BJWb：27

0                6厘米

图3-24  八角湾b采集瓷器（Ⅱ组）

## 2. 黑釉瓷

碗

吉州窑。斜弧腹，圈足，足墙内收，挖足较浅，外壁近足处旋削一周。

BJWb：30，黑釉，施釉至下腹部，挖足不规整。足径 3.8、残高 2.3 厘米（图 3-24，4）。

# 一三　八角湾 c（BJWc）

## （一）Ⅰ组

### 青白釉瓷

碗

直口微侈，作六葵口，深弧腹，内底一周凹棱作大平底，圈足稍高，外壁对应葵口有压棱，外底垫饼垫烧。

BJWc：1，釉色白中泛灰，施釉裹足端，外壁近底足处有修坯痕，内足墙有旋痕。口径 12.6、足径 6.2、高 6.1 厘米（图 3-25，1；彩版 3-17，1）。

## （二）Ⅱ组

### 青白釉瓷

碗

（1）敞口，斜弧腹，内底一周凹棱作小平底，圈足矮，挖足浅，外底垫饼垫烧。

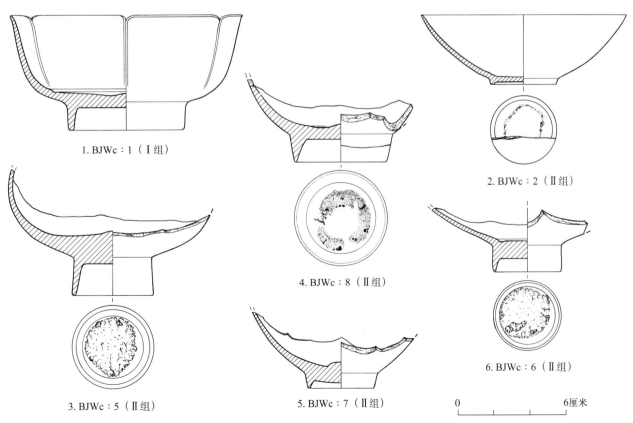

1. BJWc：1（Ⅰ组）

2. BJWc：2（Ⅱ组）

3. BJWc：5（Ⅱ组）

4. BJWc：8（Ⅱ组）

5. BJWc：7（Ⅱ组）

6. BJWc：6（Ⅱ组）

0　　　　　　6厘米

图 3-25　八角湾 c 采集青白釉碗

BJWc：2，釉色白中泛灰，施釉至足端，外壁有流釉现象，釉面有细密开片，挖足不甚规整，外底有垫烧痕。口径11.3、足径3.6、高3.7厘米（图3-25，2；彩版3-17，2）。

（2）（敛口），鼓腹，内底微凸，窄圈足较高，外足墙有一周凸棱，外底垫饼垫烧。

BJWc：5，釉色白中泛灰，施釉裹足端，外底可见垫烧痕。足径4.4、残高6.7厘米（图3-25，3；彩版3-17，3）。

（3）斜弧腹，圈足稍高，外底垫饼垫烧。

BJWc：8，釉色白中泛灰，施釉至足，外足墙有旋痕，外底可见垫烧痕。足径5、残高4厘米（图3-25，4）。

（4）斜弧腹，内底小圆凸，矮圈足，外底垫饼垫烧。

BJWc：7，釉色白中微泛黄，施釉至足，釉面满布开片。足径3.6、残高4厘米（图3-25，5）。

（5）（敞口微侈，宽唇），斜弧腹，内底圆凸，矮圈足，外底垫饼垫烧。

BJWc：6，釉色白中泛灰，施釉至足，内外壁有大量棕眼，外底有垫烧痕。足径3.6、残高3.4厘米（图3-25，6）。

酒台

托台高于托盘，腹壁内弧，托盘盘沿较宽，折腹两层，高圈足，足墙外撇，器底有一圆形气孔，外底垫环垫烧。

BJWc：9，变形严重，釉色白中泛青，外底心无釉，釉面有开片。口径约13.4、足径约8.5、残高5厘米（彩版3-17，4）。

杯

直口，深弧腹，圈足外撇，外底垫饼垫烧。

BJWc：4，釉色白中泛青，施釉裹足，外壁有流釉，内足墙有旋痕，外底有垫烧痕。口径7.4、足径3.4、高6厘米（图3-26，1；彩版3-17，5）。

灯盏

唇口，浅弧腹，圈足矮，挖足浅，足端斜削。

BJWc：3，釉色白中泛灰，施釉至足端，釉面有开片，外底有垫烧痕。口径8、足径2.7、高2.4厘米（图3-26，2；彩版3-17，6）。

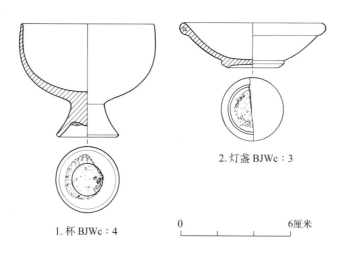

1. 杯 BJWc：4　　2. 灯盏 BJWc：3

0　　　　　　　　6厘米

图3-26　八角湾c采集青白釉瓷（Ⅱ组）

# 一四　八角湾 d（1）[BJWd(1)]

## （一）Ⅰ组

### 青白釉瓷

碗

（1）敞口微敛，弧腹或斜弧腹，内底一周凹棱作小平底，圈足较矮，足端斜削，外底垫饼垫烧。

BJWd（1）：4，釉色白中泛黄，施釉至足，釉面有开片，外底有同心圆状旋坯痕。口径11.5、足径4.5、高4.5厘米（图3-27，1；彩版3-18，1）。

BJWd（1）：15，釉色白中泛灰，施釉至足。足径4.2、残高3.2厘米（图3-27，2）。

BJWd（1）：1，釉色白中泛灰，施釉至足，外底有同心圆状旋坯痕和垫烧痕。口径11.4、足径4.4、高4.3厘米（图3-27，3）。

BJWd（1）：2，变形严重，釉色白中泛青，施釉至足，釉面有开片，内壁粘连匣钵底，外底有垫烧痕。口径11.6、足径3.6、高4.4厘米（图3-27，4）。

BJWd（1）：3，釉色白中泛灰，施釉至足，外底有垫烧痕。口径11.2、足径3.8、高3.7厘米（图3-27，5；彩版3-18，2）。

BJWd（1）：16，釉色白中泛黄，施釉至足，釉面满布细密开片。足径4、残高2.8厘米（图3-27，6）。

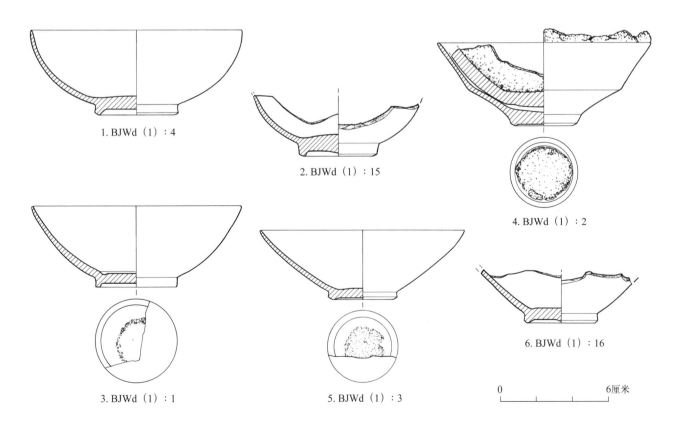

1. BJWd（1）：4　　2. BJWd（1）：15　　4. BJWd（1）：2　　3. BJWd（1）：1　　5. BJWd（1）：3　　6. BJWd（1）：16

0 ⊢—————⊣ 6厘米

图3-27　八角湾 d（1）采集青白釉碗（Ⅰ组）

（2）敞口微侈，斜弧腹，内底一周凹棱作小平底，圈足较矮，挖足较浅，足端斜削，内壁刻划折扇纹或菊花纹，外壁有修坯痕，外底垫饼垫烧。

BJWd（1）：6，釉色白中泛黄，施釉至足，内壁划折扇纹，外底有垫烧痕，挖足不甚规整。足径4.4、残高3.2厘米（图3-28，1；彩版3-18，3）。

BJWd（1）：7，釉色青白泛灰，施釉至足，内壁划折扇纹，口沿处划弦纹一周，外底有垫烧痕，挖足不甚规整。口径10.4、足径3.7、高5.3厘米（图3-28，2；彩版3-18，4）。

BJWd（1）：8，釉色白中泛黄，施釉至足，釉面有开片，内壁划菊花纹，外底有同心圆状旋坯痕和垫烧痕。足径3.9、残高3.3厘米（图3-28，3）。

BJWd（1）：23，釉色白中泛灰，施釉至足，釉面局部开片，外壁近底处可见抓痕，内足墙有旋痕，外底有垫烧痕。足径4.4、残高5.7厘米（图3-28，4）。

BJWd（1）：24，釉色白中泛青，施釉至足，外底粘连垫饼残块。足径4.3、残高3.2厘米（图3-28，5）。

BJWd（1）：25，釉色白中泛青，施釉至足，外底有垫烧痕。口径11.6、足径4.2、高4.4厘米（图3-28，6）。

（3）斜弧腹，内底小圆凸，圈足，足端斜削，内壁沥粉出筋五道，外底有同心圆状旋坯痕，外底垫饼垫烧。

BJWd（1）：14，釉色白中泛黄，施釉至下腹及足，外壁近足处有一周旋痕。足径4.4、残高2.6厘米（图3-28，7；彩版3-18，5）。

盖碗

（1）直口，深弧腹，圈足，足端斜削，外底有同心圆状旋坯痕，外底垫饼垫烧。

BJWd（1）：21，釉色白中泛灰，施釉至足，釉面有开片。口径10.8、足径5.9、高6厘米（图3-29，1）。

（2）直口微侈，深弧腹，内底一周凹棱作大平底，圈足，内外足墙可见旋痕，外底垫饼垫烧。

BJWd（1）：9，釉色白中泛灰，施釉裹足端，外底有垫烧痕。足径5.8、残高4.6厘米（图3-29，2；彩版3-19，1）。

BJWd（1）：22，釉色白中泛灰，外底有釉斑和同心圆状旋坯痕，粘连匣钵残渣。口径12.2、足径5.7、高5.9厘米（图3-29，3）。

碗盖

（1）盖面弧，顶稍平，中心置纽，盖沿平折且较短，沿下出子口，盖内侧有同心圆状旋坯痕，盖内心垫环垫烧。

BJWd（1）：5，釉色白中泛青灰，盖内侧无釉，内心有垫烧痕。盖径12.2、高3.6厘米（图3-29，4；彩版3-19，2）。

（2）盖面弧，顶稍平，盖沿平折，沿端稍内凹。

BJWd（1）：19，釉色白中泛青，内外均施釉。盖径12.2、残高3厘米（图3-29，5；彩版3-19，3）。

（3）盖面弧，盖沿内凹，盖面篦划花卉纹。

BJWd（1）：28，釉色白中泛青，内外施釉，内底心无釉，有垫烧痕。盖径13.2、残高3.7厘米（图3-29，6；彩版3-19，4）。

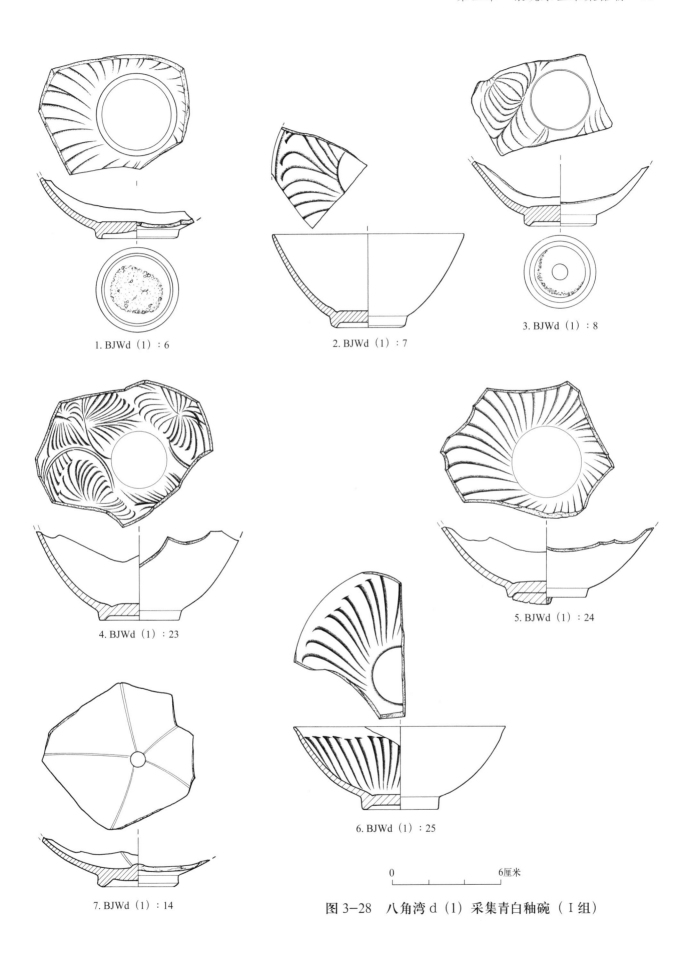

1. BJWd（1）：6

2. BJWd（1）：7

3. BJWd（1）：8

4. BJWd（1）：23

5. BJWd（1）：24

6. BJWd（1）：25

7. BJWd（1）：14

0　　　　　　　　6厘米

图3-28　八角湾d（1）采集青白釉碗（I组）

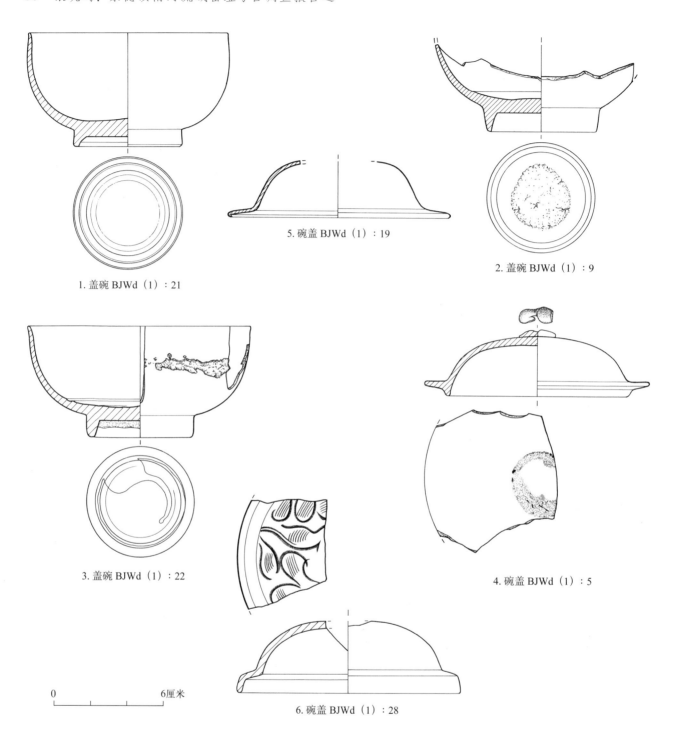

1. 盖碗 BJWd（1）:21

5. 碗盖 BJWd（1）:19

2. 盖碗 BJWd（1）:9

3. 盖碗 BJWd（1）:22

4. 碗盖 BJWd（1）:5

0　　　　　　　　6厘米

6. 碗盖 BJWd（1）:28

图 3-29　八角湾 d（1）采集青白釉瓷（Ⅰ组）

平底碟

敞口，五葵口或六葵口，弧腹，内底一周凹棱作大平底，略作隐圈足，外底稍内凹，外壁对应葵口处有压棱，可见修坯痕，外底有同心圆状旋坯痕，垫饼垫烧。

BJWd（1）:10，釉色白中泛灰，外底刮釉，内底粘连匣钵残块，外底有垫烧痕。底径 5.7、残高 2 厘米（图 3-30，1；彩版 3-20，1）。

BJWd（1）:26，釉色白中泛灰，外底刮釉，釉面有土沁，外底有垫烧痕。口径 11.2、底径 5.8、

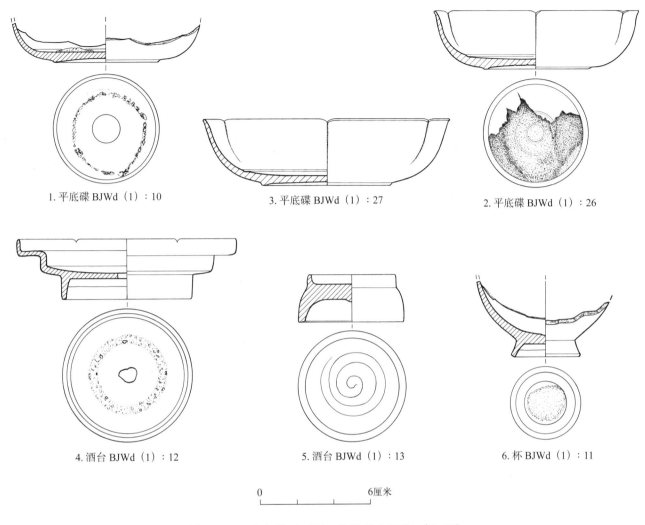

1. 平底碟 BJWd（1）：10

3. 平底碟 BJWd（1）：27

2. 平底碟 BJWd（1）：26

4. 酒台 BJWd（1）：12

5. 酒台 BJWd（1）：13

6. 杯 BJWd（1）：11

0　　　　　　　6厘米

图 3-30　八角湾 d（1）采集青白釉瓷（Ⅰ组）

高 3.1 厘米（图 3-30，2）。

BJWd（1）：27，釉色白中泛灰，外底刮釉，釉面有长条状开片。口径 13.4、底径 7、高 3.5 厘米（图 3-30，3）。

酒台

托盘翻折沿，压棱作花口，折腹，圈足，器底有一圆形小孔，外壁和外底有旋痕，外底垫环垫烧。托台斜弧腹壁，上端内收成直口，台面平，内侧有旋坯痕。

BJWd（1）：12，残存托盘部分，釉色白中微泛青，施釉裹足，釉面有开片，外底有垫烧痕。口径 12、足径 7、残高 4.1 厘米（图 3-30，4；彩版 3-20，2）。

BJWd（1）：13，残存托台部分，釉色白中泛青，外壁施釉，釉面有开片，内壁无釉。口径 4.8、残高 2.5 厘米（图 3-30，5）。

杯

（直口），深弧腹，圈足，足墙外撇，足端微削，内足墙有旋痕，外底垫饼垫烧。

BJWd（1）：11，釉色白中泛青，施釉裹足端，外底有垫烧痕。足径 3.8、残高 4 厘米（图 3-30，6；彩版 3-21，1）。

### （二）Ⅱ组

#### 青白釉瓷

碗

（1）（敞口微侈，窄唇口），斜弧腹，内底小圆凸，圈足，外底垫饼垫烧。

BJWd（1）：17，釉色白中泛灰，施釉至足，外壁近底足处旋削一周，内足墙有旋痕。足径3.2、残高2.2厘米（图3-31，1；彩版3-21，2）。

（2）侈口，深弧腹，窄圈足较高，内底一周凹棱作大平底，外壁近底足处有修坯痕和抓痕，外底垫饼垫烧。

BJWd（1）：18，釉色白中泛灰，外底心无釉，粘连垫饼残渣。足径5、残高4.9厘米（图3-31，2；彩版3-21，3）。

杯

直口，深弧腹，圈足较高，足墙外撇，外底垫饼垫烧。

BJWd（1）：29，釉色白中泛灰，施釉裹足端，内外壁有大量棕眼，外底有垫饼残渣。口沿7.9、足径3.4、高6.7厘米（图3-31，3；彩版3-21，4）。

### （三）Ⅲ组

#### 青白釉瓷

盖碗

（直口），深弧腹，窄圈足较高，足墙内角圆折，外壁篦划纹饰，外底垫饼垫烧。

BJWd（1）：20，釉色白中泛青，外底心无釉，釉面有开片，外壁粘连匣钵残块，外底有垫烧痕。足径6.1、残高5厘米（图3-31，4；彩版3-20，3）。

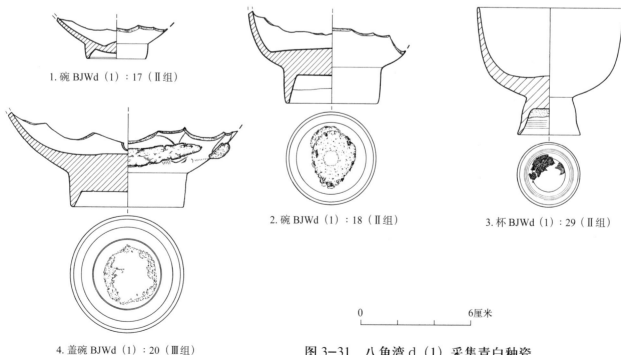

1. 碗 BJWd（1）：17（Ⅱ组）

2. 碗 BJWd（1）：18（Ⅱ组）

3. 杯 BJWd（1）：29（Ⅱ组）

0　　　　　　6厘米

4. 盖碗 BJWd（1）：20（Ⅲ组）

**图3-31　八角湾 d（1）采集青白釉瓷**

# 一五 八角湾 d（2）[BJWd(2)]

## 1. 青白釉瓷

碗

（1）敞口微侈，斜弧腹，内底一周凹棱作小平底，圈足，挖足浅，足端斜削，内壁刻划折扇纹，外底垫饼垫烧。

BJWd（2）：17，釉色白中微泛青，施釉至足，外壁粘连匣钵残块，外底有垫烧痕。口径 12.3、足径 4.5、高 4.5 厘米（图 3-32，1）。

（2）直口微侈作六葵口，深弧腹，圈足较高，外壁对应葵口处有压棱六道，内足墙及外底可见同心圆状旋坯痕，外底垫饼垫烧。

BJWd（2）：19，釉色白中泛灰，施釉裹足端，釉面有土沁和开片，内壁粘连一整块匣钵残底，外底有垫烧痕。口径 12.1、足径 6.2、高 5.4 厘米（图 3-32，2）。

盖碗

（1）直口微侈，深弧腹，圈足稍高，内足墙及外底可见旋痕，外底垫饼垫烧。

BJWd（2）：16，釉色白中泛灰，施釉裹足端，釉面有开片。口径 10.8、足径 5.8、高 6 厘米（图 3-32，3）。

（2）直口微侈，深弧腹，圈足稍高，外壁篦划蕉叶纹，内足墙可见旋痕，外底垫饼垫烧。

BJWd（2）：14，釉色白中泛灰，施釉裹足端，外底有垫烧痕。口径 10.7、足径 6.3、高 6 厘米（图 3-32，4）。

碗盖

盖弧拱，中心置纽，盖沿平折且较短，沿下出子口，盖面篦划蕉叶纹，盖内侧可见旋坯痕，盖内心垫饼垫烧。

BJWd（2）：11，釉色白中泛灰，盖内侧无釉。残高 3.3 厘米（图 3-32，5；彩版 3-22，1）。

BJWd（2）：18，釉色白中微泛青，盖内侧无釉，盖面粘连匣钵残块，中心粘连垫饼。盖径 10.8、高 4.1 厘米（图 3-32，6）。

杯

（直口微侈作六葵口），斜弧腹，圈足较矮，足墙外撇，足端斜削，外壁压棱六道，外底垫饼垫烧。

BJWd（2）：12，釉色白中泛青绿，施釉至足，釉面有开片，足端有流釉现象，内底心积釉，外底粘连垫饼残块。足径 3.5、残高 3.9 厘米（图 3-32，7；彩版 3-22，2）。

碟

（1）敞口，斜腹，内底一周凹棱作大平底，窄圈足稍高，足墙内斜，外壁近底足处有修坯痕，内足墙旋痕清晰，外底垫饼垫烧。

BJWd（2）：1，釉色白中泛灰，施釉至足，外底粘连垫饼。口径 11.4、足径 5.2、高 4.7 厘米（图 3-33，1）。

BJWd（2）：3，釉色白中泛灰，施釉至足，外底可见垫烧痕。口径 10.7、足径 5.2、高 4.3 厘米（图 3-33，2）。

BJWd（2）：4，釉色白中泛灰，施釉至足，外底有垫烧痕。口径 10.6、足径 5、高 4.2 厘米（图

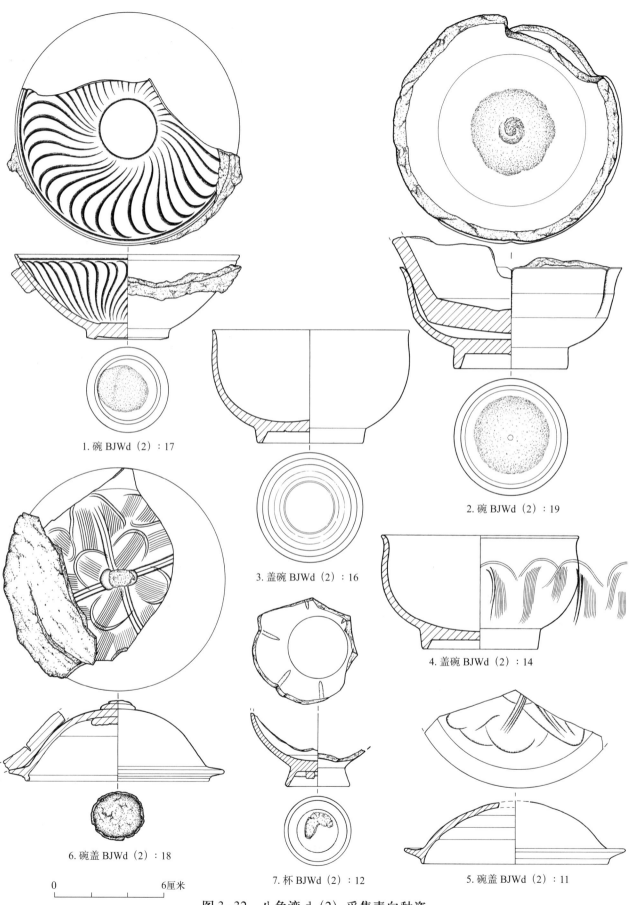

1. 碗 BJWd（2）：17

2. 碗 BJWd（2）：19

3. 盖碗 BJWd（2）：16

4. 盖碗 BJWd（2）：14

6. 碗盖 BJWd（2）：18

7. 杯 BJWd（2）：12

5. 碗盖 BJWd（2）：11

0 _____ 6厘米

图3-32 八角湾d（2）采集青白釉瓷

3-33，3；彩版 3-22，3）。

　　BJWd（2）:13，釉色白中泛灰，施釉至足，外底有同心圆状旋坯痕。口径 11.4、足径 5、高 4.4 厘米（图 3-33，4）。

　　（2）敞口，十瓣花口，斜腹，内底一周凹棱作大平底，外壁压棱十道，内壁对应凸起，窄圈足稍高，足墙内斜，外壁有修坯痕，外底垫饼垫烧。

　　BJWd（2）:7，釉色白中泛黄，施釉至足，外底有同心圆状旋坯痕和垫烧痕。口径 11、足径 5、高 4.2 厘米（图 3-33，5；彩版 3-22，4）。

　　平底碟

　　（1）敞口，弧腹，内底一周凹棱作大平底，略作隐圈足，外底稍内凹，有同心圆状旋坯痕，垫饼垫烧。

　　BJWd（2）:6，釉色白中泛灰，外底刮釉，内外壁有气孔，外壁粘连匣钵残块，外底有垫烧痕。口径 12、底径 5.4、高 3.2 厘米（图 3-34，1；彩版 3-23，1）。

　　BJWd（2）:20，釉色白中泛灰，外底刮釉，釉面有土沁，外底有垫烧痕。口径 13、底径 6.4、高 2.5 厘米（图 3-34，2）。

　　（2）敞口，五葵口或六葵口，弧腹，内底一周凹棱作大平底，略作隐圈足，外底稍内凹，外壁对应葵口处有压棱，外底垫饼垫烧。

　　BJWd（2）:5，釉色白中泛灰，外底刮釉，外底可见垫烧痕。口径 12.4、底径 6、高 2.6 厘米（图 3-34，3；彩版 3-23，2）。

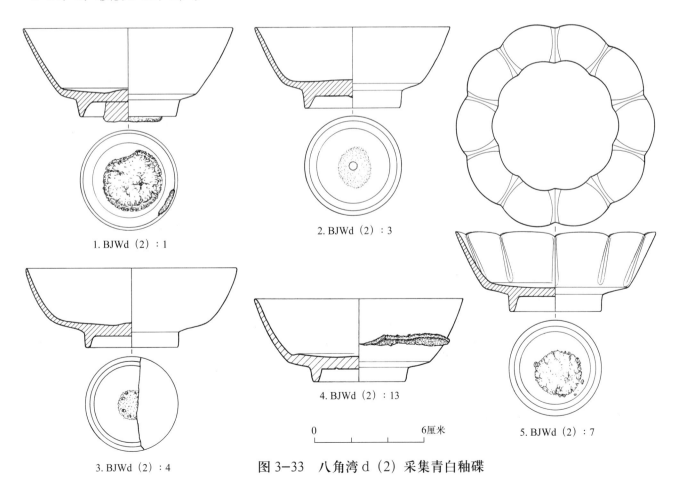

1. BJWd（2）:1
2. BJWd（2）:3
3. BJWd（2）:4
4. BJWd（2）:13
5. BJWd（2）:7

0　　　　　　6厘米

图 3-33　八角湾 d（2）采集青白釉碟

BJWd（2）：8，釉色白中泛黄，外底刮釉，内壁有土沁，外底可见垫烧痕。口径 11.6、底径 5.4、高 3.2 厘米（图 3-34，4）。

BJWd（2）：9，釉色白中泛青，外底刮釉，釉面有开片，外底有同心圆状旋坯痕和垫烧痕。口径 11.8、底径 5.6、高 3 厘米（图 3-34，5）。

BJWd（2）：15，釉色白中泛灰，外底刮釉，釉面有土沁和开片，有同心圆状旋坯痕。口径 11.7、底径 5.8、高 3.1 厘米（图 3-34，6）。

### 2. 酱釉瓷

碗

敞口，斜弧腹，矮圈足，足端斜削，外底垫饼垫烧。

BJWd（2）：2，酱釉，近口沿处釉色浅，施釉至足且不均，釉面有兔毫状纹理。口径 12.7、足径 4.4、高 4.6 厘米（图 3-35，1；彩版 3-23，3）。

平底碟

敞口，弧腹，内底一周凹棱作大平底，略作隐圈足，外底稍内凹，外壁有压棱，外底有同心圆

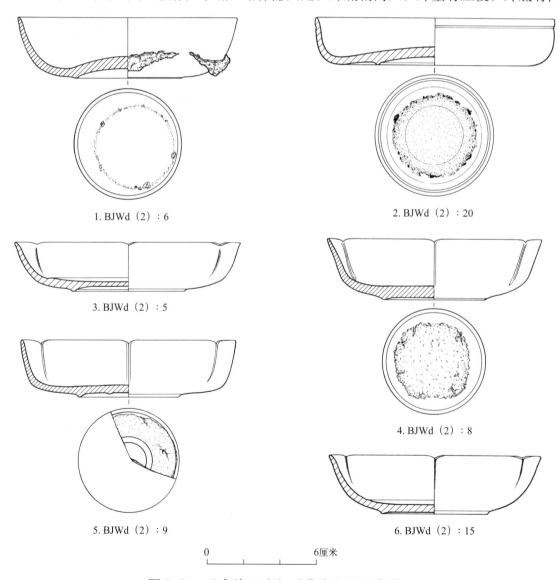

1. BJWd（2）：6

2. BJWd（2）：20

3. BJWd（2）：5

4. BJWd（2）：8

5. BJWd（2）：9

6. BJWd（2）：15

0                    6厘米

图 3-34  八角湾 d（2）采集青白釉平底碟

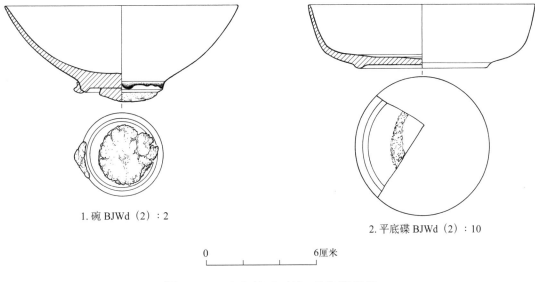

1. 碗 BJWd（2）：2

2. 平底碟 BJWd（2）：10

0 _____ 6厘米

图 3-35　八角湾 d（2）采集酱釉瓷

状旋坯痕，外底垫饼垫烧。

BJWd（2）：10，酱釉，近口沿处釉色浅，外底刮釉。口径 12.4、底径 6.8、高 3.4 厘米（图 3-35，2；彩版 3-23，4）。

# 一六　八角湾 d（3）[BJWd(3)]

## （一）Ⅰ组

### 青白釉瓷

碗

（1）敞口或敞口微侈，斜弧腹，内底一周凹棱作小平底，圈足较矮，足端斜削，外壁有修坯痕，外底垫饼垫烧。

BJWd（3）：17，釉色白中泛灰，施釉至足端，外底有垫饼渣痕。口径 11.2、足径 4、高 4.5 厘米（图 3-36，1；彩版 3-24，1）。

BJWd（3）：12，釉色白中泛灰，施釉至下腹及足，外底有垫烧痕。口径 10.8、足径 4.2、高 4.3 厘米（图 3-36，2）。

BJWd（3）：18，釉色白中泛灰，施釉至下腹及足，釉面有开片，外壁粘连匣钵残块，外底有垫烧痕。口径 10.8、足径 4.4、残高 4.6 厘米（图 3-36，3）。

（2）敞口微侈，斜弧腹，内底一周凹棱作小平底，圈足，挖足浅，内壁刻划折扇纹，外壁近底足处有修坯痕，外底垫饼垫烧。

BJWd（3）：25，釉色白中泛灰，施釉至足，外底有垫烧痕。足径 4、残高 4 厘米（图 3-36，4）。

（3）（敞口微侈），斜弧腹，内底一周凹棱作小平底，圈足，挖足浅，足端微削，足墙内斜，外壁刻划折扇纹，外底有同心圆状旋坯痕，外底垫饼垫烧。

BJWd（3）：26，釉色白中泛灰，施釉至足，挖足不甚规整，外底粘连圆形垫饼。足径 3.9、残高 3.2 厘米（图 3-36，5）。

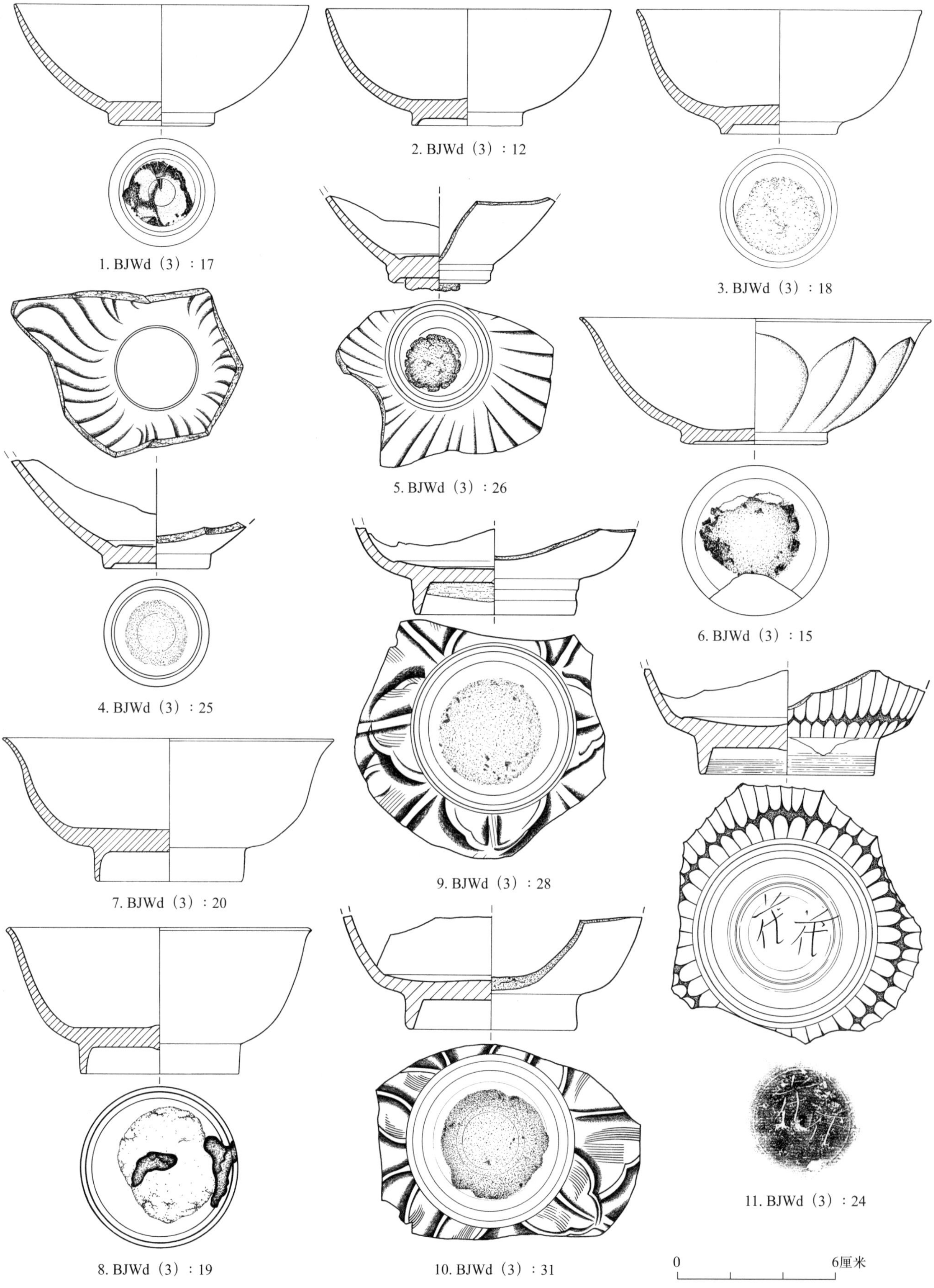

1. BJWd（3）：17

2. BJWd（3）：12

3. BJWd（3）：18

4. BJWd（3）：25

5. BJWd（3）：26

6. BJWd（3）：15

7. BJWd（3）：20

8. BJWd（3）：19

9. BJWd（3）：28

10. BJWd（3）：31

11. BJWd（3）：24

0　　　　　　　6厘米

图3-36　八角湾d（3）采集青白釉碗（Ⅰ组）

（4）侈口，斜弧腹，内底小圆凸，圈足矮，挖足较浅，足端斜削，外壁刻削莲瓣纹，外底垫饼垫烧。

BJWd（3）：15，釉色白中泛灰，施釉至足，釉面有土沁，内底粘连匣钵残渣，外底粘连垫饼渣，挖足不规整。口径13.5、足径5.6、高4.6厘米（图3-36，6；彩版3-24，2）。

（5）侈口，深弧腹，内底平，内底一周凹棱作大平底，窄圈足稍高，外壁有修坯痕，内足墙有旋痕，外底垫饼垫烧。

BJWd（3）：20，釉色白中泛黄，积釉处泛青绿，施釉裹足端，釉面有条状开片。口径12.6、足径5.6、高5.3厘米（图3-36，7；彩版3-24，3）。

（6）侈口，窄唇，深弧腹，内底一周凹棱作大平底，窄圈足稍高，外壁有修坯痕，内足墙旋痕清晰可见，外底垫饼垫烧。

BJWd（3）：19，釉色白中泛灰，施釉裹足端，外底有垫饼渣痕。口径11.6、足径6、高5.4厘米（图3-36，8；彩版3-24，4）。

（7）（敞口），深弧腹，内底一周凹棱作大平底，窄圈足稍高，外壁刻划蕉叶纹，外底有同心圆状旋坯痕，外底垫饼垫烧。

BJWd（3）：28，釉色白中泛灰，施釉裹足端，外足墙局部刮釉，纹饰精细，外底有垫烧痕。足径6.1、残高3.2厘米（图3-36，9）。

BJWd（3）：31，釉色青白泛灰，施釉裹足端，外底有垫烧痕。足径6.4、残高4.2厘米（图3-36，10；彩版3-24，5）。

（8）（敞口），深弧腹，近底处转折，内底一周凹棱作大平底，窄圈足稍高，外壁刮削菊瓣纹，外底有同心圆状旋坯痕，外底垫饼垫烧。

BJWd（3）：24，釉色白中泛灰，施釉至足，外底心刻划文字。足径6.6、残高3.9厘米（图3-36，11）。

盖碗

（直口微侈），深弧腹，内底宽平，圈足，足墙内斜，外壁篦划蕉叶纹，外底有同心圆状旋坯痕，外底垫饼垫烧。

BJWd（3）：30，釉色白中泛黄，施釉至足，外壁粘连匣钵残渣，纹饰不精，外底有垫烧痕。足径5.6、残高5.3厘米（图3-37，1；彩版3-25，1）。

碗盖

盖弧拱，顶稍平，中心置纽，外缘两道凸棱，折沿，口残缺。

BJWd（3）：23，釉色白中泛灰，釉面有开片，盖内心无釉，有垫烧痕。残高5.7厘米（图3-37，2）。

碟

（1）敞口，折腹，斜直壁，内底一周凹棱作大平底，圈足，足墙内斜，足端微削，内足墙可见旋痕，外底垫饼垫烧。

BJWd（3）：14，釉色白中泛灰，釉面有开片，施釉至下腹及足。口径12、足径5.2、高4.7厘米（图3-37，3；彩版3-25，2）。

BJWd（3）：16，釉色白中泛黄，施釉至下腹及足，外壁有修坯痕。口径11.2、足径5、高4.6厘米（图3-37，4）。

（2）敞口，十瓣花口，折腹，内底一周凹棱作大平底，圈足，足墙内斜，外壁对应花口处有压

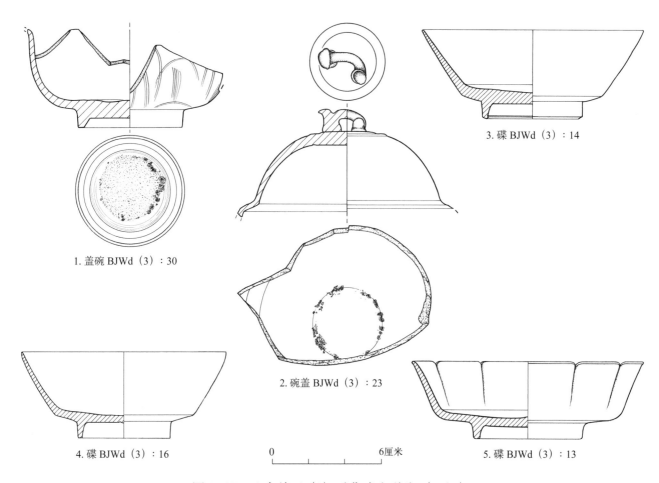

1. 盖碗 BJWd（3）：30

2. 碗盖 BJWd（3）：23

3. 碟 BJWd（3）：14

4. 碟 BJWd（3）：16

0　　　　　　6厘米

5. 碟 BJWd（3）：13

图 3-37　八角湾 d（3）采集青白釉瓷（Ⅰ组）

棱十道，外底垫饼垫烧。

BJWd（3）：13，釉色白中泛灰，施釉至足，外壁有修坯痕，内足墙及外底有旋痕。口径 12.6、足径 5.8、高 4.1 厘米（图 3-37，5；彩版 3-25，3）。

BJWd（3）：21，5 件残器与匣钵粘连（彩版 3-25，4）。

平底碟

（1）敞口，弧腹，内底一周凹棱作大平底，外底稍内凹，外壁有修坯痕，外底垫饼垫烧。

BJWd（3）：29，釉色白中泛灰，外底刮釉，可见垫烧痕。口径 13.2、底径 6、高 3.3 厘米（图 3-38，1）。

（2）敞口微侈，六葵口，弧腹，内底一周凹棱作大平底，外底稍内凹，外壁对应葵口处有压棱六道，外壁有修坯痕，外底垫饼垫烧。

BJWd（3）：11，釉色白中泛灰，外底刮釉，釉面有条状开片，内壁有一块暗红色窑斑。口径 11.2、底径 6.2、高 3.1 厘米（图 3-38，2；彩版 3-26，1）。

酒台

托台高于托盘，腹壁斜直，托盘折腹，盘沿宽平，圈足，器底有一圆形气孔，内足墙和外底旋痕清晰，外底垫环垫烧。

BJWd（3）：6，胎体表面布满气孔，釉色白中泛青绿，施釉裹足端，釉面有棕眼，外底粘连垫环渣。口径 12.3、足径 7、高 4.1 厘米（图 3-38，3；彩版 3-26，2）。

BJWd（3）：8，釉色青白泛灰，施釉裹足端且不均匀，釉面有开片，外底有垫烧痕。口径

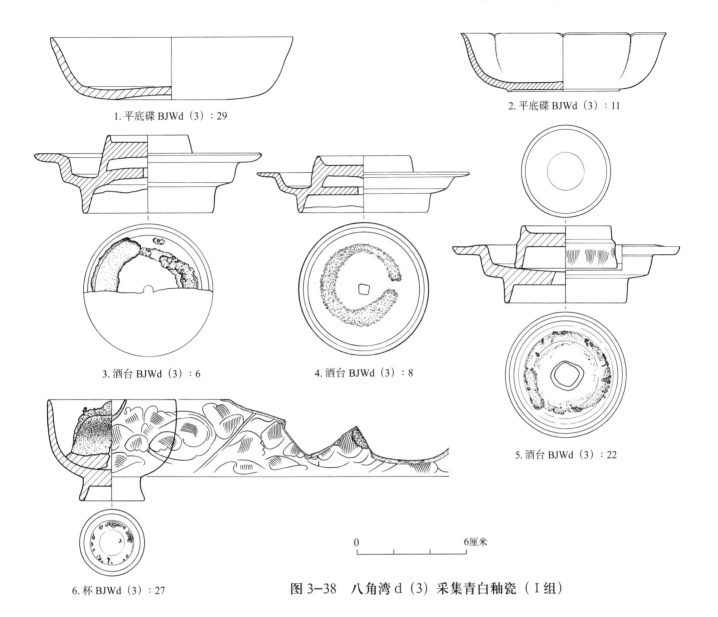

1. 平底碟 BJWd（3）：29

2. 平底碟 BJWd（3）：11

3. 酒台 BJWd（3）：6

4. 酒台 BJWd（3）：8

5. 酒台 BJWd（3）：22

6. 杯 BJWd（3）：27

0　　　　　　　6厘米

图3-38　八角湾d（3）采集青白釉瓷（Ⅰ组）

11.5、足径7、高3厘米（图3-38，4；彩版3-26，3）。

BJWd（3）：22，釉色白中泛灰，积釉处微泛青，施釉裹足端，托台腹壁缓折内收，下部篦划纹饰。口径12.4、足径6.7、高4.1厘米（图3-38，5）。

杯

直口，深弧腹，圈足外撇，外壁篦划纹饰，外底垫饼垫烧。

BJWd（3）：27，釉色白中泛青，施釉裹足端，内壁粘连匣钵残块，外底粘连垫饼渣痕。口径7、足径3.5、高5.4厘米（图3-38，6）。

## （二）Ⅱ组

### 青白釉瓷

碗

（1）敞口微侈，斜弧腹，内底小圆凸，圈足较矮，挖足较浅，足端斜削，外底垫饼垫烧。

BJWd（3）：2，釉色青白，施釉至足且不均，釉面有开片，外底有垫烧痕。足径3.6、残高2.1厘米（图

3-39，1；彩版 3-26，4）。

（2）（敛口），深弧腹，圈足较高，足壁外侧一周凸棱，外底垫饼垫烧。

BJWd（3）：5，釉色白中泛黄，施釉裹足端，内壁满布窑渣，外底可见垫烧痕。足径 4.4、残高 6.5 厘米（图 3-39，2；彩版 3-27，1）。

（3）（敞口），斜弧腹，圈足较高，足壁外侧一周凸棱，外壁近底足处有修坯痕，外底垫饼垫烧。

BJWd（3）：3，釉色白中泛黄，施釉裹足端，釉面有开片。足径 6、残高 4.6 厘米（图 3-39，3；彩版 3-27，1）。

（4）（侈口），深弧腹，内底一周凹棱作大平底，高圈足，外底垫饼垫烧。

BJWd（3）：1，釉色白中泛灰，施釉裹足端，釉面有开片，内外壁粘连匣钵残块，内足墙可见旋痕，外底有垫烧痕。足径 5、残高 7 厘米（图 3-39，4）。

（5）（侈口），斜弧腹，窄圈足稍高，外底垫饼垫烧。

BJWd（3）：9，釉色白中泛灰，施釉裹足端，釉面局部有条状开片，足端及外底粘连垫饼渣。足径 4、

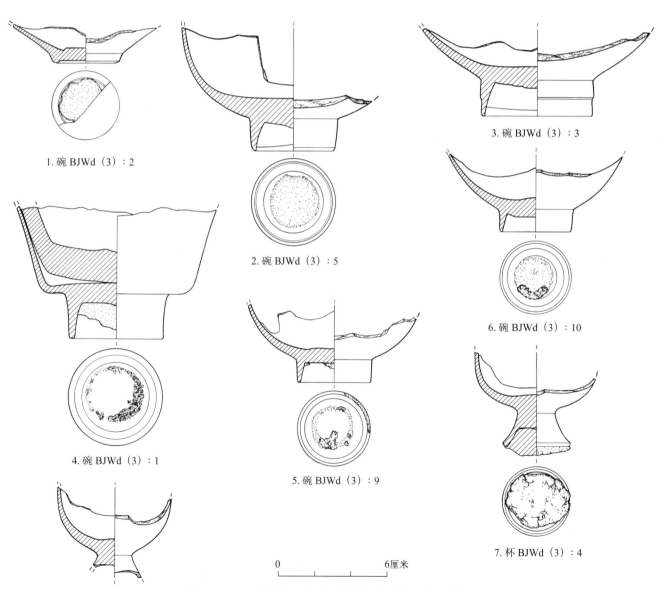

1. 碗 BJWd（3）：2

2. 碗 BJWd（3）：5

3. 碗 BJWd（3）：3

4. 碗 BJWd（3）：1

5. 碗 BJWd（3）：9

6. 碗 BJWd（3）：10

7. 杯 BJWd（3）：4

8. 杯 BJWd（3）：7

0　　　　　　6厘米

**图 3-39　八角湾 d（3）采集青白釉瓷（Ⅱ组）**

残高 4.1 厘米（图 3-39，5）。

BJWd（3）：10，釉色白中泛灰，施釉裹足端，釉面有开片，外底有垫烧痕。足径 3.8、残高 4.1 厘米（图 3-39，6；彩版 3-27，3）。

杯

（直口），深弧腹，圈足较高，足墙外撇，外底垫饼垫烧。

BJWd（3）：4，釉色偏白，积釉处微泛青，施釉裹足端，釉面有开片，外底粘连垫饼残块。足径 3.6、残高 5 厘米（图 3-39，7）。

BJWd（3）：7，釉色白中泛青，施釉裹足端，外底可见垫烧痕。残高 4.8 厘米（图 3-39，8；彩版 3-27，4）。

# 一七　八角湾 e（BJWe）

## （一）Ⅰ组

### 青白釉瓷

碗

（1）（敞口微侈），斜弧腹，圈足，内壁篦划水波纹，外壁刻划折扇纹，内足墙旋痕清晰，外底垫饼垫烧。

BJWe：9，釉色白中泛灰，施釉至足，釉面有开片。足径 4、残高 3.1 厘米（图 3-40，1）。

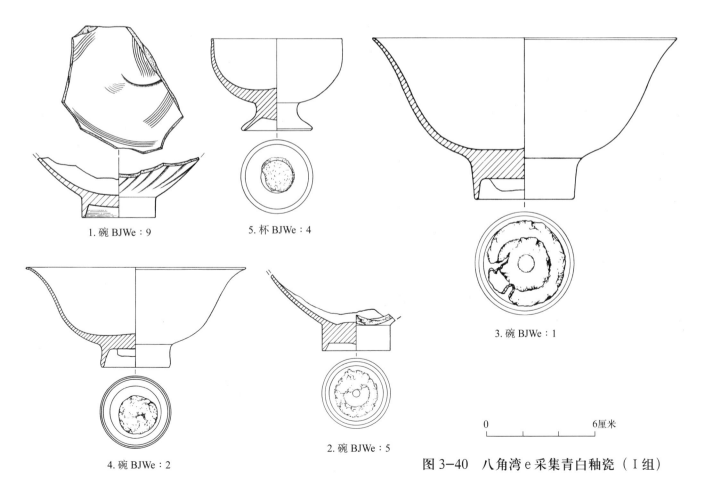

1. 碗 BJWe：9　　5. 杯 BJWe：4

3. 碗 BJWe：1

4. 碗 BJWe：2　　2. 碗 BJWe：5

0　　　　　　6厘米

图 3-40　八角湾 e 采集青白釉瓷（Ⅰ组）

（2）（敞口微侈，作宽唇），斜弧腹，内底圆凸，圈足，内外足墙及外底可见旋痕，外底垫饼垫烧。

BJWe：5，生烧，釉色白中泛土红，釉面生涩，施釉至足，外底有垫烧痕迹。足径3.7、残高4厘米（图3-40，2）。

（3）侈口，斜弧腹，窄圈足较高，外底垫饼垫烧。

BJWe：1，釉色白中泛黄，施釉裹足端，釉面满布细密开片。口径16.7、足径5.5、高8.5厘米（图3-40，3；彩版3-28，1）。

BJWe：2，釉色白中泛青，施釉裹足，外底有垫烧痕。口径12、足径3.8、高5.3厘米（图3-40，4；彩版3-28，2）。

杯

直口，深弧腹，圈足外撇，外底垫饼垫烧。

BJWe：4，釉色白中泛青，施釉裹足，釉面满布开片，外底有垫烧痕。口径7.1、足径3.9、高4.9厘米（图3-40，5）。

## （二）Ⅱ组

### 青白釉瓷

碗

（1）侈口，斜弧腹，内底一周凹棱，窄圈足，足墙内斜，内角圆折，外底垫饼垫烧。

BJWe：3，釉色白中泛灰，施釉裹足端，釉面满布开片，外壁粘连匣钵残块，外底粘连垫饼残渣。口径13、足径4.9、高5.2厘米（图3-41，1；彩版3-28，3）。

（2）斜直腹，内底圆凸，饼足浅挖，内壁印花，外底垫饼垫烧。

BJWe：6，釉色白中泛青，外底刮釉，釉面有开片。足径3、残高2.4厘米（图3-41，2）。

（3）内底小圆凸，饼足浅挖，外底垫饼垫烧。

BJWe：7，釉色白中泛青，外底心刮釉，釉面满布开片，外底有垫烧痕。足径3.8、残高1.5厘米（图3-41，3）。

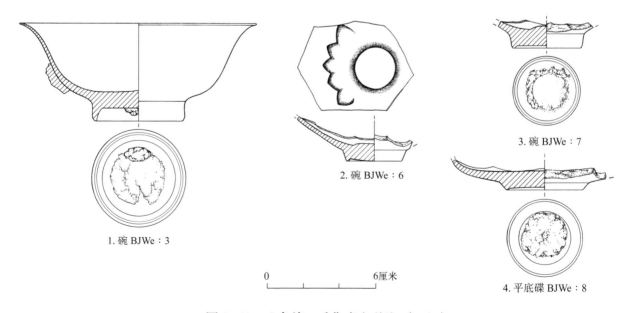

1. 碗 BJWe：3

2. 碗 BJWe：6

3. 碗 BJWe：7

0　　　　　　6厘米

4. 平底碟 BJWe：8

图3-41　八角湾e采集青白釉瓷（Ⅱ组）

平底碟

（敞口），弧腹，略作隐圈足，外底稍内凹，内底一周凹弦纹，内有篦划纹饰，外底有同心圆状旋坯痕，外底垫饼垫烧。

BJWe：8，釉色白中泛青，外底刮釉，釉面满布开片，外底有垫烧痕。底径4.1、残高1.6厘米（图3-41，4）。

## 一八　八角湾 f（BJWf）

### 青白釉瓷

碗

（敞口或敞口外撇），斜腹，饼足浅挖，内壁篦划菊纹及篦点纹，青白釉，内底凹陷处积釉，外底刮釉，垫饼垫烧。

BJWf：1，外底见垫烧痕。足径3.5、残高3.1厘米（图3-42，1；彩版3-28，4）。

BJWf：2，外底见同心圆状旋痕，有垫烧痕。足径3.2、残高4.8厘米（图3-42，2）。

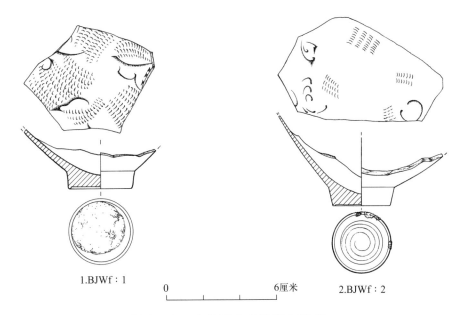

1.BJWf：1　　　0　　　6厘米　　　2.BJWf：2

图3-42　八角湾 f 采集青白釉碗

## 一九　八角湾 g（BJWg）

### （一）Ⅰ组

### 青白釉瓷

碗

（1）敞口外撇，斜腹，饼足浅挖，内壁篦划菊纹及篦点纹，青白釉或白中泛灰，内底凹陷处积釉，外底刮釉，垫饼垫烧。

BJWg：2，外壁隐约可见旋坯痕，外底见垫烧痕。口径14.4、足径3.2、高5.5厘米（图3-43，1；彩版3-29，1）。

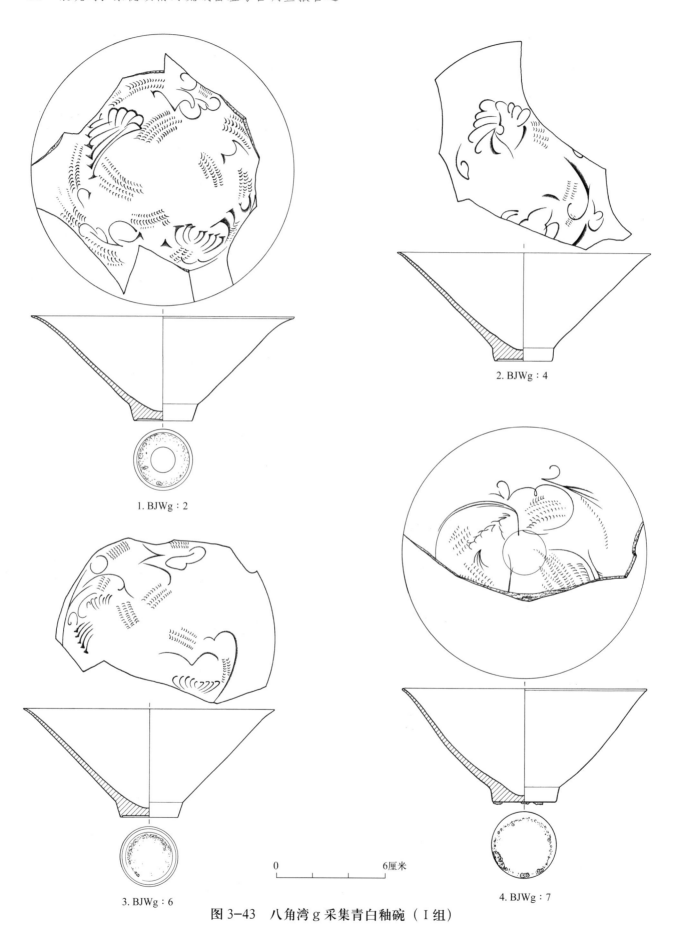

1. BJWg：2

2. BJWg：4

3. BJWg：6

4. BJWg：7

0　　　　　　　　　6厘米

图 3-43　八角湾 g 采集青白釉碗（Ⅰ组）

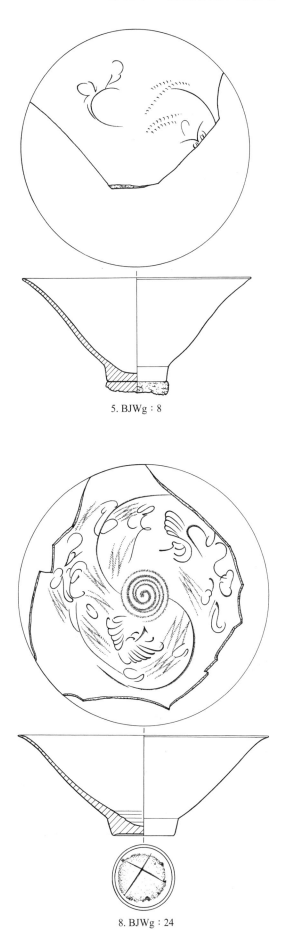

5. BJWg：8

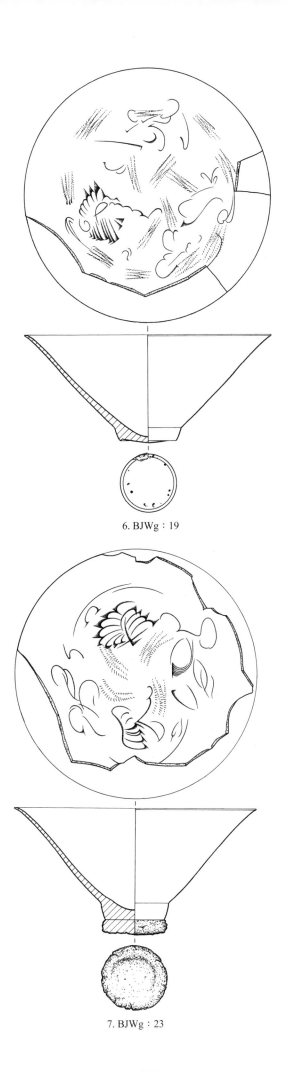

6. BJWg：19

7. BJWg：23

8. BJWg：24

1. 碗 BJWg：1

2. 碗 BJWg：3

6. 碗 BJWg：17

7. 碗 BJWg：18

0　　　　　　　　6厘米

图 3-44　八角湾 g 采集青白釉碗、窑具（I 组）

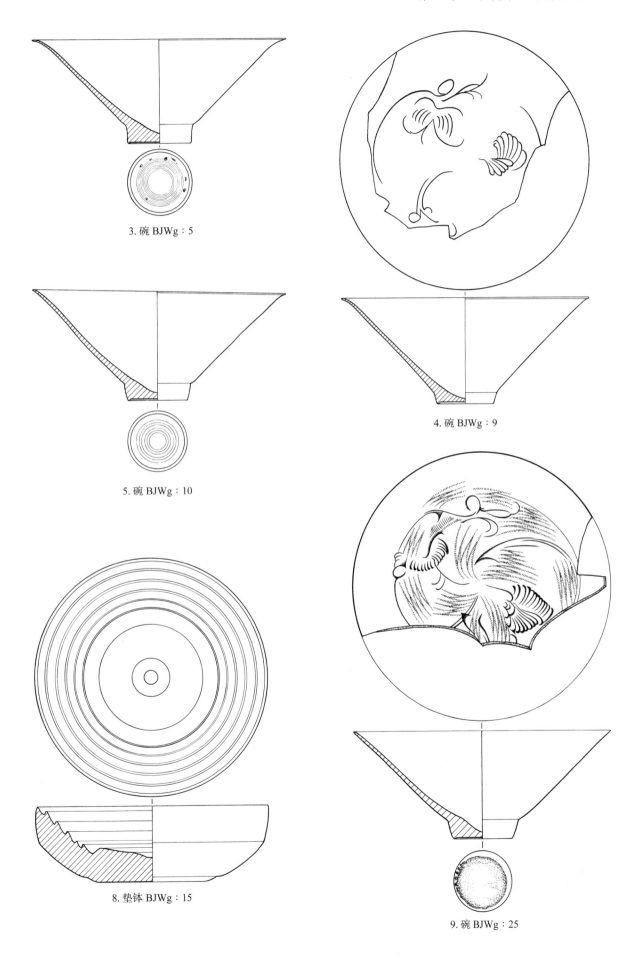

3. 碗 BJWg：5

5. 碗 BJWg：10

4. 碗 BJWg：9

8. 垫钵 BJWg：15

9. 碗 BJWg：25

BJWg：4，内壁近底处有几道旋痕。外底可见垫烧痕。口径13.8、足径3.2、高5.7厘米（图3-43，2）。

BJWg：6，釉面局部开片。外底可见垫烧痕。口径13.8、足径3.2、高5.7厘米（图3-43，3）。

BJWg：7，釉面有长条状开片。外底粘连垫饼残渣。口径13.4、足径3.4、高6厘米（图3-43，4）。

BJWg：8，釉面有开片。外底粘连垫饼。口径12.6、足径3.2、高5.5厘米（图3-43，5）。

BJWg：19，釉面有开片。外底可见垫烧痕。口径13.5、足径3.1、高5.7厘米（图3-43，6；彩版3-29，2）。

BJWg：23，釉面有开片。外底粘连垫饼。口径13.2、足径3.2、高5.9厘米（图3-43，7；彩版3-29，3）。

BJWg：24，釉面有开片。内壁近底处有几道旋痕。外底可见垫烧痕。口径14、足径3.4、高5.3厘米（图3-43，8；彩版3-29，4）。

BJWg：25，外底见垫烧痕。口径14.2、足径3.2、高5.7厘米（图3-44，9；彩版3-30，1）。

（2）敞口外撇，斜腹，饼足浅挖，内壁菊纹简化无篦点，青白釉或白中泛灰，垫饼垫烧。

BJWg：1，内底积釉处泛青色，内壁有开片。口径13.6、足径3.2、高5.8厘米（图3-44，1；彩版3-30，2）。

BJWg：3，釉面有长条状开片。外底可见垫烧痕。口径13.4、足径3.2、高5.7厘米（图3-44，2）。

BJWg：5，外壁近底足处一圈积釉。外底见同心圆状旋痕，有黑色垫烧痕。口径13.7、足径3.3、高5.5厘米（图3-44，3）。

BJWg：9，釉面有开片，内外壁近底处有积釉。外底见同心圆状旋痕。口径13.6、足径3.1、高5.6厘米（图3-44，4）。

BJWg：10，器物变形，釉面生涩，有开片。外底见同心圆状旋坯痕。口径13.7、足径3.3、高5.6～5.9厘米（图3-44，5）。

BJWg：17，内底微积釉，釉面开条状开片。外底可见垫烧痕。口径13.2、足径3、高5.6厘米（图3-44，6；彩版3-30，3）。

BJWg：18，内底积釉处微泛青，釉面有开片。内壁近底处见几道旋痕。外底可见垫烧痕。口径14、足径3.2、高5.6厘米（图3-44，7；彩版3-30，4）。

### 2. 窑具

垫钵

敞口微敛，斜弧腹，内底中心下凹，内壁有6道凹槽，白色瓷胎。

BJWg：15，口径12.5、底径5.8、高4厘米（图3-44，8）。

## （二）Ⅱ组

### 1. 青白釉瓷

碗

（1）敞口，斜腹，饼足，内壁模印回字纹及花瓣，青白釉微泛灰色，外底无釉，垫饼垫烧。

BJWg：13，残缺底足部分，外壁可见旋坯痕。口径14、残高3.5厘米（图3-45，1；彩版3-31，1）。

（2）六葵口外敞，斜弧腹，圈足，内壁印花，外壁对应葵口处压棱六道，青白釉，施釉至足，外底垫饼垫烧。

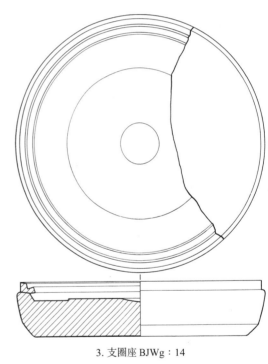

1. 碗 BJWg：13

2. 芒口碟 BJWg：11

4. 支圈 BJWg：16

3. 支圈座 BJWg：14

0 ────────── 6厘米

图 3-45　八角湾 g 采集青白釉瓷、窑具（Ⅱ组）

BJWg：22，置于匣钵中（彩版 3-31，2）。

芒口碟

敞口，芒口，斜腹，平底稍内凹，内壁模印回字纹及游鱼花卉，青白釉，近芒口处一圈积釉，组合支圈覆烧。

BJWg：11，外壁可见旋坯痕。口径 13.7、底径 9.9、高 2.6 厘米（图 3-45，2；彩版 3-31，3）。

### 2. 窑具

支圈座

顶面中间微凹，边缘粘有残支圈，土红色陶胎。

BJWg：14，直径 13.6、高 2.9 厘米（图 3-45，3；彩版 3-31，4）。

支圈

横断面呈"L"状，4 个大小相同的支圈粘在一起。

BJWg：16，直径 14.6、残高 3.5 厘米（图 3-45，4）。

# 二〇  八角湾 h1（BJWh1）

## 青白釉瓷

碗

（1）侈口，六葵口，斜弧腹，窄圈足，足墙内角多圆折，内底一周凹棱，外底无釉，垫饼垫烧。

BJWh1：2，生烧，釉色白中泛土红，釉面生涩。口径 12.7、足径 5.5、高 4.7 厘米（图 3-46，1；彩版 3-32，1）。

（2）六葵口外敞，斜弧腹，圈足挖足较浅，内底小圆凸，釉色白中泛灰，外底无釉，垫饼垫烧。

BJWh1：6，内壁局部泛土红。外壁隐约可见旋坯痕。外底可见垫烧痕。口径 12、足径 3.3、高 4.3 厘米（图 3-46，2；彩版 3-32，2）。

（3）敞口或敞口微侈，六葵口，斜弧腹，圈足挖足较浅，内壁三组划花，内底圆凸，釉色白中泛灰或泛青，外底无釉，垫饼垫烧。

BJWh1：1，釉面局部开片。外壁粘连匣钵残块，外粘连垫饼。口径 12.5、足径 3.5、高 4.6 厘米（图 3-46，3；彩版 3-33，1）。

BJWh1：3，外底可见垫烧痕。口径 10.1、足径 3.6、高 4.6 厘米（图 3-46，4）。

BJWh1：5，釉面有开片和少许气泡。外底粘连垫饼。口径 13.8、足径 3.4、高 4 厘米（图 3-46，5；彩版 3-32，3）。

（4）敞口或敞口外撇，斜腹，饼足浅挖，内壁篦划菊纹及之字篦点纹，釉色白中泛青，外底刮釉，垫饼垫烧。

BJWh1：4，釉面有气泡。外底可见垫烧痕。口径 14.8、足径 3.4、高 5.3 厘米（图 3-46，6）。

BJWh1：8，釉面有开片，内底心积釉。圈足挖足不规整，外底见同心圆状旋痕，有垫烧痕迹。足径 3.6、残高 4 厘米（图 3-46，7；彩版 3-33，2）。

碟

（侈口，折腹），窄圈足，足墙内角圆凹，内底篦划纹饰，施釉至足端，釉色白中泛灰或泛青，外底垫饼垫烧。

BJWh1：7，釉面有棕眼及开片。外底可见垫烧痕。足径 4.3、残高 2 厘米（图 3-47，1；彩版 3-33，3）。

BJWh1：9，内壁沥粉出筋，外底可见垫烧痕。足径 4.4、残高 1.9 厘米（图 3-47，2；彩版 3-33，4）。

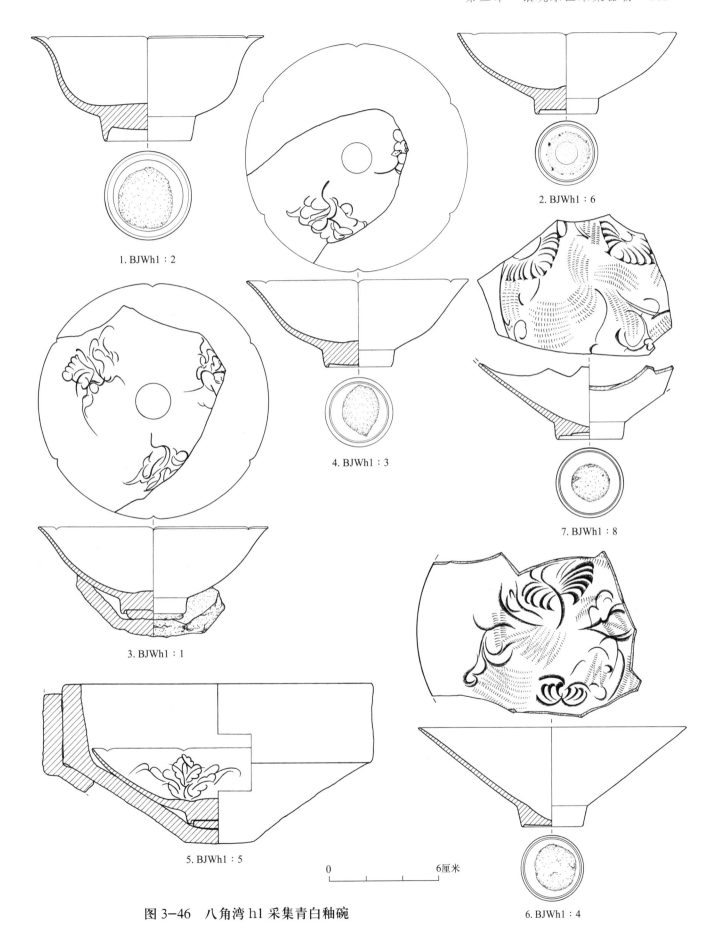

1. BJWh1：2

2. BJWh1：6

3. BJWh1：1

4. BJWh1：3

5. BJWh1：5

6. BJWh1：4

7. BJWh1：8

0　　　　　　　　6厘米

图 3-46　八角湾 h1 采集青白釉碗

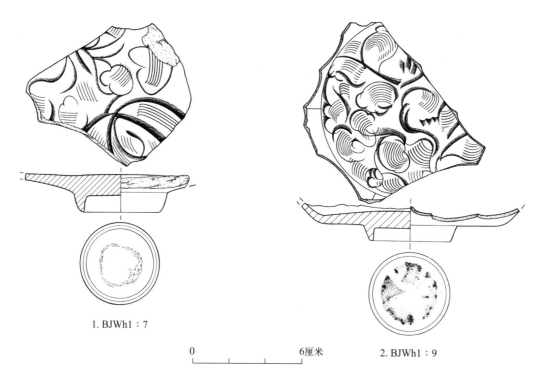

1. BJWh1：7

0　　　　　　　6厘米

2. BJWh1：9

图 3-47　八角湾 h1 采集青白釉碟

# 二一　八角湾 h2（BJWh2）

## 青白釉瓷

碗

（1）侈口，方唇，斜弧腹，饼足，内底小圆凹，青白釉泛灰色，外底刮釉，垫饼垫烧。

BJWh2：5，芒口，口沿处酱色，口径 14.2、足径 4、高 5 厘米（图 3-48，1；彩版 3-34，1）。

BJWh2：8，芒口，口沿处酱色，口径 13.6、足径 3.6、高 4.4 厘米（图 3-48，2）。

（2）侈口，斜腹，饼足，青白釉泛灰色，口沿外一圈积釉，外底刮釉，垫饼垫烧。

BJWh2：2，口径 12.2、足径 3.3、高 4.4 厘米（图 3-48，3）。

BJWh2：3，芒口，口沿处酱色，口径 11.6、足径 3.4、高 4 厘米（图 3-48，4）。

BJWh2：4，口径 12.2、足径 3.2、高 4.3 厘米（图 3-48，5；彩版 3-34，2）。

BJWh2：10，口径 12.8、足径 3.2、高 4.3 厘米（图 3-48，6；彩版 3-34，3）。

BJWh2：13，口径 12.4、足径 3.4、高 4.4 厘米（图 3-48，7；彩版 3-35，1）。

BJWh2：15，口径 11.8、足径 3.4、高 4 厘米（图 3-48，8）。

（3）侈口，方唇，斜弧腹，饼足，内底一周凹棱，外壁刻划莲瓣纹，口沿局部酱边，青白釉泛灰色，外底刮釉，垫饼垫烧。

BJWh2：7，口径 17、足径 4.8、高 5.5 厘米（图 3-49，1；彩版 3-35，2）。

（4）侈口，方唇，斜弧腹，饼足，内底一周凹棱，口沿内侧一周酱边，芒口，青灰釉，外底刮釉，垫饼垫烧。

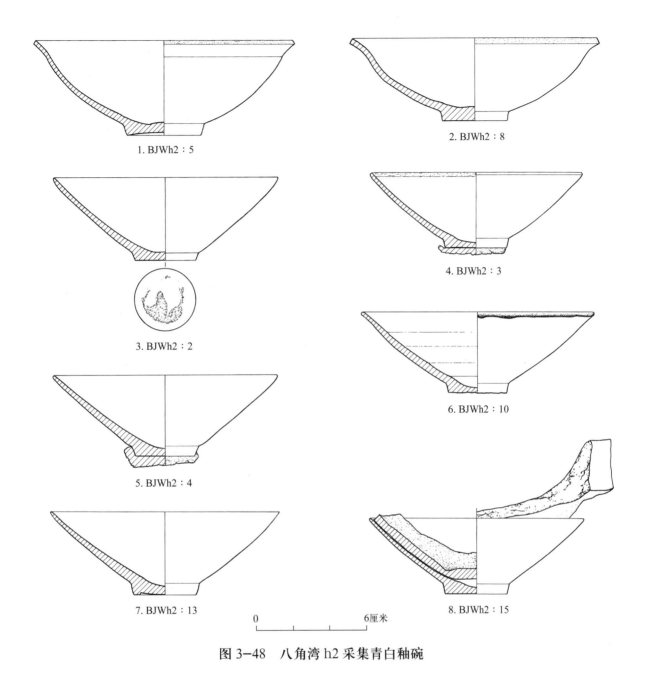

1. BJWh2：5

2. BJWh2：8

3. BJWh2：2

4. BJWh2：3

5. BJWh2：4

6. BJWh2：10

7. BJWh2：13

8. BJWh2：15

0　　　　　　　6厘米

图 3-48　八角湾 h2 采集青白釉碗

BJWh2：11，口径 12、足径 3.7、高 3.9 厘米（图 3-49，2）。

BJWh2：12，口径 12.2、足径 3.8、高 4 厘米（图 3-49，3；彩版 3-35，3）。

BJWh2：14，口径 12.5、足径 3.7、高 4 厘米（图 3-49，4；彩版 3-36，1）。

碟

（1）侈口，方唇，斜弧腹，饼足，内底小圆凹，青白釉泛灰色，外底刮釉，垫饼垫烧。

BJWh2：9，口径 14、足径 3.8、高 4 厘米（图 3-50，1）。

（2）侈口，方唇，斜弧腹，饼足，内底一周凹棱，外壁刻划莲瓣纹，口沿局部酱边，青白釉泛灰色，外底刮釉，垫饼垫烧。

BJWh2：6，口径 15.4、足径 4.8、高 4.2 厘米（图 3-50，2；彩版 3-36，2）。

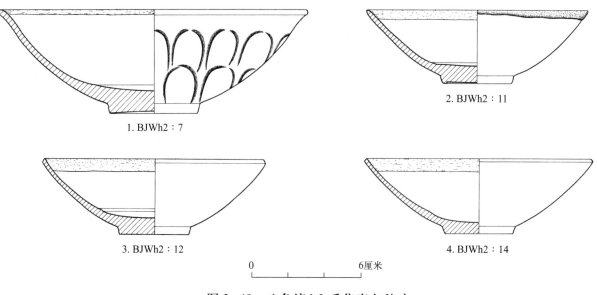

1. BJWh2：7

2. BJWh2：11

3. BJWh2：12

4. BJWh2：14

0　　　　　　　　6厘米

图 3-49　八角湾 h2 采集青白釉碗

（3）盘口，斜弧腹，饼足，内壁模印菊瓣纹，青灰釉，外底刮釉，垫饼垫烧。

BJWh2：1，口径 11.4、足径 3.5、高 3.1 厘米（图 3-50，3；彩版 3-36，3）。

BJWh2：16，口径 11.6、足径 3.6、高 3 厘米（图 3-50，4）。

BJWh2：17，口径 12、足径 3.8、高 3.3 厘米（图 3-50，5）。

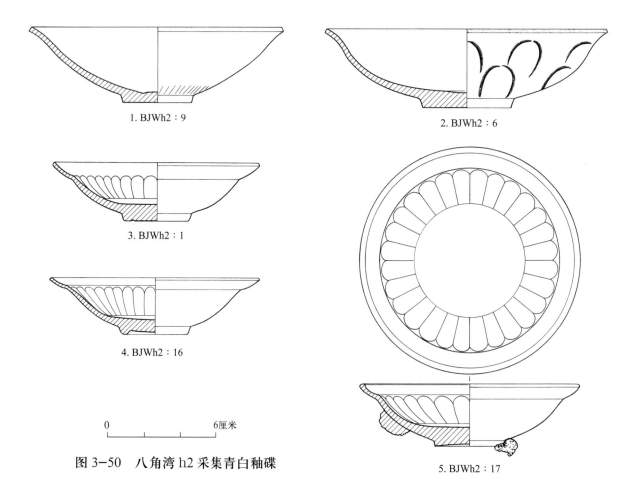

1. BJWh2：9

2. BJWh2：6

3. BJWh2：1

4. BJWh2：16

5. BJWh2：17

0　　　　　　　　6厘米

图 3-50　八角湾 h2 采集青白釉碟

# 二二 八角湾 h3（BJWh3）

## （一）Ⅰ组

### 青白釉瓷

碗

（1）敞口微侈，作宽唇，斜弧腹，圈足，内底圆凸，施釉至足，釉色白中泛灰，外底垫饼垫烧。

BJWh3：1，釉面有开片，外足墙施釉不全，局部露胎。口径11.5、足径3.6、高5.5厘米（图3-51，1；彩版3-37，1）。

（2）敞口微侈，作窄唇，斜弧腹，圈足，内底小圆凸，施釉至足，釉色白中泛灰，外底垫饼垫烧。

BJWh3：2，生烧，釉面生涩。内壁粘连匣钵底。外底可见垫烧痕。口径11.6、足径3.4、高4.5厘米（图3-51，2；彩版3-37，2）。

碗盖

盖弧拱，顶稍平，中心置纽，外缘两道凸棱，口沿残缺，釉色白中泛灰。

BJWh3：8，釉面有开片。底心无釉，有垫烧痕迹。残高2.9厘米（图3-51，3；彩版3-37，3）。

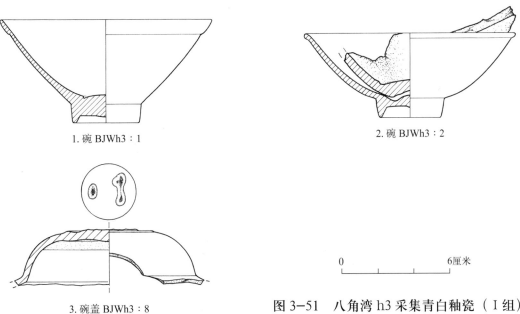

1. 碗 BJWh3：1

2. 碗 BJWh3：2

3. 碗盖 BJWh3：8

图3-51 八角湾 h3 采集青白釉瓷（Ⅰ组）

## （二）Ⅱ组

### 青白釉瓷

碗

（1）（侈口），斜弧腹，窄圈足，足墙内角圆折，内底一周圆凹，釉色白中泛灰，外底无釉，垫饼垫烧。

BJWh3：5，釉面有长条状开片。外底周旋削一圈。足径4.4、残高4.3厘米（图3-52，1；彩版3-37，4）。

（2）（敞口），斜弧腹，圈足，挖足较浅，内底小圆凸，釉色白中微泛青，外底无釉，垫饼垫烧。

BJWh3：7，外壁近底足处积釉。外底粘连垫饼残渣。足径 3.6、残高 3 厘米（图 3-52，2；彩版 3-38，1）。

（3）（敞口或敞口外撇），斜腹，饼足浅挖，内壁篦划菊纹及之字篦点纹，釉色白中泛青，内底心积釉显蓝色，外底无釉，垫饼垫烧。

BJWh3：4，外底见垫烧痕。足径 3.6、残高 3.7 厘米（图 3-52，3；彩版 3-38，2）。

（4）（六葵口外敞），斜腹，饼足浅挖，内壁沥粉出筋六道，釉色白中微泛青，外底无釉，垫饼垫烧。

BJWh3：6，足径 3.6、残高 1.9 厘米（图 3-52，4；彩版 3-38，3）。

碟

（撇口），折腹，窄圈足，足墙内角圆凹，内底篦划纹饰，釉色白中泛青，施釉至足端，外底垫饼垫烧。

BJWh3：3，内底微凸，挖足不平整。足墙粘连垫饼残渣，外底可见垫烧痕。足径 4.3、残高 2 厘米（图 3-52，5；彩版 3-38，4）。

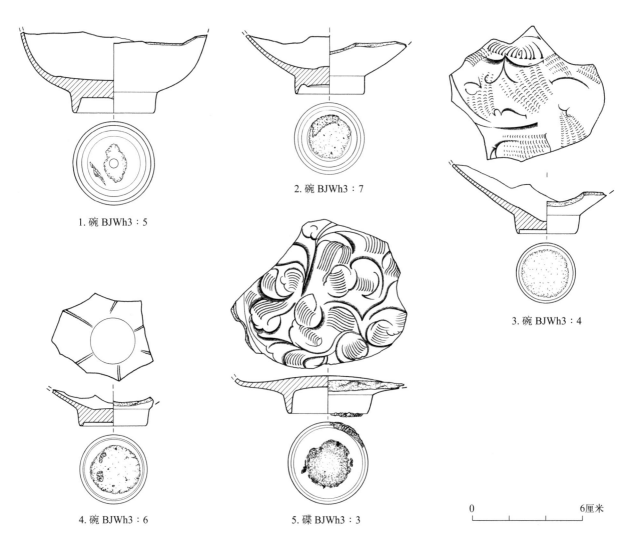

1. 碗 BJWh3：5

2. 碗 BJWh3：7

3. 碗 BJWh3：4

4. 碗 BJWh3：6

5. 碟 BJWh3：3

0 _____ 6厘米

图 3-52　八角湾 h3 采集青白釉瓷（Ⅱ组）

# 二三　八角湾 h4（BJWh4）

## （一）Ⅰ组

### 青白釉瓷

碗

（1）（敛口），弧腹，高圈足，足壁外侧一周凸棱，施釉裹足端，釉色白中泛灰，外底垫饼垫烧。BJWh4：3，釉面有开片。外底可见垫烧痕。足径4.8、残高5.5厘米（图3-53，1；彩版3-39，1）。

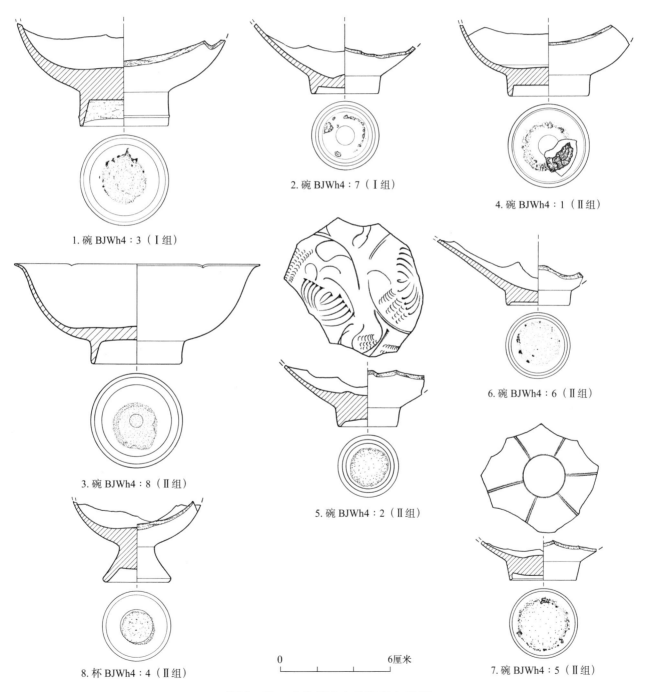

1. 碗 BJWh4：3（Ⅰ组）

2. 碗 BJWh4：7（Ⅰ组）

4. 碗 BJWh4：1（Ⅱ组）

3. 碗 BJWh4：8（Ⅱ组）

5. 碗 BJWh4：2（Ⅱ组）

6. 碗 BJWh4：6（Ⅱ组）

7. 碗 BJWh4：5（Ⅱ组）

8. 杯 BJWh4：4（Ⅱ组）

0　　　　　　6厘米

图 3-53　八角湾 h4 采集青白釉瓷

（2）（敞口微侈，作窄唇），斜弧腹，圈足，内底小圆凸，施釉至足，釉色白中泛灰，外底垫饼垫烧。

BJWh4：7，釉面有开片，外足墙施釉不均匀，多露胎。挖足不甚平整，见旋痕。外底可见垫烧痕。足径 3.6、残高 3.7 厘米（图 3-53，2；彩版 3-39，2）。

## （二）Ⅱ组

### 青白釉瓷

碗

（1）侈口，六葵口，斜弧腹，窄圈足，足墙内角圆凹，内底一周凹棱，釉色白中泛青，外底无釉，垫饼垫烧。

BJWh4：8，釉面局部有开片。外底心划旋痕两道，粘连垫饼残渣。口径 13.4、足径 4.8、高 5.3 厘米（图 3-53，3）。

BJWh4：1，外底有釉斑，粘连垫饼残渣。足径 4.3、残高 3.8 厘米（图 3-53，4；彩版 3-39，3）。

（2）（敞口微侈），斜弧腹，圈足，挖足较浅，足墙内角圆凹，内壁篦划菊纹及之字篦点纹，釉色白中泛灰，外底无釉，垫饼垫烧。

BJWh4：2，釉面有气泡。外底可见垫烧痕。足径 3.2、残高 3.1 厘米（图 3-53，5；彩版 3-40，1）。

（3）（敞口），斜腹，饼足浅挖，釉色白中微泛青，外底无釉，垫饼垫烧。

BJWh4：6，釉面有开片。外底可见垫烧痕。足径 3.4、残高 3.5 厘米（图 3-53，6）。

（4）（六葵口外敞），斜腹，圈足，挖足较浅，内底圆凸，内壁沥粉出筋六道，釉色白中泛灰，外底无釉，垫饼垫烧。

BJWh4：5，外底粘连垫饼残渣。足径 3.6、残高 2 厘米（图 3-53，7；彩版 3-40，2）。

杯

（直口），深弧腹，圈足较高，足壁内曲，足端微削，釉色白中泛灰，施釉裹足端，垫饼垫烧。

BJWh4：4，足端微微斜削，外底有垫烧痕。足径 3.7、残高 4.3 厘米（图 3-53，8；彩版 3-40，3）。

# 二四　八角湾 i1（BJWi1）

## （一）Ⅰ组

### 青白釉瓷

碗

（1）侈口，六葵口，斜弧腹，窄圈足，足墙内角多圆折，内底一周凹棱，釉色白中泛灰或泛青，外底无釉，垫饼垫烧。

BJWi1：3，外壁粘连匣钵残块。外底可见垫烧痕及旋痕。口径 12.3、足径 3.7、高 4.4 厘米（图 3-54，1；彩版 3-41，1）。

BJWi1：4，外壁近底足处隐约可见旋坯痕。外底可见垫烧痕及旋痕。口径 12.1、足径 3.7、高 4.8 厘米（图 3-54，2）。

BJWi1：7，外壁近底足处积釉微泛青。外足墙旋削不规整。外底可见垫烧痕。足径 3.6、残高 4.3 厘米（图 3-54，3）。

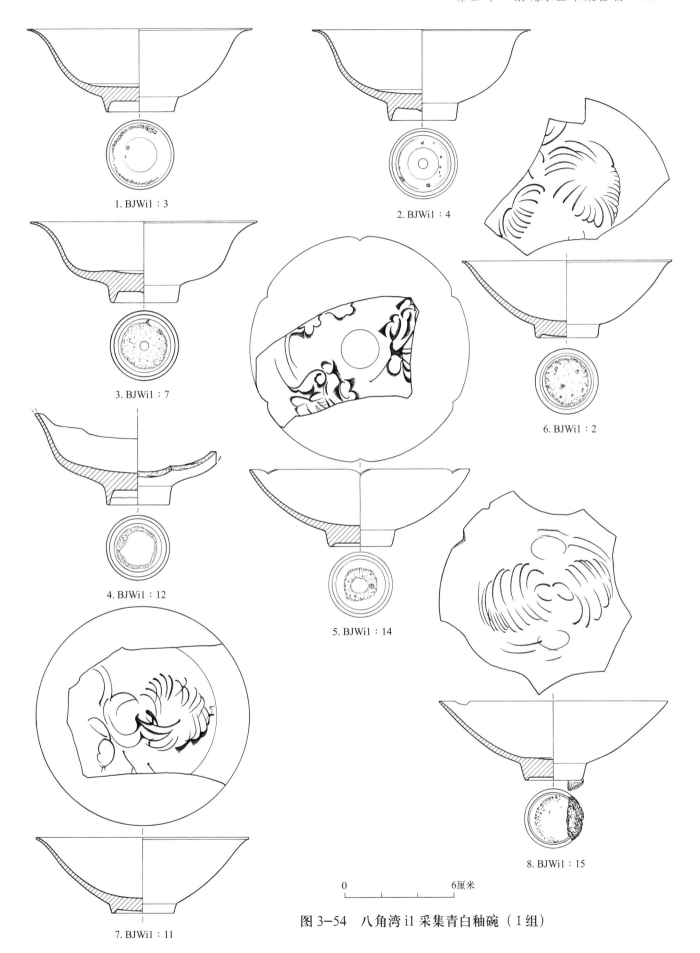

1. BJWi1：3

2. BJWi1：4

3. BJWi1：7

4. BJWi1：12

5. BJWi1：14

6. BJWi1：2

7. BJWi1：11

8. BJWi1：15

0          6厘米

图 3-54 八角湾 i1 采集青白釉碗（I 组）

BJWi1：12，釉面局部开片，流釉至足底。外底可见垫烧痕。足径3.4、残高4.8厘米（图3-54，4）。

（2）六葵口外敞，斜弧腹，圈足挖足较浅，内壁三组划花，内底圆凸，釉色白中泛灰，外底无釉，垫饼垫烧。

BJWi1：14，外底可见垫烧痕。口径12、足径3.3、高4.1厘米（图3-54，5；彩版3-41，2）。

（3）敞口微侈，斜弧腹，饼足浅挖，内壁划简化菊纹，釉色白中泛灰，外底无釉，垫饼垫烧。

BJWi1：2，釉面有开片。足墙稍厚。外底可见垫烧痕。口径11.5、足径3.3、高4.1厘米（图3-54，6）。

BJWi1：11，足墙稍厚，旋削不规整。口径11.6、足径3.4、高4厘米（图3-54，7；彩版3-41，3）。

BJWi1：15，釉面有长条状开片。外壁有粘连。外底残留垫饼渣痕。口径12.6、足径3、高4.2厘米（图3-54，8；彩版3-41，4）。

（4）敞口或敞口外撇，斜腹，内底凹，饼足浅挖，内壁划简化菊纹，釉色白中泛灰或泛青，外底无釉，垫饼垫烧。

BJWi1：6，釉面有开片。外底可见垫烧痕。口径13.5、足径3.1、高5.5厘米（图3-55，1；彩版3-42，1）。

BJWi1：9，内外壁近底处可见旋痕。外底可见垫烧痕。口径13.4、足径2.8、高5.8厘米（图3-55，2）。

BJWi1：5，内底心微积釉。内壁划菊纹及篦点纹。外底可见垫烧痕。口径14.6、足径3.7、高5厘米（图3-55，3）。

（5）侈口，斜腹，饼足浅挖，内底圆凸，釉色白中泛灰，外底无釉，垫饼垫烧。

BJWi1：13，釉面有长条状开片，内底圆凸周围一圈积釉。外底可见垫烧痕。口径14.2、足径3.1、高5厘米（图3-55，4；彩版3-42，2）。

（6）六葵口外敞，斜腹，饼足浅挖，内底圆凸，内壁沥粉出筋六道，釉色白中泛灰，外底无釉，垫饼垫烧。

BJWi1：1，内壁近底处见几道旋痕。外底可见垫烧痕。口径14.5、足径3.7、高5.2厘米（图3-55，5；彩版3-42，3）。

BJWi1：8，内壁近底处划旋痕一道。外足墙不规整。外底可见垫烧痕。足径3.8、残高3.2厘米（图3-55，6）。

平底碟

侈口，十二葵口。

BJWi1：16，器物粘连匣钵，仅残存口沿部分，釉色白中泛灰（图3-56，1；彩版3-43，1）。

器盖

盖顶宽平，盖面边缘有两道凹棱。下设子口，子口高直，盖面施釉，釉色白中泛灰。

BJWi1：10，盖径8.2、高1.6厘米（图3-56，2；彩版3-43，2）。

（二）Ⅱ组

**青白釉瓷**

碗

（1）斜弧腹，圈足，外底无釉，釉色白中泛灰，垫饼垫烧。

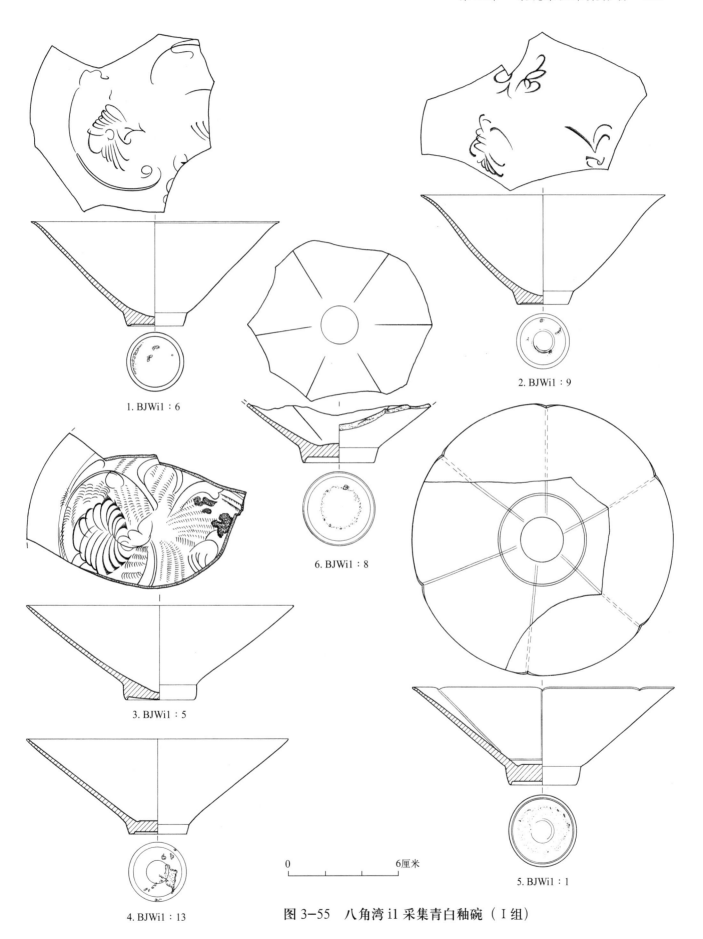

1. BJWi1：6

6. BJWi1：8

2. BJWi1：9

3. BJWi1：5

0　　　　　　　　6厘米

4. BJWi1：13

5. BJWi1：1

图 3-55　八角湾 i1 采集青白釉碗（Ⅰ组）

BJWi1：19，内壁微泛黄。外壁近底足处旋削一圈，残留跳刀痕。圈足挖足粗率。足径5.2、残高4.1厘米（图3-56，3；彩版3-43，3）。

（2）侈口，斜弧腹，圈足，挖足较浅，内底一周凹棱作大平底，内壁篦划纹饰，釉色白中泛灰，外底无釉，垫饼垫烧。

BJWi1：18，釉面有开片。外底可见垫烧痕。足径5.6、残高6.2厘米（图3-56，4；彩版3-43，4）。

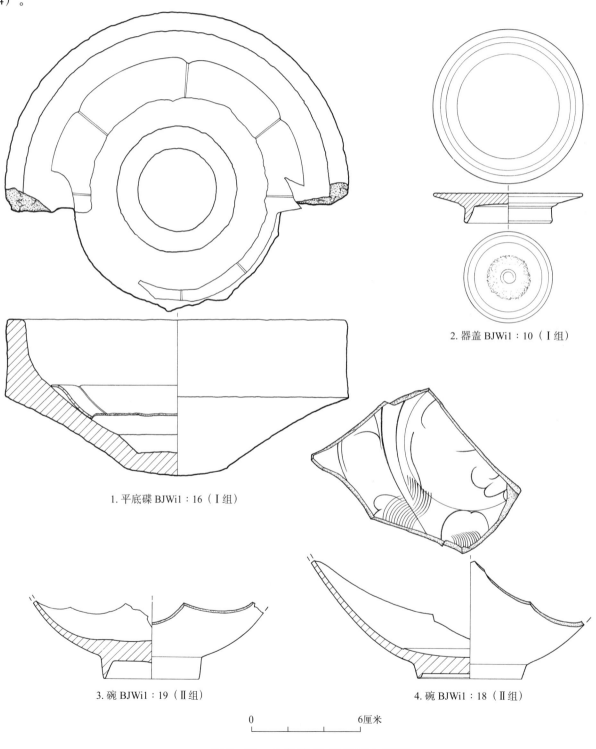

1. 平底碟 BJWi1：16（Ⅰ组）

2. 器盖 BJWi1：10（Ⅰ组）

3. 碗 BJWi1：19（Ⅱ组）

4. 碗 BJWi1：18（Ⅱ组）

0　　　　　　6厘米

图3-56　八角湾i1 采集青白釉瓷

## 二五　八角湾 i2（BJWi2）

### （一）Ⅰ组

#### 1. 青白釉瓷

碗

（1）侈口，六葵口，斜弧腹，外壁对应葵口处或有压棱，窄圈足，足墙内角多圆折，内底一周凹棱，釉色白中泛灰或泛青，外底无釉，垫饼垫烧。

BJWi2：8，釉面有开片。外壁隐约可见旋坯痕。外底可见垫烧痕。口径11.5、足径4.5、高4.9厘米（图3-57，1；彩版3-44，1）。

BJWi2：1，釉面有开片，外壁近底足处积釉微泛青。外底可见垫烧痕。口径11.5、足径4.4、高5.1厘米（图3-57，2；彩版3-44，2）。

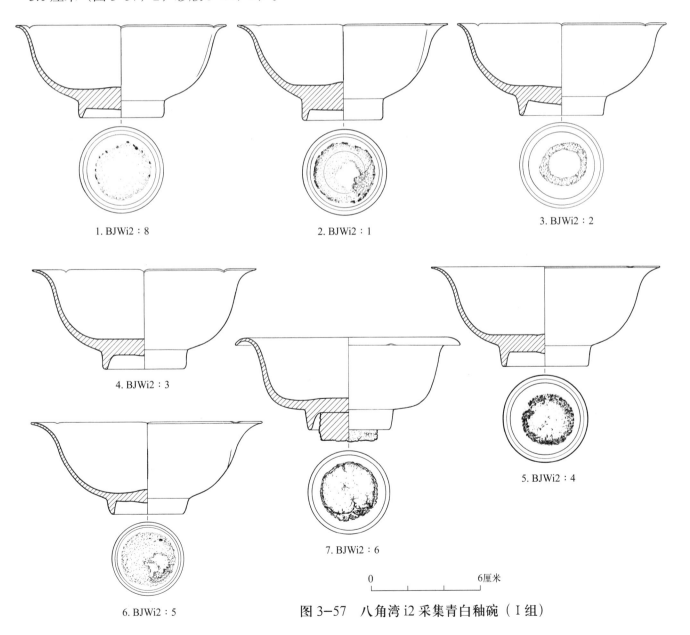

1. BJWi2：8　　　2. BJWi2：1　　　3. BJWi2：2

4. BJWi2：3

5. BJWi2：4

7. BJWi2：6

6. BJWi2：5

0　　　　　　　6厘米

图3-57　八角湾 i2 采集青白釉碗（Ⅰ组）

BJWi2：2，釉面有开片。内足墙可见跳刀痕。外底有垫烧痕。口径 11.5、足径 4.5、高 4.9 厘米（图 3-57，3；彩版 3-44，3）。

BJWi2：3，外壁近底足处积釉微泛青。内壁落有窑渣。内足墙见旋痕。口径 12.2、足径 4.4、高 5.3 厘米（图 3-57，4）。

BJWi2：4，釉面有开片。内足墙见旋痕，外底有垫烧痕。口径 12.6、足径 4.6、高 5.3 厘米（图 3-57，5）。

BJWi2：5，釉面有开片。外底可见垫烧痕。口径 12.6、足径 3.9、高 4.9 厘米（图 3-57，6）。

BJWi2：6，外底粘连垫饼。口径 12.3、足径 4.4、高 4.9 厘米（图 3-57，7）。

BJWi2：9，釉面有棕眼。外壁粘连匣钵残块。外底可见垫烧痕。口径 13.2、足径 4.7、高 5.2 厘米（图 3-58，1）。

BJWi2：11，外底可见垫烧痕。口径 12.4、足径 4.4、高 5 厘米（图 3-58，2）。

（2）敞口，斜弧腹，饼足浅挖，内底小圆凸，釉色白中泛灰，外底无釉，垫饼垫烧。

BJWi2：10，外底可见同心圆状旋痕。口径 11.4、足径 3.4、高 5 厘米（图 3-58，3；彩版 3-44，4）。

## （二）Ⅱ组

### 青白釉瓷

碟

斜弧腹，内底一周凹棱作大平底，圈足，挖足较浅，釉色白中泛灰，足底刮釉，垫饼垫烧。

BJWi2：7，釉面有细碎开片。足径 5.2、残高 4.3 厘米（图 3-58，4；彩版 3-44，5）。

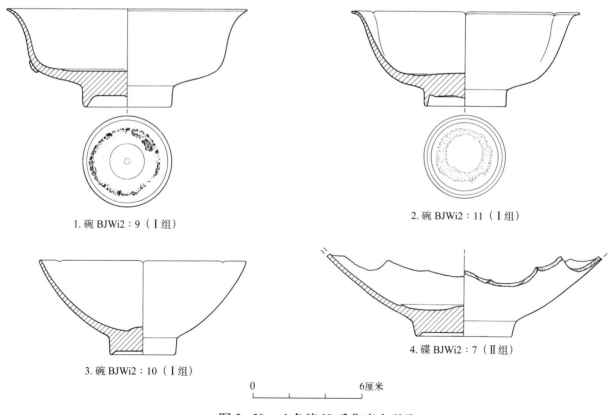

1. 碗 BJWi2：9（Ⅰ组）

2. 碗 BJWi2：11（Ⅰ组）

3. 碗 BJWi2：10（Ⅰ组）

4. 碟 BJWi2：7（Ⅱ组）

0　　　　　6厘米

图 3-58　八角湾 i2 采集青白釉瓷

# 二六　八角湾 i3（BJWi3）

## （一）Ⅰ组

### 青白釉瓷

碗

（1）（侈口，六葵口），斜弧腹，窄圈足，足墙内角多圆折，内底一周凹棱，釉色白中泛青或泛灰，外底无釉，垫饼垫烧。

BJWi3：1，外壁近底足处一圈积釉。内足墙见跳刀痕。外底有垫烧痕。足径 4.4、残高 4 厘米（图 3-59，1）。

BJWi3：2，釉面有开片。外底可见垫烧痕。口径 12.6、足径 4.4、高 5 厘米（图 3-59，2；彩版 3-45，1）。

BJWi3：4，釉面有开片。外底可见垫烧痕。口径 12.6、足径 4.2、高 5.3 厘米（图 3-59，3）。

BJWi3：5，釉面有开片。外底可见垫烧痕。口径 12.2、足径 4、高 5 厘米（图 3-59，4；彩版 3-45，2）。

（2）（敞口微侈），斜弧腹，圈足，挖足较浅，足墙内角圆折，内底小圆凸，釉色白中泛灰，外底无釉，垫饼垫烧。

BJWi3：7，内壁釉面有土沁。外底可见垫烧痕。足径 3.6、残高 4.3 厘米（图 3-59，5；彩版 3-45，3）。

（3）（敞口微侈），斜弧腹，圈足，挖足较浅，足墙内角圆折，内底圆凸，内壁三组划花，釉色白中泛青，外底无釉，垫饼垫烧。

BJWi3：8，外底心凸起，周围旋削一圈。外底可见垫烧痕。足径 3.4、残高 2.3 厘米（图 3-59，6；彩版 3-45，4）。

（4）（敞口），斜弧腹，饼足浅挖，内底小圆凹，内壁划婴儿戏水纹三组，釉色白中泛灰，外底无釉，垫饼垫烧。

BJWi3：3，釉面有土沁。外底见同心圆状旋痕。足径 5.5、残高 4.2 厘米（图 3-59，7；彩版 3-45，5）。

（5）（敞口微侈），斜弧腹，圈足，挖足较浅，足墙内角圆折，内底划简化菊纹及粗制篦点纹，釉色白中泛灰，外底无釉，垫饼垫烧。

BJWi3：6，釉面有棕眼。外底可见垫烧痕。足径 3.5、残高 3.3 厘米（图 3-59，8；彩版 3-45，6）。

## （二）Ⅱ组

### 青白釉瓷

碗

（敞口或敞口外撇），斜腹，饼足浅挖，内壁划简化菊纹，釉色白中泛灰，外底无釉，垫饼垫烧。

BJWi3：9，足径 3.1、残高 5.3 厘米（图 3-59，9）。

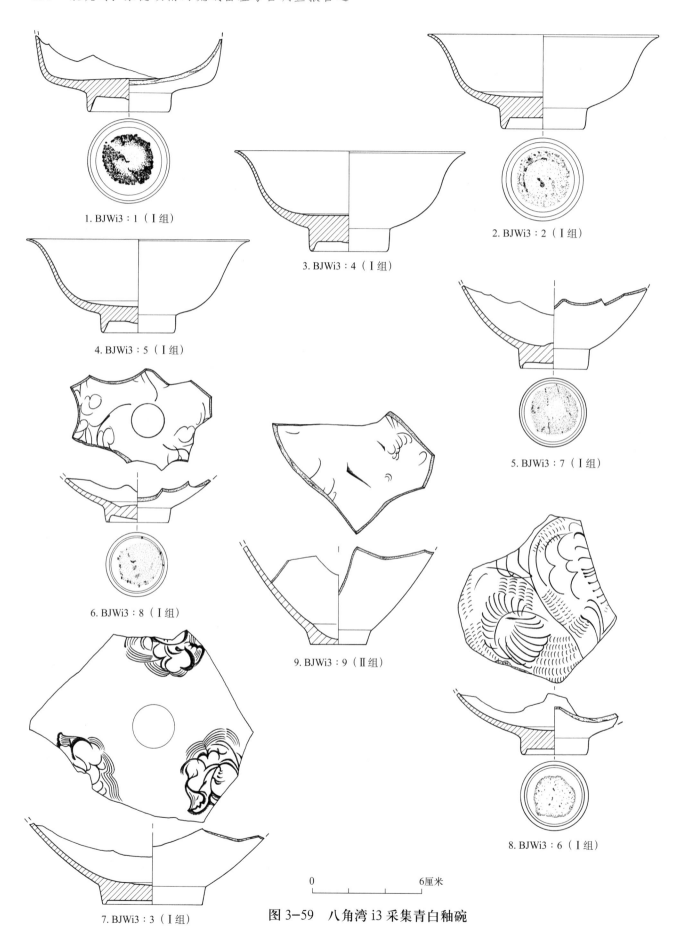

1. BJWi3：1（Ⅰ组）

2. BJWi3：2（Ⅰ组）

3. BJWi3：4（Ⅰ组）

4. BJWi3：5（Ⅰ组）

5. BJWi3：7（Ⅰ组）

6. BJWi3：8（Ⅰ组）

9. BJWi3：9（Ⅱ组）

8. BJWi3：6（Ⅰ组）

7. BJWi3：3（Ⅰ组）

0　　　　　　　6厘米

图3-59　八角湾 i3 采集青白釉碗

# 二七　八角湾 i4（BJWi4）

### 1. 青白釉瓷

碗

（1）敞口或敞口外撇，斜腹，饼足，内壁划简化菊纹，青白釉，外底无釉，垫饼垫烧。

BJWi4：1，足端及外底有流釉。釉面有土锈，纹饰不甚清晰。外壁近底足处划旋痕一道。外底粘连垫饼残渣。口径 13.4、足径 2.8、高 5.9 厘米（图 3-60，1；彩版 3-46，1）。

BJWi4：3，釉面有开片。内壁近底处见旋坯痕。外底有同心圆状旋痕。口径 13.7、足径 2.7、高 6 厘米（图 3-60，2）。

BJWi4：4，釉面局部开片。口径 13.6、足径 3、高 5.5 厘米（图 3-61，1）。

BJWi4：5，内壁近底处可见旋坯痕。外底有垫烧痕。口径 13.2、足径 3、高 5.8 厘米（图 3-61，2）。

BJWi4：6，外底可见垫烧痕。口径 12.8、足径 3、高 5.9 厘米（图 3-61，3）。

BJWi4：7，外底粘连一块垫饼。口径 13.8、足径 3、高 6.2 厘米（图 3-61，4；彩版 3-46，2）。

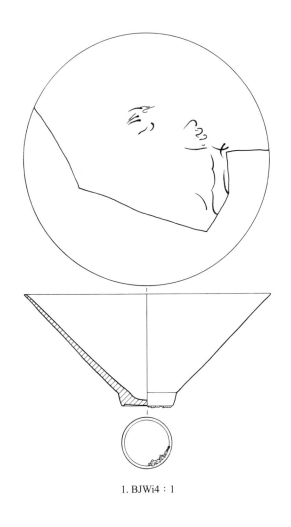

1. BJWi4：1

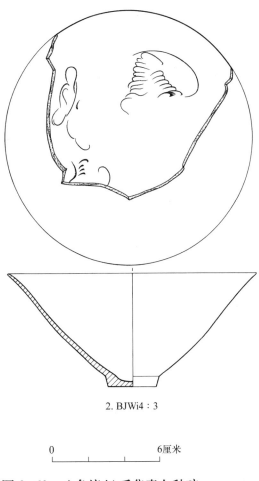

2. BJWi4：3

0        6厘米

图 3-60　八角湾 i4 采集青白釉碗

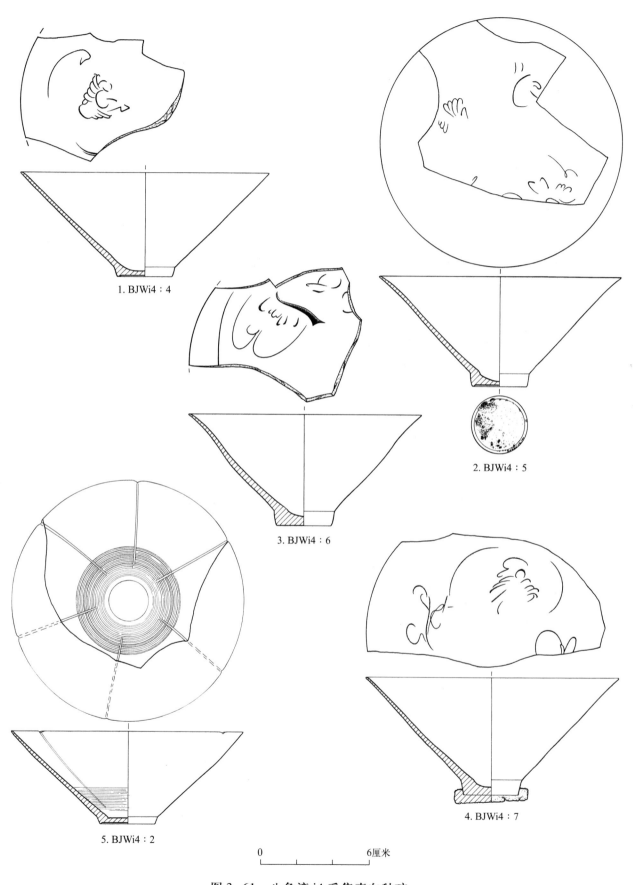

1. BJWi4：4

2. BJWi4：5

3. BJWi4：6

4. BJWi4：7

5. BJWi4：2

0　　　　　　6厘米

图 3-61　八角湾 i4 采集青白釉碗

（2）六葵口外敞，斜腹，饼足，内壁对应葵口处沥粉出筋六道，内底圆凸，青白釉，外底无釉，垫饼垫烧。

BJWi4：2，内壁近底处可见清晰的旋坯痕。口径12.8、足径3、高4.9厘米（图3-61，5；彩版3-46，3）。

# 二八　八角湾 i5（BJWi5）

## 青白釉瓷

碗

敞口或敞口外撇，斜腹，饼足，内壁划简化菊纹，近底处见旋痕，青白釉或泛灰色，外底无釉，垫饼垫烧。

BJWi5：1，口沿内侧薄薄一层积釉。外底可见旋痕。口径12.9、足径2.9、高5.7厘米（图3-62，1；彩版3-47，1）。

BJWi5：2，外足墙见跳刀痕。外底有同心圆状旋痕。口径12.9、足径2.7、高5.8厘米（图3-62，2）。

BJWi5：3，内壁近底处隐约可见旋坯痕。口径13.6、足径3、高5.6厘米（图3-63，1）。

BJWi5：4，口沿外侧薄薄一层积釉。外底有同心圆状旋痕。口径12.8、足径2.8、高5.8厘米（图3-63，2）。

BJWi5：5，口沿外侧薄薄一层积釉。外底可见垫烧痕。口径13.6、足径2.8、高5.5厘米（图3-63，3；彩版3-47，2）。

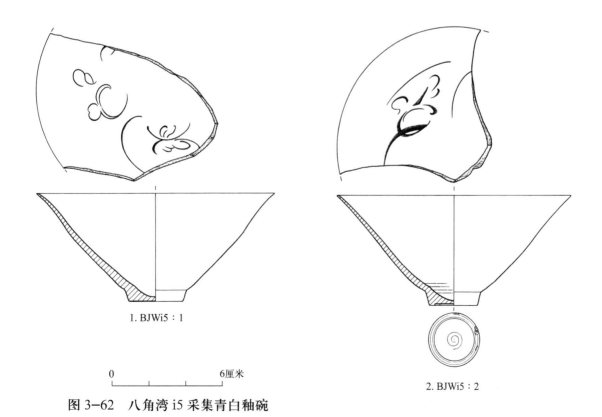

1. BJWi5：1

0    6厘米

2. BJWi5：2

图 3-62　八角湾 i5 采集青白釉碗

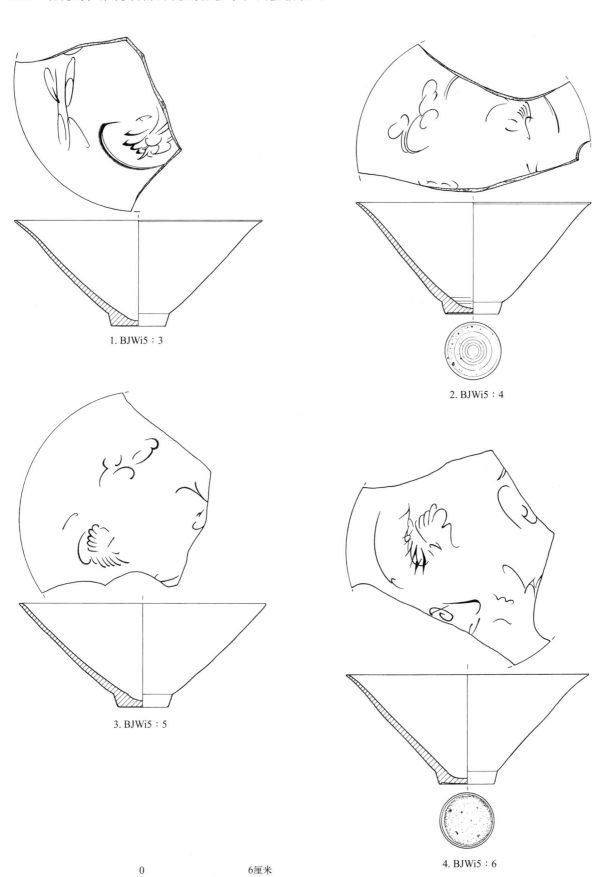

1. BJWi5：3

2. BJWi5：4

3. BJWi5：5

4. BJWi5：6

0          6厘米

图 3-63　八角湾 i5 采集青白釉碗

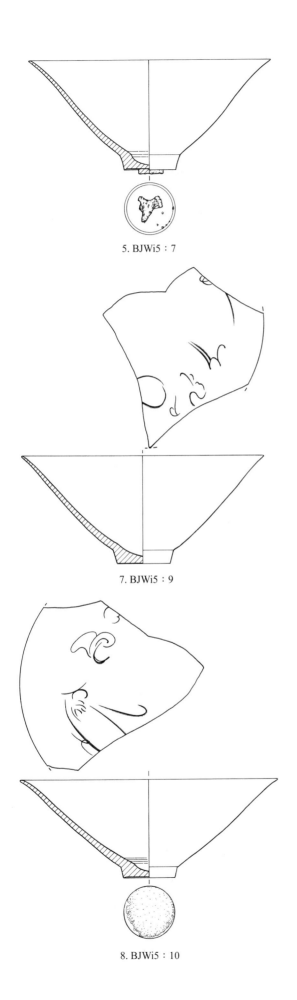

5. BJWi5：7

7. BJWi5：9

8. BJWi5：10

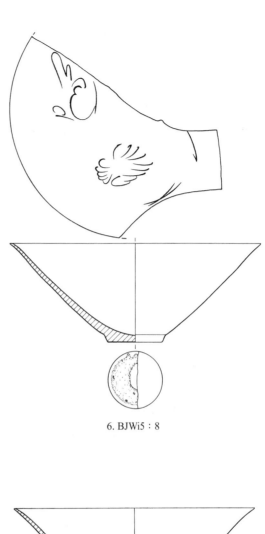

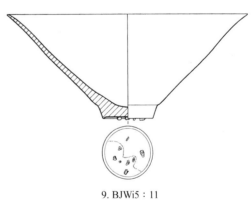

6. BJWi5：8

9. BJWi5：11

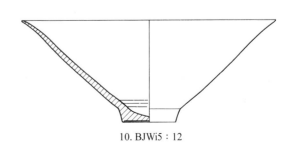

10. BJWi5：12

BJWi5：6，口沿外侧薄薄一层积釉，外腹壁划弦纹两道。外底可见垫烧痕。口径 13.2、足径 3、高 5.6 厘米（图 3-63，4；彩版 3-47，6）。

BJWi5：7，釉面有开片，内底凹陷处微积釉。内壁纹饰模糊不清。外壁近底足处隐约可见跳刀痕。外底粘连垫饼残渣。口径 13.2、足径 2.8、高 5.8 厘米（图 3-63，5）。

BJWi5：8，外底有垫烧痕。口径 13.8、足径 3、高 5.2 厘米（图 3-63，6）。

BJWi5：9，口沿内侧薄薄一层积釉。外底粘连垫饼残渣。口径 13.2、足径 2.9、高 5.7 厘米（图 3-63，7）。

BJWi5：10，口沿内外侧薄薄一层积釉。外底有垫烧痕。口径 14、足径 2.8、高 5.2 厘米（图 3-63，8）。

BJWi5：11，内壁釉面有土沁，纹饰不显，外壁沾满窑渣。口径 13.2、足径 2.8、高 5.5 厘米（图 3-63，9）。

BJWi5：12，釉面有开片。口径 14、足径 3、高 5.4 厘米（图 3-63，10）。

# 二九　八角湾 i6（BJWi6）

## 1. 青白釉瓷

碗

（1）侈口，斜腹，饼足，内壁划简化菊纹，青白釉，外底无釉，垫饼垫烧。

BJWi6：16，釉面有开片。外壁近底足处划弦纹两道。口径 13.6、足径 2.8、高 5.7 厘米（图 3-64，1；彩版 3-48，1）。

BJWi6：2，内底凹陷处积釉。外底粘连一块垫饼。口径 13.4、足径 3、高 5.8 厘米（图 3-64，2）。

（2）侈口，斜腹，内壁近底处见大量旋痕，饼足，青白釉泛灰色，外底无釉，垫饼垫烧。

BJWi6：10，外底有垫烧痕。口径 13.2、足径 3、高 4.6 厘米（图 3-64，3）。

BJWi6：11，釉面局部开片。内外壁可见清晰的旋坯痕。口径 13.4、足径 3、高 5 厘米（图 3-64，4）。

BJWi6：5，口沿内侧薄薄一层积釉。外底有垫烧痕。口径 13.2、足径 3、高 4.6 厘米（图 3-64，5；彩版 3-48，2）。

（3）侈口，斜腹，饼足，内底圆凸，青白釉，外底无釉，垫饼垫烧。

BJWi6：6，釉面有开片。口径 14.1、足径 3、高 4.8 厘米（图 3-64，6；彩版 3-48，3）。

（4）侈口，斜腹，饼足，内壁模印回字纹及花瓣，内底圆凸，青白釉，外底无釉，垫饼垫烧。

BJWi6：7，釉面有开片。外底可见同心圆状旋痕。口径 14.2、足径 3、高 4.3 厘米（图 3-65，1；彩版 3-48，4）。

BJWi6：3，外底可见同心圆状旋痕。口径 13.2、足径 2.8、高 4.7 厘米（图 3-65，2）。

BJWi6：13，口沿外侧有积釉。外底可见同心圆状旋痕。口径 13.6、足径 3、高 4.5 厘米（图 3-65，3）。

平底碟

（1）侈口，二十二瓣花口，斜弧腹，内壁压印菊瓣，小平底，青白釉，外壁施釉不及底。

BJWi6：14，口径 10.6、底径 3、高 2.3 厘米（图 3-65，4；彩版 3-49，1）。

（2）委角方形，折沿，斜弧腹微折，小平底，内壁四面开光，模印纹饰模糊，青白釉，外壁施釉不及底。

BJWi6：15，口径 10、底径 2.4、高 1.9 厘米（图 3-65，5；彩版 3-49，2）。

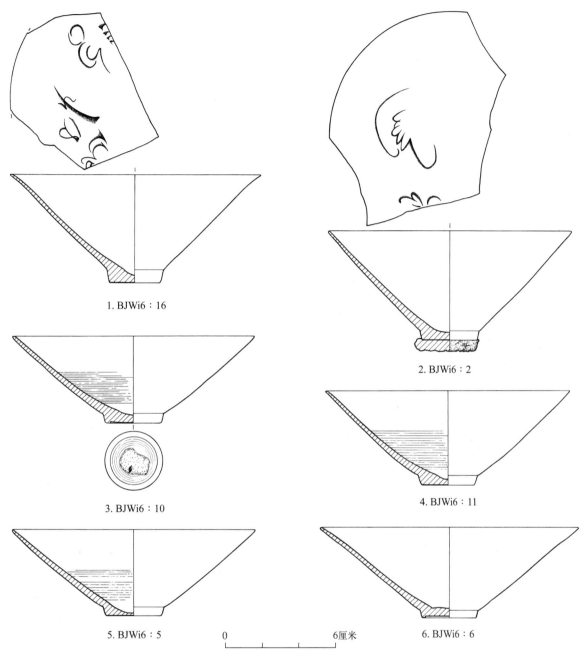

1. BJWi6：16

2. BJWi6：2

3. BJWi6：10

4. BJWi6：11

5. BJWi6：5

0　　　　　　6厘米

6. BJWi6：6

**图 3-64　八角湾 i6 采集青白釉碗**

芒口碟

（1）敞口，斜腹，浅圈足，青白釉，组合支圈覆烧。

BJWi6：9，口沿内侧微积釉，芒口外宽内窄。外底局部露胎，见同心圆状旋痕。口径 12.2、足径 7.8、高 2.8 厘米（图 3-65，6）。

BJWi6：4，内壁近芒口处微积釉。外底刮釉露胎。口径 12.4、足径 8、高 2.7 厘米（图 3-65，7；彩版 3-49，3）。

（2）敞口，斜腹，浅圈足，内壁模印回字纹及游鱼花瓣，青白釉泛灰色，组合支圈覆烧。

BJWi6：8，芒口外宽内窄。口径 13.6、足径 8.8、高 2.5 厘米（图 3-65，8；彩版 3-49，4）。

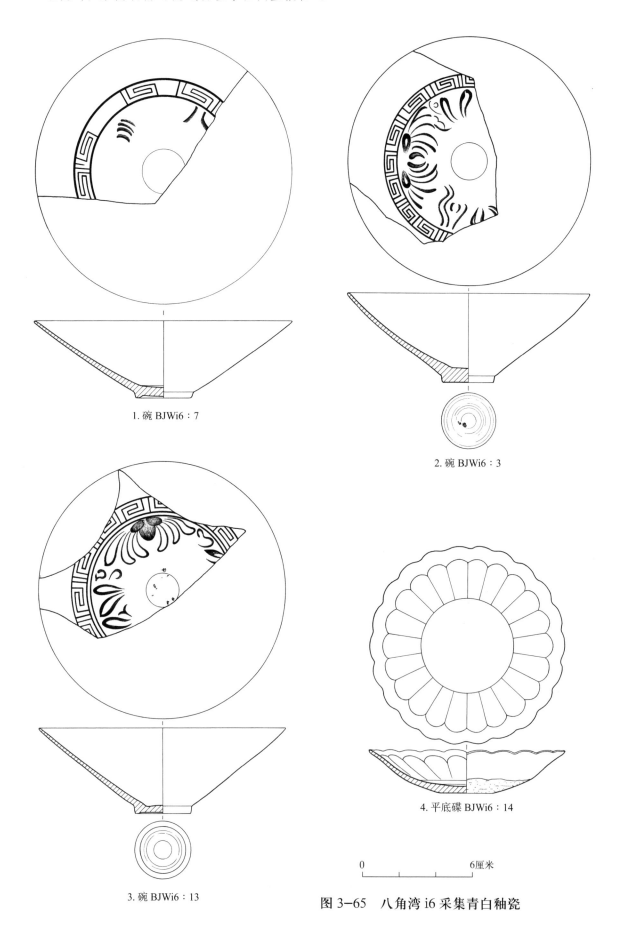

1. 碗 BJWi6：7

2. 碗 BJWi6：3

3. 碗 BJWi6：13

4. 平底碟 BJWi6：14

0                    6厘米

图 3-65  八角湾 i6 采集青白釉瓷

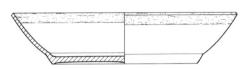

6. 芒口碟 BJWi6：9

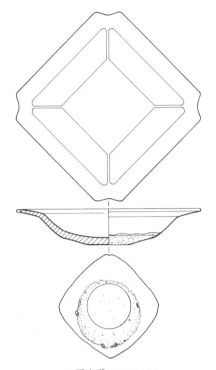

5. 平底碟 BJWi6：15

7. 芒口碟 BJWi6：4

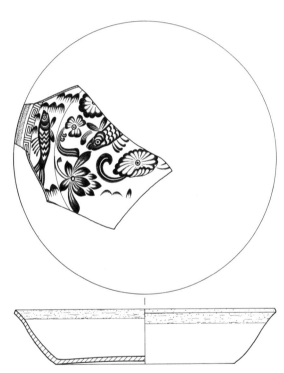

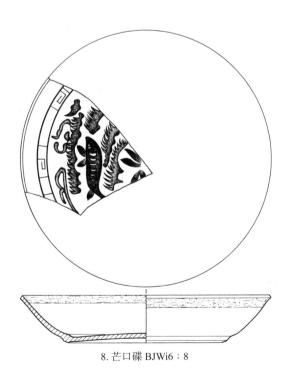

8. 芒口碟 BJWi6：8

9. 芒口碟 BJWi6：12

10. 芒口碟 BJWi6：17

BJWi6：12，芒口外宽内窄，内壁近芒口处一圈积釉。足端斜削。口径 14.4、足径 10、高 2.9 厘米（图 3-65，9）。

BJWi6：17，外底刮釉，旋痕清晰。底径 9、残高 0.6 厘米（图 3-65，10）。

### 2. 窑具

垫钵

侈口，深弧腹，平底，内壁有三道凹槽。土黄色陶胎。

BJWi6：1，口径 11、底径 7、高 4 厘米（图 3-66，1；彩版 3-49，5）。

支圈座

斜腹壁，平底内凹，灰白色陶胎。

BJWi6：18，直径 15、高 2.2 厘米（图 3-66，2；彩版 3-49，6）。

支圈盖

盖顶平，直腹壁近顶圆弧，红色陶胎。

BJWi6：19，直径 16、高 3 厘米（图 3-66，3；彩版 3-49，7）。

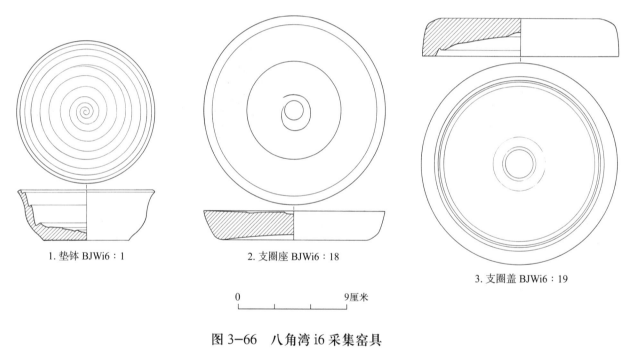

1. 垫钵 BJWi6：1　　2. 支圈座 BJWi6：18

3. 支圈盖 BJWi6：19

0 ⸻ 9厘米

图 3-66　八角湾 i6 采集窑具

## 三〇　八角湾 i7（BJWi7）

### （一）I 组

**青白釉瓷**

碗

（侈口，六葵口），斜弧腹，外壁对应葵口处压棱，窄圈足，内底一周凹棱，青白釉，垫饼垫烧。

BJWi7：4，外壁粘连匣钵残块。外底可见垫烧痕。足径 4.8、残高 3.3 厘米（图 3-67，1；彩版 3-50，1）。

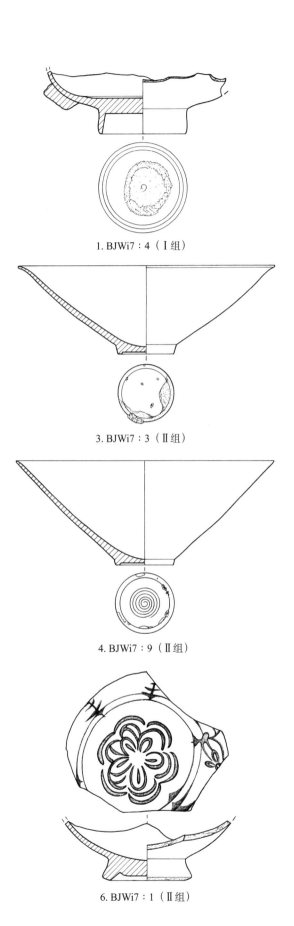

1. BJWi7：4（Ⅰ组）

3. BJWi7：3（Ⅱ组）

4. BJWi7：9（Ⅱ组）

6. BJWi7：1（Ⅱ组）

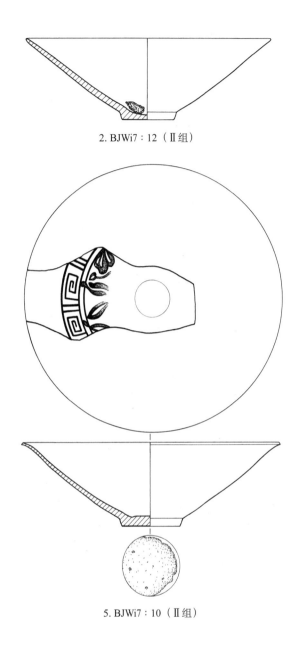

2. BJWi7：12（Ⅱ组）

5. BJWi7：10（Ⅱ组）

0　　　　　　　　6厘米

图 3-67　八角湾 i7 采集青白釉碗

（二）Ⅱ组

**青白釉瓷**

碗

（1）敞口或敞口外撇，斜腹，饼足，青白釉泛灰色，外底无釉，垫饼垫烧。

BJWi7：12，内底有粘连，外壁可见清晰的旋坯痕。口径 13.3、足径 2.9、高 4.3 厘米（图 3-67，2；彩版 3-50，2）。

BJWi7：3，口沿内侧薄薄一层积釉。外壁近口沿处划弦纹两道。外底可见同心圆状旋痕及垫烧痕。口径 14、足径 3、高 4.7 厘米（图 3-67，3）。

BJWi7：9，口沿内侧薄薄一层积釉。内壁近底可见旋坯痕。外底可见旋痕。口径 14、足径 3.1、高 5.5 厘米（图 3-67，4）。

（2）敞口外撇，斜腹，饼足，内壁模印回字纹及花瓣，青白釉呈青灰色，唇部釉薄的地方露酱色，外底无釉，垫饼垫烧。

BJWi7：10，外壁近底足处可见跳刀痕。外底有垫烧痕。口径 14.2、足径 3.2、高 4.4 厘米（图 3-67，5；彩版 3-50，3）。

（3）斜弧腹，圈足外撇，足端斜削，足墙厚实，内底印花，青白釉，外底无釉，垫饼垫烧。

BJWi7：1，釉面有开片，外壁近底足处一圈积釉。圈足足端斜削，足墙厚实。内足墙及内底旋痕清晰。足径 4.8、残高 3.1 厘米（图 3-67，6；彩版 3-50，4）。

平底碟

侈口，出葵缺，斜腹微折，小平底，内壁一圈凹弦纹，青白釉，外壁施釉不及底。

BJWi7：17，口径 8.6、底径 2.8、高 1.2 厘米（图 3-68，1）。

芒口碟

（1）敞口，斜腹，浅圈足，青白釉，组合支圈覆烧。

BJWi7：11，芒口外宽内窄，口沿内侧一圈积釉。口径 12.6、足径 8.2、高 2.8 厘米（图 3-68，2；彩版 3-50，5）。

（2）敞口，斜腹，浅圈足，内壁模印回字纹及游鱼花瓣，青白釉，组合支圈覆烧。

BJWi7：2，口沿内侧一圈积釉。芒口外宽内窄。口径 14、足径 9.4、高 2.5 厘米（图 3-68，3；彩版 3-52，5）。

（三）Ⅲ组

**1. 青白釉瓷**

碗

（1）侈口，方唇，深弧腹，饼足浅挖，足端斜削，外壁刻划莲瓣纹，口沿一周酱边，青白釉泛灰色，外底无釉，垫饼垫烧。

BJWi7：13，内壁呈土红色。足端斜削。口径 15.4、足径 5.2、高 7.2 厘米（图 3-69，1；彩版 3-51，1）。

（2）（侈口，方唇），斜弧腹，饼足浅挖，内底一周凹棱，内壁篦划，外壁刻划莲瓣纹，青白釉泛灰色或黄色，外底无釉，垫饼垫烧。

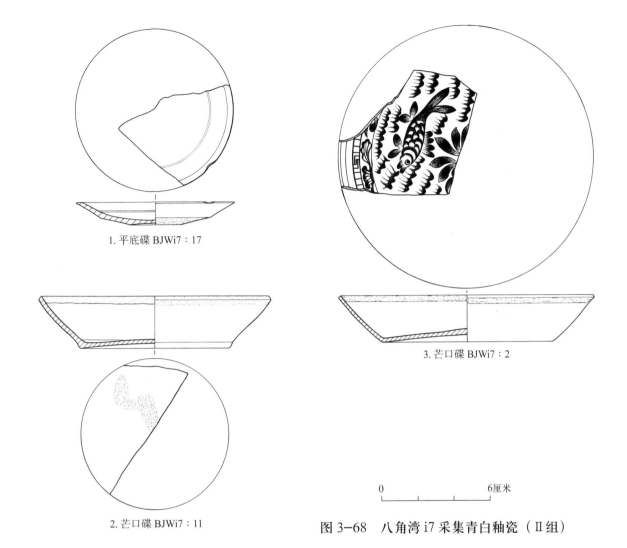

1. 平底碟 BJWi7：17

2. 芒口碟 BJWi7：11

3. 芒口碟 BJWi7：2

0            6厘米

图 3-68　八角湾 i7 采集青白釉瓷（Ⅱ组）

BJWi7：8，内壁局部开片。外底可见同心圆状旋痕。足径 5.3、残高 5.1 厘米（图 3-69，2；彩版 3-51，2）。

BJWi7：16，足端微微斜削。外底可见旋痕及垫烧痕。足径 5.2、残高 3.8 厘米（图 3-69，3）。

（3）（侈口，方唇），斜弧腹，饼足浅挖，内壁篦划，外壁刻划莲瓣纹，青白釉，外底无釉，垫饼垫烧。

BJWi7：15，外底可见旋痕。足径 5、残高 4.2 厘米（图 3-69，4；彩版 3-51，3）。

（4）侈口，圆唇，斜弧腹，饼足浅挖，口沿一周酱边，青白釉，外底无釉，垫饼垫烧。

BJWi7：7，釉层稍厚有乳浊感，釉面有棕眼。内壁沾满土锈。口径 14.6、足径 3.4、高 5 厘米（图 3-69，5；彩版 3-51，4）。

（5）斜弧腹，饼足浅挖，内底圆凹，内壁篦划纹饰，青白釉泛灰色，外底无釉，垫饼垫烧。

BJWi7：18，釉面有开片。内壁可见清晰的旋坯痕。足径 5.6、残高 3.8 厘米（图 3-69，6）。

（6）斜弧腹，饼足，内底小圆凹，青白釉微泛灰色，外底无釉，垫饼垫烧。

BJWi7：19，釉面有开片。足径 4.2、残高 3.4 厘米（图 3-69，7）。

（7）斜弧腹，饼足，内底一周凹棱，青白釉，外底无釉，垫饼垫烧。

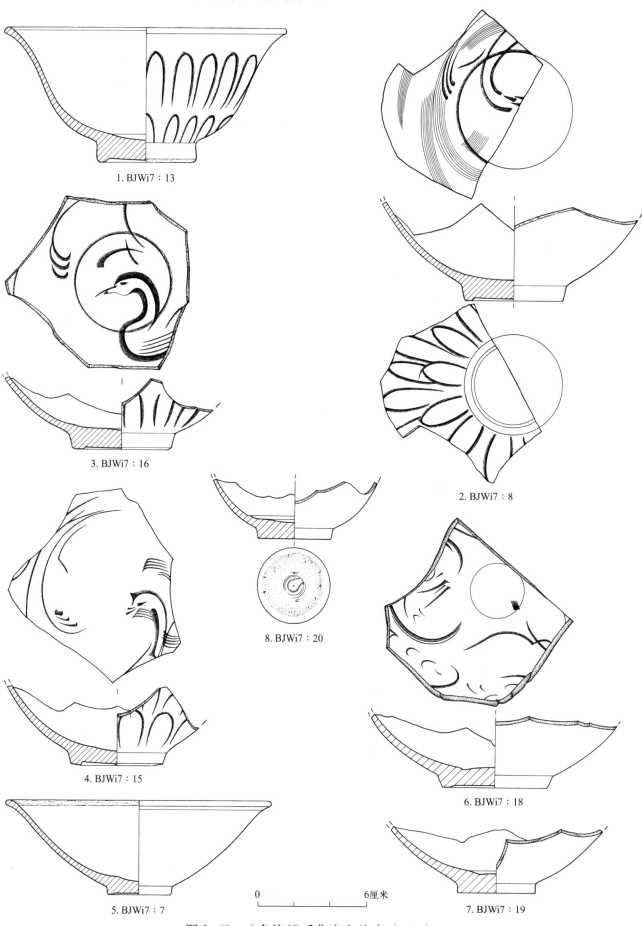

1. BJWi7：13

2. BJWi7：8

3. BJWi7：16

4. BJWi7：15

5. BJWi7：7

6. BJWi7：18

7. BJWi7：19

8. BJWi7：20

0        6厘米

图 3-69 八角湾 i7 采集青白釉碗（Ⅲ组）

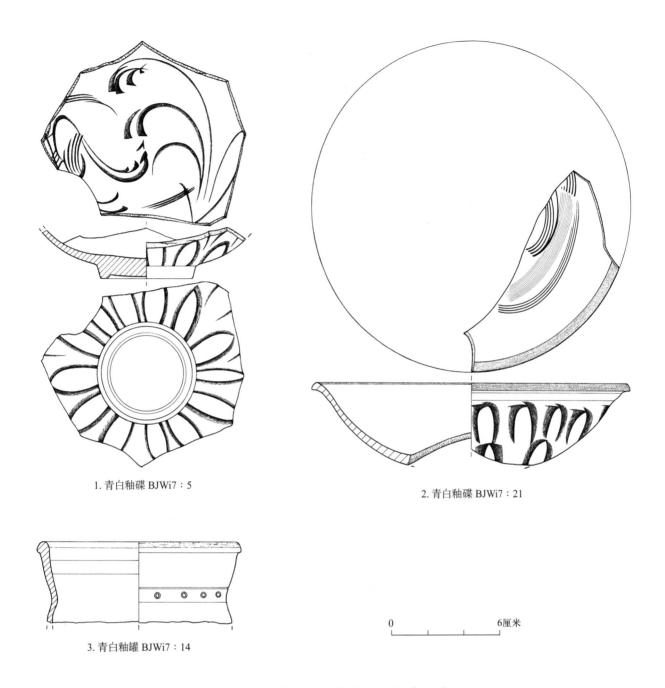

1. 青白釉碟 BJWi7：5

2. 青白釉碟 BJWi7：21

3. 青白釉罐 BJWi7：14

0　　　　　　　6厘米

图 3-70　八角湾 i7 采集青白釉瓷（Ⅲ组）

BJWi7：20，内壁局部有开片。外底旋痕隐约可见。足径 4、残高 3.1 厘米（图 3-69，8）。

碟

侈口，方唇，斜弧腹，饼足浅挖，内底篦划，外壁刻划莲瓣纹，口沿一周酱边，青白釉呈青灰色，外底无釉，垫饼垫烧。

BJWi7：5，挖足粗率，外底可见旋痕。足径 5、残高 2.6 厘米（图 3-70，1；彩版 3-52，1）。

BJWi7：21，残存口沿部分，口径 17.4、残高 4.4 厘米（图 3-70，2；彩版 3-52，2）。

罐

敞口，圆唇，弧腹壁下垂腹，肩、腹交界处有两道弦纹，弦纹中饰一周乳丁纹，青白釉泛灰色，口唇作酱边。

BJWi7：14，口径 11、残高 4.4 厘米（图 3-70，3；彩版 3-52，3）。

### 2. 黑釉瓷

碗

吉州窑。侈口，宽唇，斜腹壁，内底一圈凹棱，饼足浅挖。

BJWi7：6，外壁施黑釉不及底，内壁剪纸贴花，花瓣作酱色，花瓣外釉色起絮状灰白窑变。外壁近底处旋削一圈出足，挖足粗率。口径 11.4、足径 4、高 5.4 厘米（图 3-71；彩版 3-52，4）。

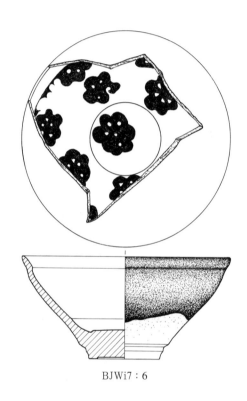

BJWi7：6

图 3-71　八角湾 i7 采集吉州窑黑釉碗（Ⅲ组）

# 第四章　小坞里区采集器物

## 一　道塘里（DTL）

### （一）Ⅰ组

**青白釉瓷**

碗

（1）敞口微敛，斜弧腹，矮圈足较宽，足端斜削，挖足较浅，外底及足端支钉支烧，四枚左右。

DTL：10，尖唇，内壁近底处下凹。釉色白中泛灰，微发青，施釉至足端。外壁有修坯痕，内壁近底处有窑渣残留，底足有支钉痕。口径 12.0、足径 4.6、高 3.8 厘米（图 4-1，1；彩版 4-1，1）。

DTL：6，圆唇，外壁露胎处可见旋坯痕。釉色白中泛灰，外壁部分施釉及腹。器身外壁残留与匣钵粘连的痕迹。口径 12.4、足径 4.2、高 3.7 厘米（图 4-1，2）。

（2）敞口，斜弧腹，圈足，足端斜削，内小平底，外底及足端支钉支烧，四枚左右。

DTL：2，圆唇，内壁近底处有一周圆形压棱。釉色白中泛灰，微发青，施釉至足端，足端处有流釉现象。器身外壁及底足内可见旋坯痕，内壁底部残留有窑渣。口径 14.6、足径 4.8、高 5.0 厘米（图 4-1，3）。

DTL：3，尖圆唇，口微敛，内壁近底处有一周圆形压棱，足小平底略外凸。釉色白中泛灰，微发青，外壁下腹刮釉。外壁有旋坯痕。足底残留三枚支钉和一处钉痕，外壁及内壁近底处有粘连的匣钵残留。口径 14.0、足径 4.9、高 4.9 厘米（图 4-1，4；彩版 4-1，2）。

DTL：5，圆唇内侧较厚，釉面可见两条凸起的弦纹，斜弧腹较直，内壁近底处有一周圆形压棱。釉色白中泛灰，微发青，施釉至足端。器身外壁及底足内可见旋坯痕。口径 11.6、底径 3.8、高 4.5 厘米（图 4-1，5）。

DTL：11，敞口，斜弧腹，内底大圆凸。釉色白中泛灰，微发青（彩版 4-1，3），两个漏斗形匣钵粘连，内有碗。

（3）五葵口外敞，斜弧腹，圈足，足端斜削，内小平底，外壁压棱五道，外底垫饼垫烧。

DTL：12，唇口处较厚，葵口对应外腹部纵向压印一道凹痕近似瓜棱手法，内底下凹，足内小平底略外凸。釉色白中泛灰，施釉至下腹或足端，外壁有流釉现象。器身外壁及底足内可见旋坯痕，底足留有灰褐色垫饼痕。口径 11.8、足径 4.2、高 4 厘米（图 4-1，7）。

（4）敞口，斜弧腹，矮圈足较宽，挖足较浅，内底小圆凸，外壁刻削简化莲瓣纹，外底垫饼垫烧。

DTL：9，圆唇，内底小圆凸不规则，位置距正中心略偏。釉色白中泛灰，微泛青，内外壁釉面均满布开片，施釉至足端，圈足存在流釉现象。内壁有匣钵痕残留，底足内有灰黑色垫饼痕。口径 13.0、足径 5.2、高 3.8 厘米（图 4-1，8；彩版 4-1，5）。

（5）唇口，斜弧腹，圈足，足端斜削，挖足较浅，足墙内斜，外底及足端支钉支烧。

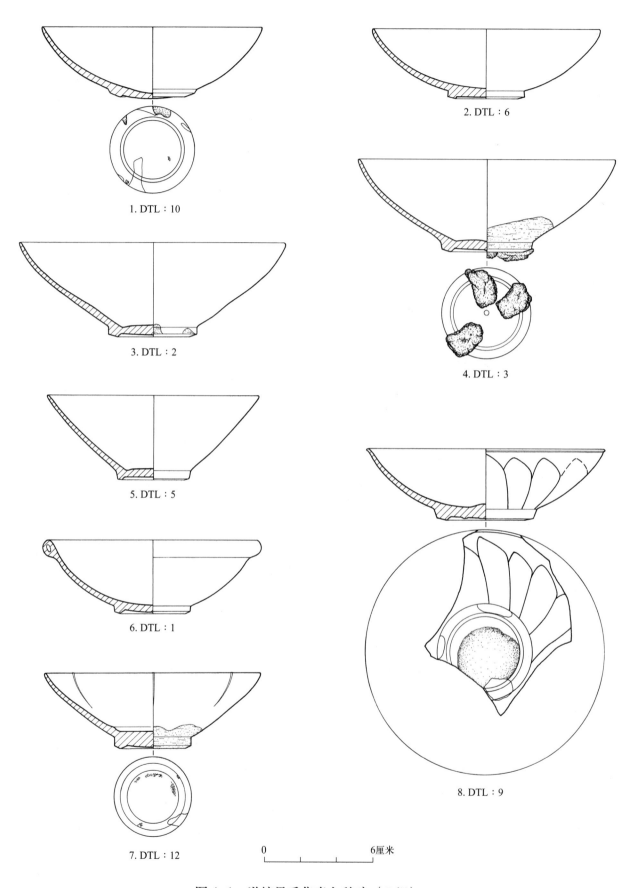

1. DTL：10

2. DTL：6

3. DTL：2

4. DTL：3

5. DTL：5

6. DTL：1

7. DTL：12

8. DTL：9

0　　　　　　　6厘米

图4-1　道塘里采集青白釉碗（Ⅰ组）

DTL：1，唇口处较厚，内壁近底处下凹。釉色白中泛灰，微发青，施釉至足端。足底留有四处支钉痕，两两相对。口径 12.0、足径 4.1、高 3.9 厘米（图 4-1，6；彩版 4-1，4）。

平底碟

敞口，斜弧腹，下腹微折，平底稍内凹，垫饼垫烧。

DTL：4，圆唇，内壁近底处有一周圆形压棱，外底中心略内凹。釉色白中泛灰，微发青，外底刮釉。器身外壁及外底部有旋坯痕，并残留有垫饼痕。口径 9.8、底径 5.1、高 2.9 厘米（图 4-2，1）。

DTL：7，尖圆唇，内壁近底处有一周圆形压棱，外底中心略凸。釉色白中泛灰，微发青，外底刮釉。器身外壁及外底部有旋坯痕，外底有数处旋痕，并残留有垫饼痕。口径 9.4、底径 4.2、高 2.9 厘米（图 4-2，2；彩版 4-1，6）。

DTL：8，尖唇，腹部微折。釉色白中泛灰，微发青，内外壁均满布开片，外底刮釉。胎质粗疏，存在缝隙，表面有气泡状凸起。器身外壁残留有匣钵痕，器底有灰黑色垫饼痕。口径 12.2、底径 5.8、高 3.7 厘米（图 4-2，3）。

## （二）Ⅱ组

### 青白釉瓷

杯

（直口），深弧腹，圈足外撇，外底垫饼垫烧。

DTL：13，釉色青白，内外壁均有开片，施釉裹足，外壁近底足处积釉较厚，积釉处呈深青色。底足可见旋坯痕和灰褐色圆形垫饼痕。足径 3.4、残高 3.8 厘米（图 4-2，4）。

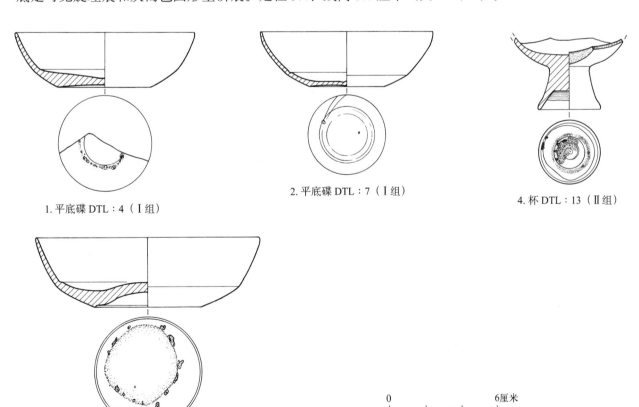

1. 平底碟 DTL：4（Ⅰ组）

2. 平底碟 DTL：7（Ⅰ组）

4. 杯 DTL：13（Ⅱ组）

3. 平底碟 DTL：8（Ⅰ组）

0  6厘米

图 4-2 道塘里采集青白釉瓷

# 二　铜锣山 a1（TLSa1）

## （一）I 组

**青白釉瓷**

碗

（1）敞口，斜弧腹，圈足，足墙内斜，足端斜削，外底垫饼垫烧。

TLSa1：1，口微敛。釉色白中泛灰，足端积釉处呈青灰色，施釉至下腹。器身外壁及底足可见旋坯痕。口径 13.2、足径 4.9、高 4.0 厘米（图 4-3，1）。

TLSa1：4，圆唇。釉色白，微泛灰，施釉至下腹。器身外壁及足底可见旋坯痕。内底留有部分匣钵底及粘连痕迹，器身外壁也有部分匣钵残留，足底有灰黑色垫饼痕，大致呈椭圆形。口径 12、

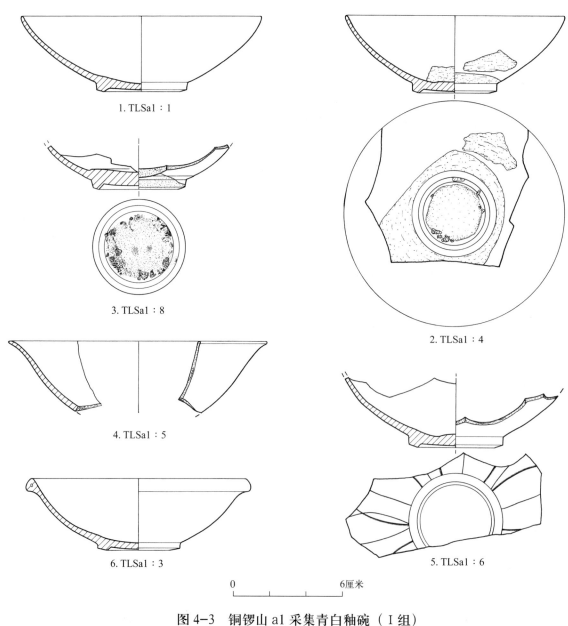

1. TLSa1：1

3. TLSa1：8

2. TLSa1：4

4. TLSa1：5

6. TLSa1：3

5. TLSa1：6

0　　　　　　6厘米

图 4-3　铜锣山 a1 采集青白釉碗（I 组）

足径 4.6、高 4.1 厘米（图 4-3，2；彩版 4-2，1）。

（2）（敞口），斜弧腹，圈足，足墙内斜，内小平底，外底垫饼垫烧。

TLSa1：8，足内小平底略向外凸。釉色白中泛灰，施釉至下腹。器身外壁及底足可见旋坯痕，足底有垫饼痕，大致呈圆形。足径 5.0、残高 2.3 厘米（图 4-3，3）。

（3）侈口，斜弧腹，（足端斜削，足墙内斜，内底圆凸，外底垫饼垫烧）。

TLSa1：5，釉色白中泛灰。外壁唇下有一道凹弦纹，器身可见旋坯痕。胎质较粗疏。口径 14.2、高 3.8 厘米（图 4-3，4）。

（4）（侈口），斜弧腹，圈足，足端斜削，足墙内斜，内底圆凸，外壁刻削莲瓣纹，外底垫饼垫烧。

TLSa1：6，圈足底略外凸。釉色白中泛灰，施釉至足端，外壁近底处有流釉现象。胎质较疏松。足径 5.1、残高 3.7 厘米（图 4-3，5；彩版 4-2，2）。

（5）唇口，斜弧腹，矮圈足，足端斜削，挖足较浅，外底及足端支钉支烧。

TLSa1：3，内底略凹。釉色白中泛灰，微发黄，施釉至下腹及足端，内外壁釉面均有细碎开片。器身外壁及足底可见旋坯痕。胎质疏松，存在缝隙，修足不规整。外壁残留有匣钵痕。口径 11.9、足径 4.5、高 3.8 厘米（图 4-3，6；彩版 4-2，3）。

碟

敞口，折腹，圈足，内底一周凹棱作平底，外底垫饼垫烧。

TLSa1：7，釉色白中泛灰，施釉至足，内底凹棱及外壁近足处有积釉现象，微泛青。胎质较疏松，器身外壁及底足可见旋坯痕，足底有垫饼痕，大致呈圆形。足径 4.8、残高 2.0 厘米（图 4-4，1）。

平底碟

敞口，斜弧腹，下腹微折，平底稍内凹，垫饼垫烧。

TLSa1：2，釉色白中泛灰，微发黄，外底刮釉，刮釉较平整。器身外壁及足底可见旋坯痕。口径 11.2、足径 5.6、高 3.0 厘米（图 4-4，2；彩版 4-2，4）。

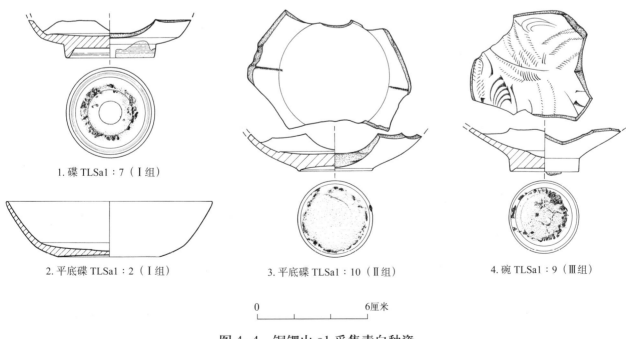

1. 碟 TLSa1：7（Ⅰ组）
2. 平底碟 TLSa1：2（Ⅰ组）
3. 平底碟 TLSa1：10（Ⅱ组）
4. 碗 TLSa1：9（Ⅲ组）

0　　　　　　　6厘米

图 4-4　铜锣山 a1 采集青白釉瓷

## （二）Ⅱ组

### 青白釉瓷

平底碟

斜弧腹，浅挖作卧足，内壁沥粉出筋六道，内底略凸，有一周凹弦纹，垫饼垫烧。

TLSa1：10，釉色白中泛灰，微发青，外底刮釉，内底凹棱处积釉，呈青灰色。足底有垫饼痕，大致呈椭圆形。足径4.0、残高2.0厘米（图4-4，3；彩版4-2，5）。

## （三）Ⅲ组

### 青白釉瓷

碗

（敞口或敞口外撇），斜腹，饼足浅挖，内壁篦划菊纹及之字篦点纹，垫饼垫烧。

TLSa1：9，釉色白中泛灰，微发青，外底刮釉，积釉处呈青灰色。器身外壁及底足可见旋坯痕，足底有垫饼痕，大致呈椭圆形。足径3.8、残高2.2厘米（图4-4，4；彩版4-2，6）。

# 三　铜锣山a2（TLSa2）

## （一）Ⅰ组

### 青白釉瓷

碗

（1）敞口，斜弧腹，圈足，足墙内斜，足端斜削，外底垫饼垫烧。

TLSa2：2，尖唇，口微敛，腹部微折。釉色白中泛灰，微发青，施釉至足端，足底有釉斑，积釉处呈青灰色。器身外壁及底足可见旋坯痕，器身内壁近底处残留有匣钵痕，外底足内可见垫饼痕。口径11.4、底径4、高4.1厘米（图4-5，1；彩版4-3，1）。

TLSa2：9，圆唇，腹微折，内底略下凹。釉色白中泛灰，施釉至下腹，积釉处呈青灰色。器身外壁及底足可见旋坯痕，修足不规整。底足留有垫饼痕，形状不规则。口径11.6、足径4.2、高3.9厘米（图4-5，2）。

（2）五葵口外敞，斜腹，圈足足端斜削，足墙内斜，内小平底，外壁五道压棱，外底垫饼垫烧。

TLSa2：5，圆唇，斜腹微折，内壁近底处有一周圆形压棱。釉色白中泛灰，微发黄，施釉至下腹及足端，器身内外壁均有开片，集中在腹的上半部。器身外壁及底足可见旋坯痕。口径11.6、足径4.2、高3.6厘米（图4-5，3；彩版4-3，2）。

（3）侈口，斜弧腹，足端斜削，足墙内斜，内底圆凸，外底垫饼垫烧。

TLSa2：4，釉色白中泛灰，微发黄，施釉至下腹，内底圆凸处积釉，呈青黄色。器身外壁及底足可见旋坯痕。口径14.6、足径5.6、高4.8厘米（图4-5，4；彩版4-3，3）。

（4）侈口，斜弧腹，圈足，足端斜削，足墙内斜，内底圆凸，外壁刻削莲瓣纹，外底垫饼垫烧。

TLSa2：8，釉色白中泛灰，微泛青，施釉至足端，器身外壁近足处有流釉现象，积釉处呈青灰色。底足可见垫饼痕，修足不甚规整。口径15.2、足径5.5、高4.8厘米（图4-5，5；彩版4-3，4）。

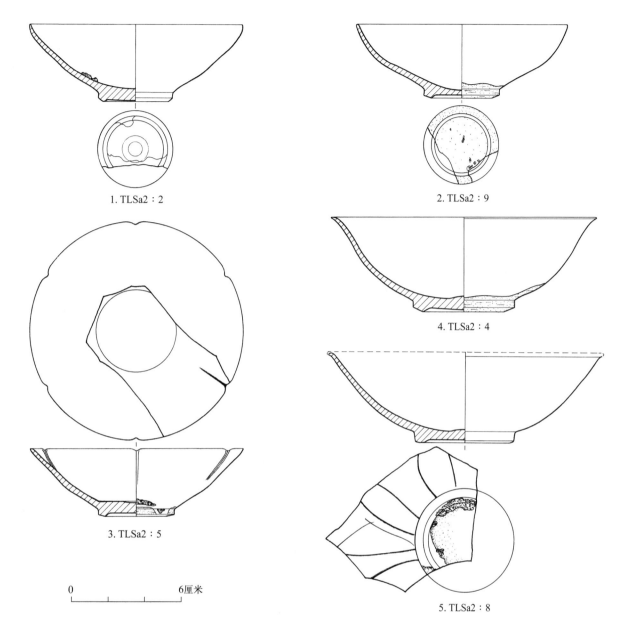

图 4-5　铜锣山 a2 采集青白釉碗（Ⅰ组）

盖碗

（敞口），深弧腹，窄圈足较高，内底一周凹棱作大平底，外壁刻划蕉叶纹，外底同心圆式旋坯痕，施釉裹足端，外底垫饼垫烧。

TLSa2：7，釉色白中泛灰，微发青，内壁釉层薄，近生烧，外底足内有釉斑。内底中心略凸。外底足内可见旋坯痕。足径 6.7、残高 4.1 厘米（图 4-6，1；彩版 4-3，5）。

平底碟

敞口，斜弧腹，下腹微折，平底稍内凹，垫饼垫烧。

TLSa2：1，釉色青灰，外底刮釉，外壁部分施釉不及底。器身外壁及底足可见旋坯痕，外底留有垫饼痕，形状略不规则。口径 9.6、足径 4.4、高 3.8 厘米（图 4-6，2）。

TLSa2：3，尖唇，釉色白中泛灰，微发青，外底刮釉，器身外壁部分施釉不及底，积釉处呈青灰色。

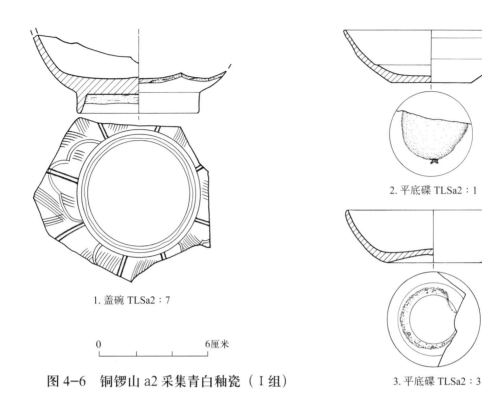

1. 盖碗 TLSa2：7

2. 平底碟 TLSa2：1

3. 平底碟 TLSa2：3

0　　　　　6厘米

**图 4-6　铜锣山 a2 采集青白釉瓷（Ⅰ组）**

器身外壁及底足可见旋坯痕，外底留有垫饼痕，呈不规则圆形。口径 9.4、足径 5.7、高 2.8 厘米（图 4-6，3；彩版 4-3，6）。

## （二）Ⅱ组

### 青白釉瓷

碗

（1）（敞口），斜弧腹，圈足，内底小圆凸，外底垫饼垫烧。

TLSa2：10，釉色白中泛灰，微发青，施釉至足端。器身外壁可见旋坯痕，足底有垫饼痕，呈不规则椭圆形。足径 3.3、残高 2.3 厘米（图 4-7，1）。

（2）（敞口或敞口外撇），斜腹，饼足浅挖，内壁篦划菊纹及之字篦点纹，垫饼垫烧。

TLSa2：11，内底下凹。生烧，土沁严重，呈土红色，兼有黄色，不均匀。足底有釉斑，白中泛灰，外底刮釉。足底留有垫饼痕。足径 3.4、残高 2.6 厘米（图 4-7，2）。

平底碟

（1）敞口，斜弧腹，平底内凹，内底一周凹弦纹，垫饼垫烧。

TLSa2：12，釉色白中泛灰，微发黄，外底刮釉。器身外壁及足底可见旋坯痕。足径 5.8、残高 1.4 厘米（图 4-7，3）。

（2）敞口，十二葵口，斜腹，平底内凹，内底一周凹弦纹，内壁沥粉出筋十二道，外壁对应划线十二道，垫饼垫烧。

TLSa2：13，斜腹近底处微弧。釉色白中泛灰，微发青，外底刮釉，内底凹棱处积釉，呈青灰色。器身外壁及足底可见旋坯痕。内壁足底残留有匣钵痕，外底足留有垫饼痕。足径 4.4、残高 2.1 厘米（图 4-7，4）。

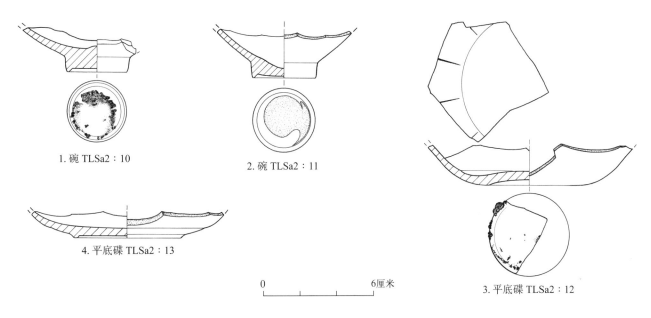

1. 碗 TLSa2：10　　　　2. 碗 TLSa2：11

4. 平底碟 TLSa2：13

0　　　　　　6厘米

3. 平底碟 TLSa2：12

图 4-7　铜锣山 a2 采集青白釉瓷（Ⅱ组）

## 四　铜锣山 a3（TLSa3）

### （一）Ⅰ组

**青白釉瓷**

碗

（1）敞口，斜弧腹，圈足较矮，挖足很浅，足端斜削，外底及足端支钉支烧，四枚左右。

TLSa3：2，尖唇，釉色较白，施釉至足端。器身外壁及底足可见旋坯痕，修坯较平整。口径12.2、足径4.2、高4厘米（图4-8，1）。

TLSa3：11，釉色较白，微发灰，施釉至下腹。器身外壁及底足可见旋坯痕，修坯较平整。足底有四个黑色支钉痕，两两相对。足径4.2、残高3.0厘米（图4-8，2；彩版4-4，1）。

（2）（敞口），斜弧腹，圈足，足墙内斜，足端斜削，内小平底略凹，外底及足端支钉支烧或垫饼垫烧。

TLSa3：9，挖足较浅，底足中心略凸。釉色白中泛灰，施釉至下腹，积釉处呈青灰色。器身外壁及底足可见旋坯痕，足底有四个支钉痕，大小、形状不一，两两相对。足径5.0、残高2.8厘米（图4-8，3；彩版4-4，2）。

TLSa3：12，底足中心略凸。釉色白中泛灰，微发黄，施釉至下腹，积釉处呈青灰色。器身外壁及底足可见旋坯痕，足底有垫饼痕。足径4.9、残高2.2厘米（图4-8，4）。

（3）侈口，斜弧腹，圈足，内底小圆凸，外壁刻削莲瓣纹，外底垫饼垫烧。

TLSa3：10，圆唇，口微侈，挖足较浅，圈足足端斜削，足墙内斜，内平底略凸。釉色白中泛灰，微泛青，施釉至足端，积釉处呈青灰色。器身外壁及底足可见旋坯痕，足底有灰褐色垫饼痕。口径16.0、底径6.0、高4.5厘米（图4-8，5；彩版4-4，3）。

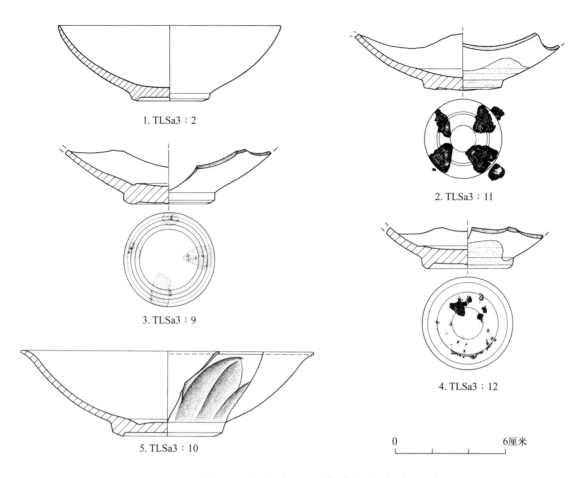

1. TLSa3：2

2. TLSa3：11

3. TLSa3：9

4. TLSa3：12

0　　　　　　　　6厘米

5. TLSa3：10

图 4-8　铜锣山 a3 采集青白釉碗（Ⅰ组）

盖碗

（直口），深弧腹，窄圈足较高，内底一周凹棱作大平底，外壁刻划蕉叶纹，外底同心圆式旋坯痕，外底垫饼垫烧。

TLSa3：4，釉色较白，施釉裹足端，纹饰及足端处积釉，积釉处微泛青色。外底可见灰褐色垫饼痕，足墙上有旋坯痕。足径 6.4、残高 3.0 厘米（图 4-9，1）。

碟

（1）（敞口），折腹，内平底略凹，有一周凹棱，圈足，足墙内斜，外底垫饼垫烧。

TLSa3：13，釉色白中泛灰，微发黄，施釉至足，内外壁均有细碎开片，外底足有流釉现象。内底残留有匣钵痕，器身外壁及底足可见旋坯痕。足径 5.0、残高 2.1 厘米（图 4-9，2）。

（2）（敞口微侈），斜弧腹微折，内大平底略凹，有一周凹棱，圈足，足墙内斜，足端斜削，外壁刻削莲瓣纹，外底同心圆式旋坯痕，外底垫饼垫烧。

TLSa3：6，釉色白中泛灰，微发青，施釉至足端，积釉处呈青灰色。底足可见旋坯痕。足径 5.8、残高 3.1 厘米（图 4-9，3；彩版 4-5，1）。

平底碟

敞口，斜弧腹，下腹微折，平底稍内凹，有一周凹棱，垫饼垫烧。

TLSa3：8，圆唇，釉色白中泛灰，微发青，外底刮釉，积釉处呈青灰色，部分施釉不及底。器

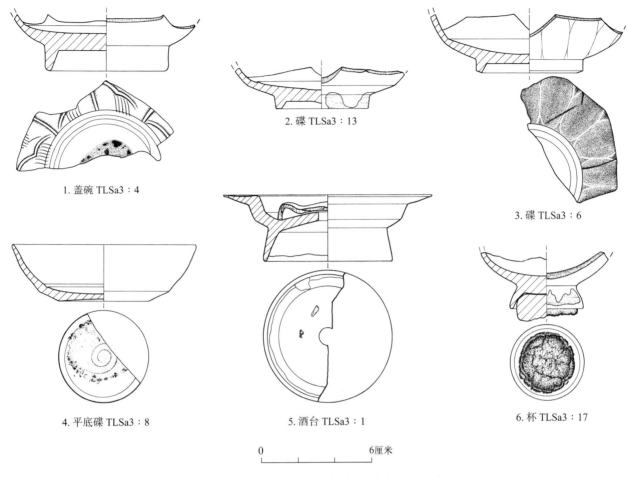

1. 盖碗 TLSa3：4

2. 碟 TLSa3：13

3. 碟 TLSa3：6

4. 平底碟 TLSa3：8

5. 酒台 TLSa3：1

6. 杯 TLSa3：17

0　　　　　　6厘米

图 4-9　铜锣山 a3 采集青白釉瓷（Ⅰ组）

身外壁及底足可见旋坯痕，足底有灰褐色垫饼痕。口径 10.0、足径 4.9、高 3.0 厘米（图 4-9，4；彩版 4-5，2）。

酒台

尖唇，平折沿，折腹，托台腹壁斜直，托盘的圈足较高，足墙外撇，底足中间有一个圆形气孔，外底垫环垫烧。

TLSa3：1，釉色白中泛青，微泛灰，施釉裹足，积釉处呈青色，内外壁均有开片。器身外壁及底足可见旋坯痕，底足留有黑褐色垫烧痕。口径 11.4、足径 7.0、高 3.5 厘米（图 4-9，5；彩版 4-5，3）。

杯

（直口），深弧腹，圈足外撇，垫饼垫烧。

TLSa3：17，釉色青白，微发灰，施釉裹足，部分不及底。外底足可见旋坯痕，并留有灰黑色圆形垫饼，不甚规则。足径 4.0、残高 3.0 厘米（图 4-9，6）。

（二）Ⅱ组

**青白釉瓷**

碗

（1）斜弧腹，高圈足，足墙内斜，外底垫饼垫烧。

TLSa3：7，釉色偏青灰，施釉至足，积釉处泛青色，内外壁均满布细碎开片。胎质粗疏，呈灰白色。足底中心有一小圆凸，器身外壁及足墙均可见旋坯痕。足径5.5、残高4.1厘米（图4-10，1）。

（2）（敞口微侈），斜弧腹，圈足，内壁简笔细线划花，外底垫饼垫烧。

TLSa3：16，内底小圆凸，不规整，足墙内斜。釉色白中泛灰，微发青，施釉至足端，积釉处呈青灰色。足墙内壁有旋坯痕。足径3.8、残高2.4厘米（图4-10，2）。

### （三）Ⅲ组

#### 1. 青白釉瓷

碗

（1）（敞口），斜弧腹，饼足浅挖，内底小圆凸，外底垫饼垫烧。

TLSa3：5，饼足，挖足较浅，中心略凸。釉色白中泛灰，微发青，施釉至足端，内壁有开片。足底有灰黑色垫饼痕，略呈椭圆形。足径3.2、残高2.4厘米（图4-10，3）。

TLSa3：14，内底略凹，足墙内斜。釉色青白，施釉至足端，内外壁均有细碎开片。外壁近足处有流釉现象。底足留有旋坯痕和灰褐色垫饼痕。足径3.0、残高2.1厘米（图4-10，4）。

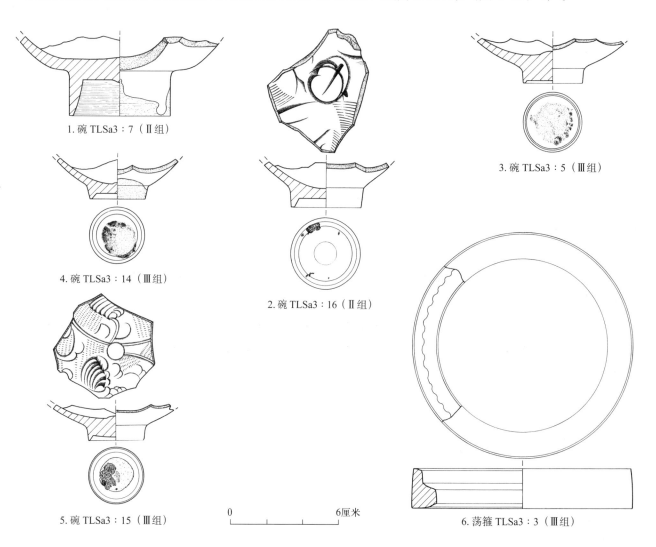

1. 碗 TLSa3：7（Ⅱ组）

3. 碗 TLSa3：5（Ⅲ组）

4. 碗 TLSa3：14（Ⅲ组)

2. 碗 TLSa3：16（Ⅱ组）

5. 碗 TLSa3：15（Ⅲ组）

0　　　　　　6厘米

6. 荡箍 TLSa3：3（Ⅲ组）

图4-10　铜锣山 a3 采集青白釉瓷、窑具

（2）（敞口微侈），斜弧腹，饼足浅挖，内底小圆凸，内壁篦划菊纹及之字篦点纹，垫饼垫烧。

TLSa3：15，釉色青白，外底心无釉。底足留有垫饼痕。足径3.0、残高1.9厘米（图4-10，5）。

2. 窑具

荡箍

TLSa3：3，灰白色陶胎，内壁下段施釉。复原平面呈圆环状，中空，截面呈阶梯形，顶部呈锯齿状，下段施釉处可见使用痕迹。上径11.8、下径12、高2.1厘米（图4-10，6；彩版4-5，4）。

# 五　铜锣山 b（TLSb）

## （一）I 组

### 青白釉瓷

碗

（1）（侈口），深弧腹，高圈足，内底一周凹棱作平底，外底垫饼垫烧。

TLSb：10，釉色白中泛黄，微发青，施釉裹足，积釉处呈青黄色。外底足可见旋坯痕，足底有黄褐色垫烧痕迹，略呈同心圆状。足径4.3、残高3.4厘米（图4-11，1）。

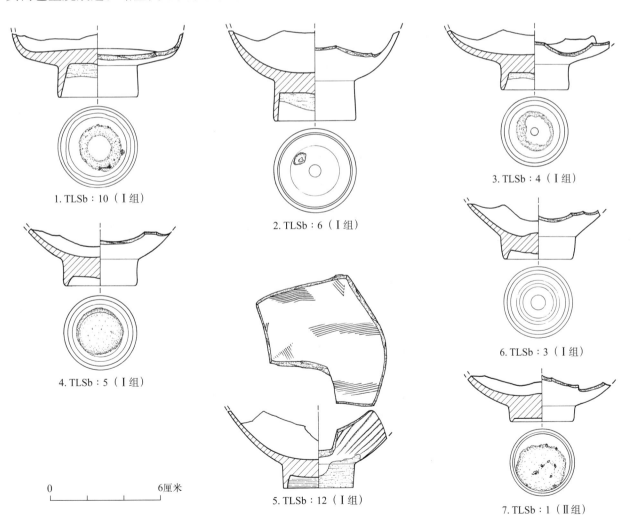

1. TLSb：10（I 组）

2. TLSb：6（I 组）

3. TLSb：4（I 组）

4. TLSb：5（I 组）

5. TLSb：12（I 组）

6. TLSb：3（I 组）

7. TLSb：1（II 组）

0　　　　　　6厘米

图 4-11　铜锣山 b 采集青白釉碗

（2）（侈口，六葵口），深弧腹，高圈足，内壁沥粉出筋六道，外壁对应压棱六道，外底垫饼垫烧。

TLSb：6，釉色白中泛黄，微发青，施釉裹足，积釉处呈青黄色，内外壁均满布细碎开片。外底足有旋坯痕和黑色垫饼痕。足径4.4、残高4.7厘米。

（3）（侈口），斜弧腹，窄圈足，内底略凸，外底垫饼垫烧（图4-11，2）。

TLSb：4，釉色白中泛灰，微发青，施釉裹足，积釉处呈青灰色，内外壁均满布条状开片。外底足可见旋坯痕，足底有灰褐色垫饼痕，呈不规则圆形。足径3.7、残高3.2厘米（图4-11，3）。

（4）（敞口微侈），斜弧腹，圈足稍高，足底略凸，器身外壁刻划菊瓣纹，内壁简化篦划纹，外底垫饼垫烧。

TLSb：5，釉色白中泛灰，偏青白，施釉至下腹，内壁满布细碎开片。外底足可见旋坯痕，足底有灰黑色垫饼痕，略呈圆形。足径4.0、残高3.0厘米（图4-11，4）。

TLSb：12，釉色白中泛灰，偏青白，施釉至足端，积釉处呈青灰色。近足的露胎处及足底可见旋坯痕。足径3.8、残高4.1厘米（图4-11，5）。

（5）（敞口，宽唇），斜弧腹，圈足稍高，足底凸出，内底小圆凸，外底垫饼垫烧。

TLSb：3，釉色青白，施釉至足端，内壁满布细碎开片，外壁较稀疏。内底有匣钵痕残留，外底足可见旋坯痕。足径3.8、残高2.9厘米（图4-11，6；彩版4-6，1）。

碟

（1）（侈口），斜弧腹，圈足，足墙内斜，内底一周凹弦纹，外底垫饼垫烧。

TLSb：9，釉色白中泛黄，微发青，施釉至足，底足有流釉现象，积釉处呈青黄色，内外壁均满布细碎开片。器身外壁露胎处及外底足有旋坯痕，足底可见灰褐色垫饼痕。足径4.2、残高2.2厘米（图4-12，1）。

（2）斜弧腹，窄圈足，内底一周凹弦纹，内有印花装饰，外底垫饼垫烧。

TLSb：13，釉色白中泛灰，偏青白，施釉裹足，积釉处青色较深。内底有窑渣，足底残留灰黑色垫饼大部，呈不规则椭圆形。足径3.6、残高1.9厘米（图4-12，2；彩版4-6，2）。

平底碟

（1）斜弧腹，内底一周凹弦纹，隐圈足，挖足极浅，内壁沥粉出筋六道，外壁对应划线六道，垫饼垫烧。

TLSb：2，挖足较浅。釉色白中泛灰，偏青白，足端裹釉，外壁有条状开片，积釉处青色较深。器身外壁粘连匣钵痕，足底可见旋坯痕和灰黑色垫饼痕，呈不规则椭圆形。足径4.6、残高1.7厘米（图4-12，3）。

（2）斜弧腹，内底一周凹弦纹，平底，挖足极浅，内壁沥粉出筋六道，外壁对应划线六道，垫饼垫烧。

TLSb：7，内底中心略凸。釉色青白，外底刮釉，内外壁均满布细碎开片。器身外壁粘连有匣钵痕，足底可见灰黑色垫饼痕，呈不规则圆形。足径5.0、残高1.7厘米（图4-12，4；彩版4-6，3）。

## （二）Ⅱ组

### 1. 青白釉瓷

碗

（敞口微侈），斜弧腹，饼足浅挖，内底小圆凸，垫饼垫烧。

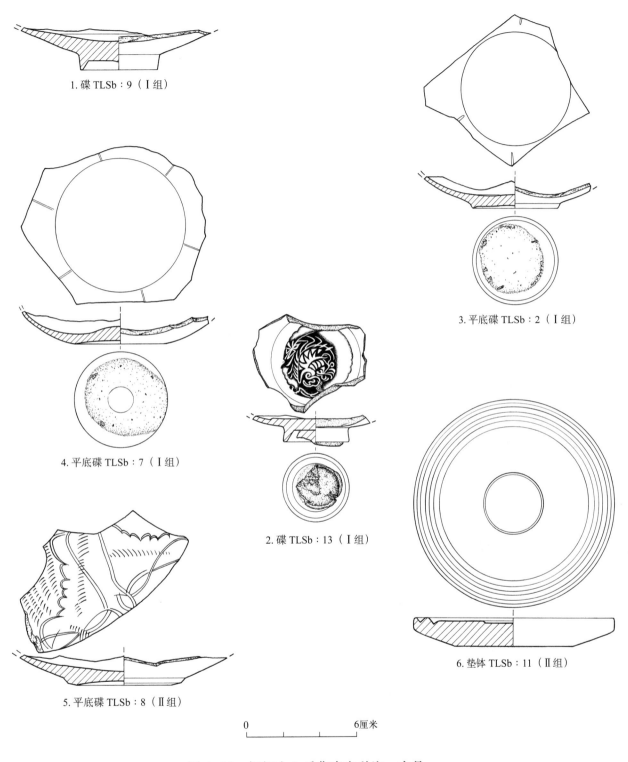

1. 碟 TLSb：9（Ⅰ组）

3. 平底碟 TLSb：2（Ⅰ组）

4. 平底碟 TLSb：7（Ⅰ组）

2. 碟 TLSb：13（Ⅰ组）

5. 平底碟 TLSb：8（Ⅱ组）

6. 垫钵 TLSb：11（Ⅱ组）

0　　　　　　　　6厘米

图 4-12　铜锣山 b 采集青白釉瓷、窑具

TLSb：1，釉色白中泛灰，微发青，外底刮釉，积釉处呈青灰色，内壁满布条状开片。器身外壁及底足可见旋坯痕，足底有灰褐色垫饼痕，呈不规则椭圆形。足径 3.4、残高 2.5 厘米（图 4-11，7）。

平底碟

（敞口），斜弧腹，隐圈足，挖足极浅，内底篦划纹饰，垫饼垫烧。

TLSb：8，釉色白中泛青，外底刮釉，积釉处呈深青色，足底可见旋坯痕。足径6.2、残高1.5厘米（图4-12，5；彩版4-6，4）。

### 2. 窑具

垫钵

TLSb：11，浅盘状，直口，腹壁斜直，内有凹槽三道，灰白色胎。口径11.0、底径6.6、高1.5厘米（图4-12，6；彩版4-6，5）。

# 六　铜锣山 c（TLSc）

## 青白釉瓷

碗

（1）侈口，六葵口，斜弧腹，窄圈足，足墙内角圆凹，内底一周凹弦纹，外底垫饼垫烧。

TLSc：4，釉色青白，施釉至足端，足底有釉斑，积釉处呈深青色。器身外壁及底足可见旋坯痕，下腹外壁有匣钵粘连，足底有灰黑色垫饼痕，呈不规则椭圆形。口径12.4、足径4.1、高4.8厘米（图4-13，1；彩版4-7，1）。

（2）（敞口微侈），斜弧腹，饼足浅挖，内壁简化划花，垫饼垫烧。

TLSc：6，内底略凹，足底中心微凸。釉色白中泛灰，微发青，外底刮釉，积釉处呈青灰色。底足可见旋坯痕，并有灰褐色垫饼痕，呈不规则椭圆形。足径3.6、残高2.1厘米（图4-13，2；彩版4-7，2）。

（3）（敞口外撇），斜腹，饼足浅挖，内壁篦划菊纹及之字篦点纹，垫饼垫烧。

TLSc：1，内底下凹。釉色青白，外底刮釉，积釉处呈深青色。胎质细密，胎、釉结合较好。器身外壁及底足可见旋坯痕，足底有灰褐色垫饼痕，呈不规则椭圆形。足径3.7、残高4.3厘米（图4-13，3；彩版4-7，3）。

（4）敞口外撇，斜腹，饼足浅挖，内底小圆凸，内壁三组划花纹饰，垫饼垫烧。

TLSc：3，釉色青白，青色较深，外底刮釉，积釉处呈深青色。胎质细密，胎、釉结合较好。底足可见旋坯痕，足底有灰黑色垫饼痕，呈不规则圆形。口径13.8、足径3.5、高3.9厘米（图4-13，4；彩版4-7，4）。

（5）（六葵口外敞），斜腹，饼足浅挖，内底小圆凸，内壁沥粉出筋六组，垫饼垫烧。

TLSc：2，釉色白中泛灰，微发青，外底刮釉，积釉处呈青灰色。器身外壁及底足可见旋坯痕。足底有灰褐色垫饼痕，呈不规则椭圆形。足径3.6、残高4.1厘米（图4-13，5；彩版4-7，5）。

碟

（侈口，六葵口），折腹，窄圈足，足墙内角圆凹，内底一周凹弦纹，内有篦划纹饰，外底垫饼垫烧。

TLSc：5，足底略内凹。釉色青白，微发灰，施釉至足端，积釉处呈深青色。器身外壁及底足可见旋坯痕，内底粘连有匣钵残余，足底有灰黑色垫饼痕，略呈圆形。足径4.6、残高2.3厘米（图4-13，6；彩版4-7，6）。

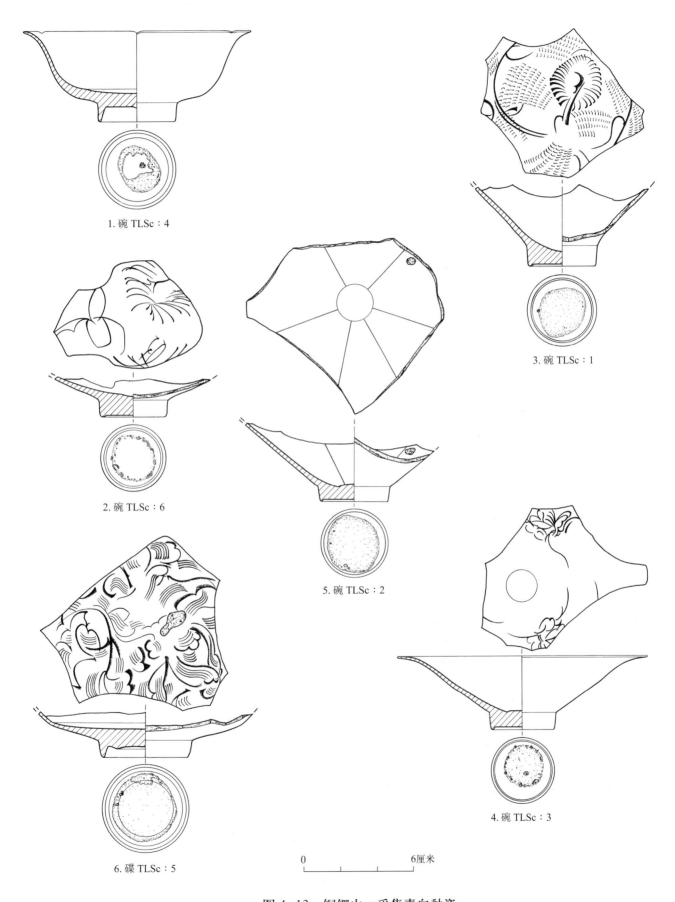

1. 碗 TLSc：4

2. 碗 TLSc：6

3. 碗 TLSc：1

5. 碗 TLSc：2

4. 碗 TLSc：3

6. 碟 TLSc：5

0      6厘米

图 4-13 铜锣山 C 采集青白釉瓷

# 七　小坞里a（XWLa）

## 青白釉瓷

碗

（1）直口，窄唇，深弧腹，高圈足，外底垫饼垫烧。

XWLa：1，足墙微外撇，足底中心略凸。釉色白中泛黄，微发青，施釉裹足，内外壁均满布细碎开片。器身外壁及底足可见旋坯痕，外壁近底处有修坯痕。口径15.0、足径6.3、高7.6厘米（图4-14，1；彩版4-8，1）。

（2）（敞口微侈），斜弧腹，圈足，足墙内斜，足端斜削，内壁划花，外底垫饼垫烧。

XWLa：4，釉色白中泛黄，微发青，施釉至足，内外壁均满布细碎开片，足底有釉斑。胎质粗疏，有缝隙。底足可见旋坯痕，足底有灰褐色垫饼痕。足径4.0、残高2.5厘米（图4-14，2）。

（3）敞口，宽唇，斜弧腹，圈足，内底圆凸，外底垫饼垫烧。

XWLa：3，釉色白中泛灰，微发青，施釉至足，积釉处呈青灰色，内外壁均满布细碎开片。底足可见旋坯痕，足底可见灰褐色垫饼痕，形状略不规则。足径3.7、残高4.6厘米（图4-14，3）。

XWLa：8，釉色白中泛灰，微发青，施釉至足，积釉处呈青灰色，内外壁均满布细碎开片。器身外壁及底足可见旋坯痕，内壁有部分匣钵粘连，足底可见灰褐色垫饼痕，形状略不规则。口径11.6、足径3.6、高5.7厘米（图4-14，4；彩版4-8，2）。

（4）敞口或敞口微侈，斜弧腹，圈足，内壁简笔划花，外壁刻划菊瓣纹，外底垫饼垫烧。

XWLa：2，釉色白中泛灰，微发青，施釉至足，近足处有流釉现象，积釉处呈青灰色，内外壁均满布细碎开片。器身外壁及底足可见旋坯痕，内底有窑渣残留，足底有灰褐色垫饼痕，略呈圆形。口径10.9、足径3.5、高5.6厘米（图4-14，5）。

XWLa：10，釉色白中泛灰，微发青，内外壁均满布细碎开片。器身外壁及底足可见旋坯痕。口径11.4、足径3.8、高5.6厘米（图4-14，6；彩版4-8，3）。

XWLa：12，尖圆唇，釉色白中泛灰，微发青，施釉至足，内外壁均有开片。足底有部分垫饼粘连。口径12.0、足径3.6、高6.0厘米（图4-14，7）。

碟

（1）斜弧腹，圈足，足墙内斜，内底一周凹弦纹，内有简笔细线划花，外底垫饼垫烧。

XWLa：6，釉色白中泛灰，微发青，施釉裹足，足底有釉斑和积釉现象，积釉处呈青灰色，内外壁均满布开片，内壁较稀疏。足墙外撇。足径4.3、残高2.3厘米（图4-15，1；彩版4-8，4）。

（2）斜弧腹，饼足浅挖，内底简笔细线划花，外底垫饼垫烧。

XWLa：5，外壁残存一道压棱。釉色白中泛灰，微发青，外底刮釉，积釉处呈青灰色，内外壁均满布细碎开片。足底有灰褐色垫饼痕，略呈圆形。足径4.4、残高2.2厘米（图4-15，2）。

（3）斜弧腹，饼足浅挖，内底凸起，简笔细线划花，外底垫饼垫烧。

XWLa：9，釉色偏青白，微发灰，积釉处呈青色。足底可见旋坯痕，有灰黑色垫饼痕，略呈圆形。足径4.4、残高1.9厘米（图4-15，3）。

（4）敞口，斜弧腹，圈足，内底一周凹棱，外底垫饼垫烧。

XWLa：11，釉色白中泛灰，微发青，施釉至足，内外壁均满布细碎开片。口径13.0、足径4.2、

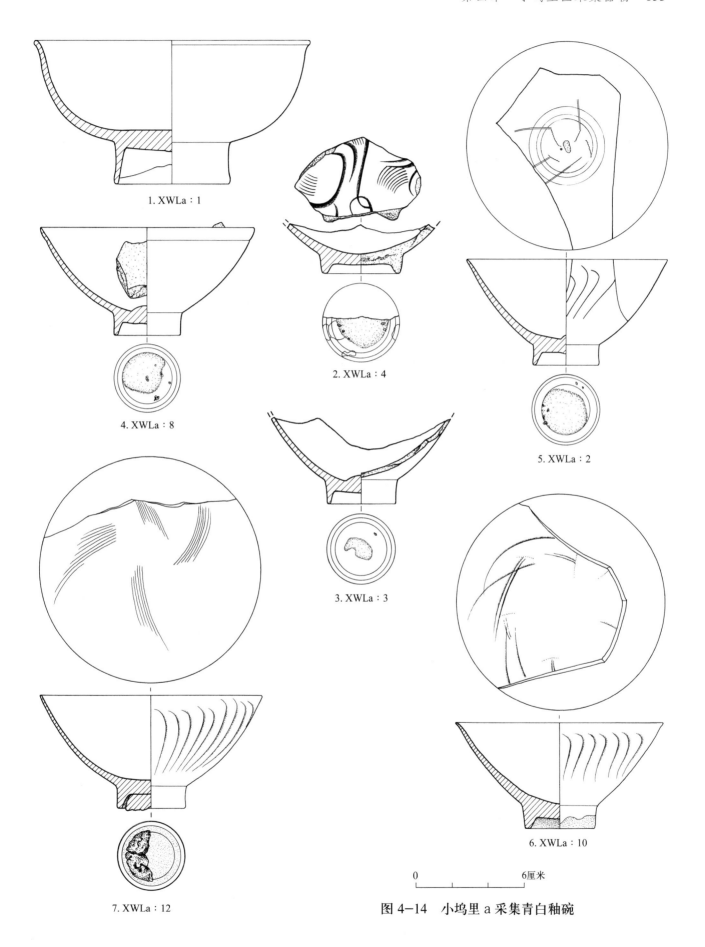

1. XWLa：1

2. XWLa：4

4. XWLa：8

5. XWLa：2

3. XWLa：3

7. XWLa：12

6. XWLa：10

0　　　　　　　　6厘米

图4-14　小坞里a采集青白釉碗

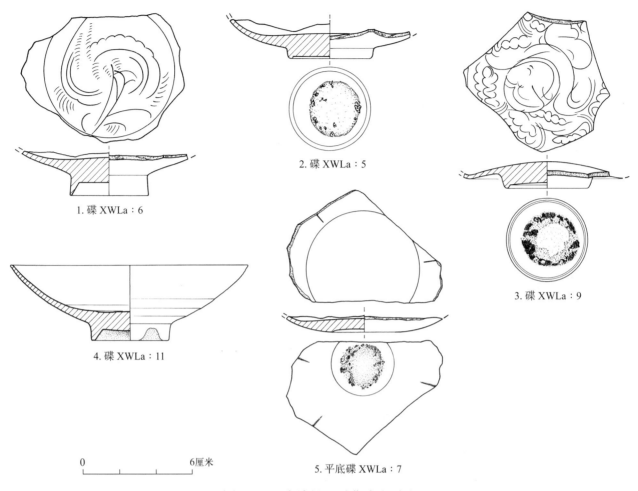

1. 碟 XWLa：6

2. 碟 XWLa：5

3. 碟 XWLa：9

4. 碟 XWLa：11

0        6厘米

5. 平底碟 XWLa：7

图 4-15  小坞里 a 采集青白釉瓷

高 4.0 厘米（图 4-15，4；彩版 4-8，5）。

平底碟

斜弧腹，浅挖作卧足，外壁压棱六道，内壁对应沥粉出筋，内底一周凹弦纹，垫饼垫烧。

XWLa：7，内底凸起。釉色白中泛青，外底刮釉，内外壁均满布细碎开片。足底可见旋坯痕，有灰黑色垫饼痕，略呈圆形。底径 3.5、残高 0.9 厘米（图 4-15，5；彩版 4-8，6）。

# 八  小坞里 b（XWLb）

## （一）Ⅰ组

### 青白釉瓷

碗

（1）侈口，斜弧腹，窄圈足，外底垫饼垫烧。

XWLb：33，圈足略外撇，足墙内斜，足底略凸。釉色青白，施釉裹足端，足底有釉斑，积釉处呈深青色。器身粘连有部分匣钵。口径 11、足径 3.2、高 4.4 厘米（图 4-16，1；彩版 4-9，1）。

（2）侈口，六葵口，斜弧腹，窄圈足，外壁压棱六道，内壁对应沥粉出筋，内底点状圆凸，外底垫饼垫烧。

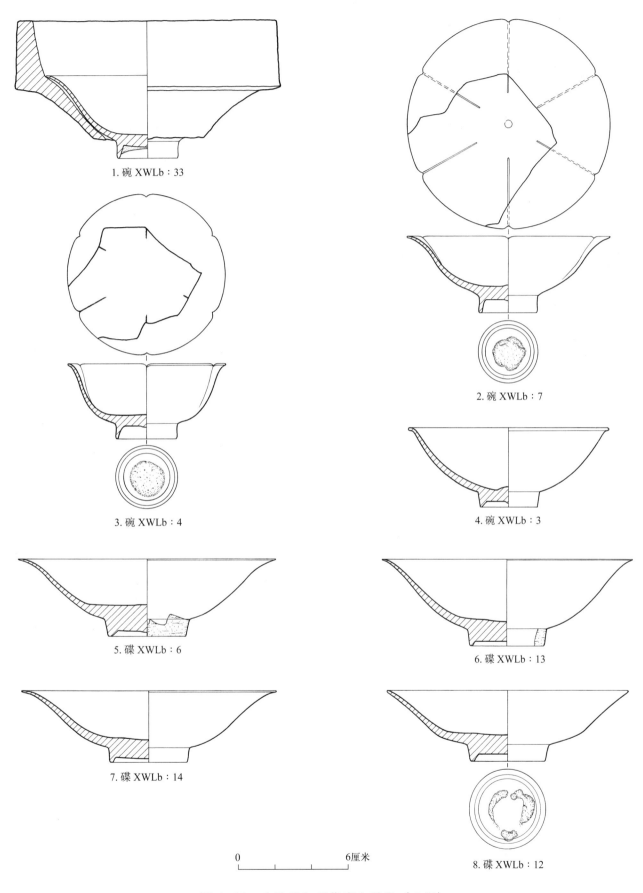

1. 碗 XWLb：33

2. 碗 XWLb：7

3. 碗 XWLb：4

4. 碗 XWLb：3

5. 碟 XWLb：6

6. 碟 XWLb：13

7. 碟 XWLb：14

8. 碟 XWLb：12

0                    6厘米

图 4-16 小坞里 b 采集青白釉瓷（Ⅰ组）

XWLb：7，釉色白中泛灰，微发青，施釉裹足端，内外壁均满布细碎开片，积釉处呈青灰色。底足可见旋坯痕，足底有灰黑色垫饼痕，略呈不规则圆形。口径11.2、足径3.2、高4.0厘米（图4-16，2；彩版4-9，2）。

（3）侈口，六葵口，深弧腹，窄圈足，外壁压棱六道，内壁对应沥粉出筋，外底垫饼垫烧。

XWLb：4，内底较平，足底中心有一小圆凸。釉色青白，施釉裹足端，积釉处呈深青色。底足可见旋坯痕，足底有灰褐色垫饼痕，略呈不规则圆形。口径8.6、足径3.3、高4.0厘米（图4-16，3；彩版4-9，3）。

（4）敞口微侈，窄唇口，斜弧腹，圈足，内底小圆凸，外底垫饼垫烧。

XWLb：3，釉色较白，微发青，施釉至足，积釉处呈深青色，内外壁均有条状开片。器身内壁留有匣钵痕，足底可见旋坯痕，有灰褐色垫饼痕，略呈圆形。口径11、足径3.2、高4.2厘米（图4-16，4；彩版4-9，4）。

碟

侈口，斜弧腹，圈足，足墙内斜，挖足不规整，内底有的压印纹饰，多较模糊，外底垫饼垫烧。

XWLb：6，内底较平，足底略凸。釉色青白，积釉处呈深青色，施釉至足，内壁有条状开片，外壁近足处有流釉现象。器身外壁及底足可见旋坯痕，足底有灰褐色垫饼痕，略呈圆形。口径14.0、足径4.2、高4.1厘米（图4-16，5；彩版4-9，5）。

XWLb：13，内底略凹。釉色白中泛黄，微发青，施釉至足，底足有流釉现象，内外壁均满布细碎条状开片，积釉处呈青黄色。底足可见旋坯痕。口径13.8、足径4.2、高4.6厘米（图4-16，6）。

XWLb：14，内底略凹，足底略凸。釉色白中泛灰，微发青，施釉至足，底足有流釉现象，内外壁均满布细碎条状开片。器身外壁及底足可见旋坯痕，足底有灰褐色垫饼痕。口径13.8、足径4.2、高3.8厘米（图4-16，7）。

XWLb：12，釉色较白，偏青色，施釉至足，底足有流釉现象，内外壁均满布细碎条状开片。底足可见旋坯痕，足底有灰褐色垫饼痕，略呈圆形。口径13.3、足径4.2、高3.8厘米（图4-16，8）。

平底碟

（1）侈口，斜弧腹，内底一周凹棱，隐圈足，挖足极浅，内底有的刻划纹饰，外底垫饼垫烧。

XWLb：16，釉色较白，近生烧，外底刮釉。底足可见旋坯痕，足底有灰褐色垫饼痕，呈不规则圆形。口径10.2、足径4.6、高2.4厘米（图4-17，1）。

XWLb：42，釉色偏青白，施釉裹足端，足底有灰褐色垫饼痕。口径10.4、足径4.2、高2.3厘米（图4-17，2；彩版4-10，1）。

（2）侈口，六葵口，斜弧腹，平底稍内凹，内壁一周凹棱，垫饼垫烧。

XWLb：1，釉色偏青灰，外底刮釉。器身外壁及底足可见旋坯痕。口径13、足径4.2、高2.6厘米（图4-17，3）。

XWLb：10，釉色青白，偏白色，外底刮釉，积釉处呈浅青色，内外壁均满布条状开片。外底有灰褐色垫饼痕，形状略不规则。口径10.6、足径4.4、高2.1厘米（图4-17，4）。

XWLb：11，釉色青白，微泛灰色，外底刮釉，内底有细碎开片。器身外壁及外底可见旋坯痕，外底有灰褐色垫饼痕，略呈圆形。口径11.6、足径4.2、高4.6厘米（图4-17，5；彩版4-10，2）。

XWLb：37，釉色青白，积釉处呈深青色，外底刮釉，内外壁均满布条状开片。底足可见旋坯痕，器身外壁粘连有匣钵痕，外底有灰黑色垫饼痕，呈不规则圆形。口径10.8、足径4.0、高1.8厘米（图

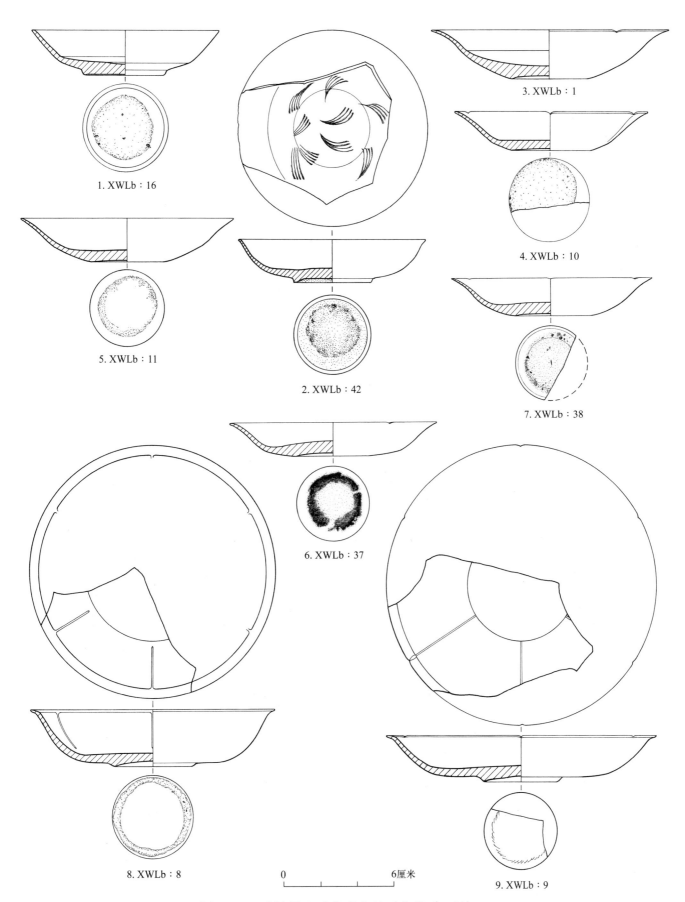

1. XWLb：16

5. XWLb：11

2. XWLb：42

3. XWLb：1

4. XWLb：10

7. XWLb：38

6. XWLb：37

8. XWLb：8

9. XWLb：9

0　　　　　6厘米

图4-17　小坞里 b 采集青白釉平底碟（Ⅰ组）

4-17，6）。

XWLb：38，釉色青白，偏白色，外底刮釉，积釉处呈青色，内外壁均满布条状开片底足可见旋坯痕，外底有灰褐色垫饼痕，呈不规则圆形。口径 11、足径 4.0、高 2.0 厘米（图 4-17，7）。

（3）侈口或六葵口，斜弧腹，隐圈足或平底内凹，内底一周凹弦纹，内壁沥粉出筋六道，外壁对应划线六道，外底垫饼垫烧。

XWLb：8，釉色白中泛灰，微发青，外底刮釉，积釉处呈青灰色。器身外壁及外底可见旋坯痕，外底有灰黑色垫饼痕，略呈圆形。口径 13.3、足径 4.3、高 4.0 厘米（图 4-17，8）。

XWLb：9，釉色白中泛灰，微发青，外底刮釉，内底有开片，积釉处呈青灰色。外腹壁粘连有匣钵残余。器身外壁及外底可见旋坯痕，外底有灰褐色垫饼痕，略呈圆形。口径 14.9、足径 4.5、高 2.4 厘米（图 4-17，9；彩版 4-10，3）。

XWLb：43，器身变形。釉色白中泛灰，微发青，施釉裹足端，积釉处呈青灰色。足底有灰黑色垫饼痕，略呈不规则圆形。口径 13.0、足径 4.6、高 2.7～3.7 厘米（图 4-18，1）。

XWLb：44，釉色白中泛灰，微发青，外底刮釉，内外壁均满布细碎开片，积釉处呈青灰色。足底有灰黑色垫饼痕，略呈不规则圆形。口径 13.2、足径 4.2、高 3.6 厘米（图 4-18，2）。

XWLb：32，粘连于漏斗形匣钵内，釉色白中泛灰，微发青（彩版 4-11，1）。

XWLb：34，粘连于漏斗形匣钵内，釉色白中泛灰，微发青（彩版 4-11，2）。

（4）六葵口外敞，斜弧腹，平底，内底一周凹弦纹，内壁沥粉出筋六道，外壁对应划线六道，外底垫饼垫烧。

XWLb：5，釉色青白，偏白色，外底刮釉，内外壁均满布细碎开片，积釉处呈深青色。外底可见旋坯痕，有灰黑色垫饼痕，略呈圆形。口径 13.0、足径 4.8、高 3.1 厘米（图 4-18，3；彩版 4-10，4）。

XWLb：18，釉色白中泛灰，微发青，外底刮釉，内外壁均满布细碎条状开片，积釉处呈青灰色。内壁粘连有匣钵残余。外底可见旋坯痕，有灰黑色垫饼痕，略呈圆形。口径 13.0、底径 5.1、高 3.0 厘米（图 4-18，4）。

（二）Ⅱ组

1. 青白釉瓷

碗

（1）（侈口），斜弧腹，窄圈足，足墙内角圆凹，内底一周凹弦纹，外底垫饼垫烧。

XWLb：27，内底凸起，足墙内斜，足底略凸。釉色白中泛黄，微发青，施釉至足端，足底有釉斑，积釉处呈青黄色。足底有灰褐色垫饼痕，呈不规则椭圆形。足径 3.9、残高 3.4 厘米（图 4-19，1）。

XWLb：28，釉色青白，施釉至足端，积釉处呈深蓝色。内底凸起，足墙内斜。器身外壁及底足可见旋坯痕，足底有灰褐色垫饼痕。足径 4.0、残高 3.7 厘米（图 4-19，2；彩版 4-12，1）。

XWLb：36，釉色白中泛灰，微发青，施釉至足端，积釉处呈青灰色。足底略凸。器身外壁及底足可见旋坯痕，足底有灰褐色垫饼痕，呈不规则椭圆形。足径 4.2、残高 4.5 厘米（图 4-19，3）。

（2）侈口，斜弧腹，圈足，挖足较浅，足墙内角圆凹，内壁篦划菊纹及之字篦点纹，外底垫饼垫烧。

XWLb：23，釉色青白，微发灰，施釉至足端，积釉处呈青灰色。足底略凸。器身外壁及底足可见旋坯痕，足底有灰褐色垫饼痕，略呈圆形。足径 3.4、残高 3.4 厘米（图 4-19，4；彩版 4-12，2）。

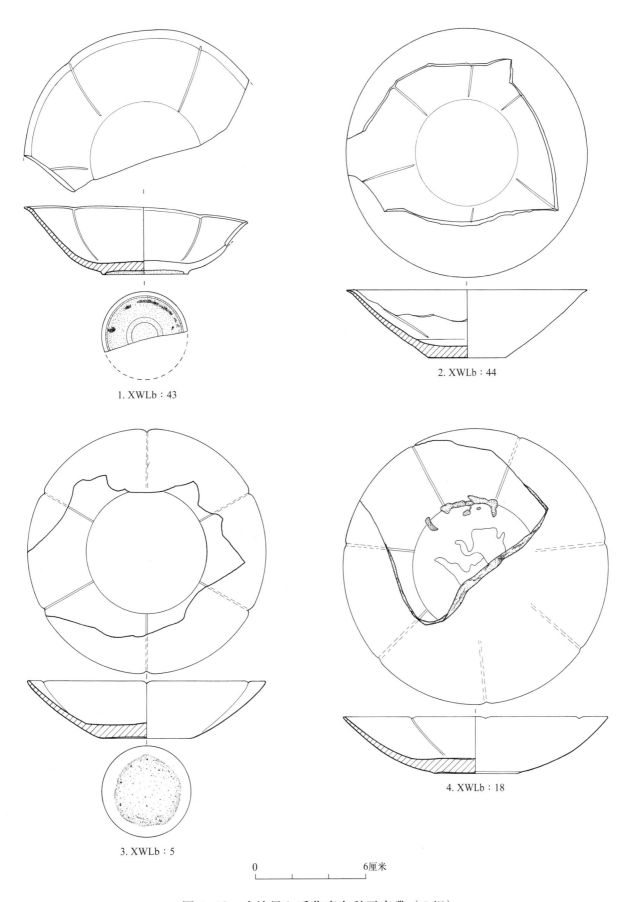

1. XWLb：43

2. XWLb：44

3. XWLb：5

4. XWLb：18

0 ──────── 6厘米

图4-18　小坞里 b 采集青白釉平底碟（Ⅰ组）

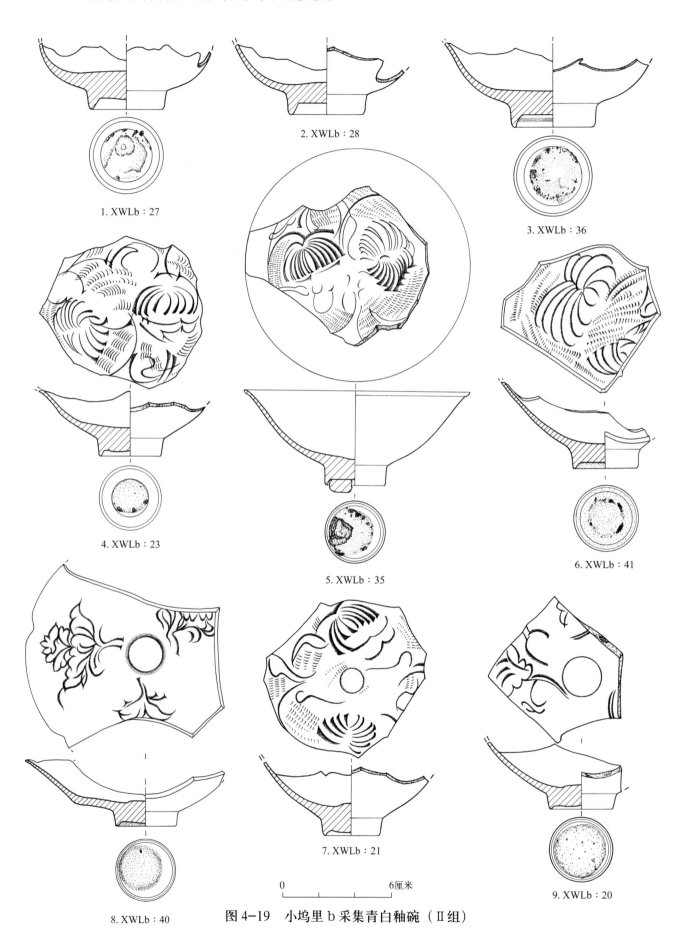

1. XWLb：27

2. XWLb：28

3. XWLb：36

4. XWLb：23

5. XWLb：35

6. XWLb：41

7. XWLb：21

8. XWLb：40

9. XWLb：20

0 ————————— 6厘米

图4-19 小坞里b采集青白釉碗（Ⅱ组）

XWLb：35，釉色青白，微泛灰，施釉至足端，足底部分施釉，积釉处呈深青色。器身外壁及底足可见旋坯痕，足底残留有灰黑色垫饼，略呈圆形。口径 12.4、足径 3.2、高 5.0 厘米（图 4-19，5）。

XWLb：41，釉色白中泛灰，微发青，施釉至足端，内外壁均有开片。足底平，有灰黑色垫饼痕。足径 3.5、残高 4.6 厘米（图 4-19，6）。

XWLb：31，粘连于漏斗形匣钵内，釉色偏青白（彩版 4-11，3）。

（3）斜弧腹，圈足，挖足较浅，内底小圆凸，内壁篦划菊纹及之字篦点纹，外底垫饼垫烧。

XWLb：21，足墙内斜，足底略凸。釉色白中泛灰，微发青，施釉至足端，内外壁均有开片，圈足有釉斑，积釉处呈青灰色。足底有旋坯痕和灰褐色垫饼痕。足径 3.0、残高 3.9 厘米（图 4-19，7；彩版 4-12，3）。

（4）六葵口外敞，斜弧腹，圈足，挖足较浅，内底圆凸，内壁三组划花，外底垫饼垫烧。

XWLb：40，变形。釉色白中泛灰，偏青白，施釉裹足端。底足有灰褐色垫饼痕，呈不规则圆形。口径 13.0、足径 3.3、高 3.5 厘米（图 4-19，8；彩版 4-13，1）。

XWLb：20，釉色白中泛灰，微发青，施釉至足端，积釉处呈青灰色。器身外壁可见修坯痕，足底有灰褐色垫饼痕，略呈圆形。足径 3.4、残高 3.5 厘米（图 4-19，9）。

（5）敞口外撇，斜弧腹。

XWLb：22，釉色青白，残存口沿及腹上部。口径 11.8、残高 3.7 厘米（图 4-20，1）。

（6）敞口或敞口外撇，斜腹，饼足浅挖，内壁篦划菊纹及之字篦点纹，垫饼垫烧。

XWLb：25，釉色青白，外底刮釉，积釉处呈深青色，圈足有釉斑。外壁近足处有一道压棱。底足可见旋坯痕，足底粘连有灰褐色垫饼，呈不规则圆形。足径 3.8、残高 2.2 厘米（图 4-20，2）。

XWLb：26，外壁近足处有一道压棱，足外壁斜收。釉色白中泛灰，微发青，外底刮釉，内壁生烧，有较大面积红色土锈。底足有灰褐色垫饼痕，呈不规则圆形。足径 3.4、残高 4.4 厘米（图 4-20，3）。

XWLb：39，釉色白中泛灰，偏青白，外底刮釉。底足有灰褐色垫饼痕，呈不规则圆形。口径 14.9、足径 3.5、高 5.4 厘米（图 4-20，4；彩版 4-13，2）。

（7）六葵口外敞，斜腹，圈足，足墙内角圆凹，内底小圆凸，内壁沥粉出筋六道，外底垫饼垫烧。

XWLb：15，釉色白中泛黄，微发青，施釉至足端，积釉处呈青黄色。器身外壁及底足可见旋坯痕，足底有灰黑色垫饼痕，呈不规则圆形。口径 14、足径 3.6、高 4.9 厘米（图 4-20，5；彩版 4-13，3）。

（8）六葵口外敞，斜腹微弧，饼足浅挖，内底小圆凸，外底垫饼垫烧。

XWLb：2，内底略凹，足墙内斜。釉色偏青灰，施釉至足端，内外壁均满布细碎的条状开片。足底可见旋坯痕。口径 12.0、足径 3.3、高 4.5 厘米（图 4-20，6；彩版 4-13，4）。

碟

（1）斜弧腹，窄圈足，足墙内角圆凹，内底一周圆凹，外壁六道压棱，垫饼垫烧。

XWLb：24，釉色青白，积釉处呈深青色，外底心刮釉，内外壁均满布条状开片。器身外壁可见旋坯痕，足底有灰褐色垫饼痕，略呈圆形。足径 5.0、残高 2.4 厘米（图 4-21，1；彩版 4-14，1）。

（2）斜弧腹，窄圈足，内底一周凹棱，内壁沥粉出筋六道，垫饼垫烧。

XWLb：29，内底中心略凸。釉色青白，内壁偏白色，外底心刮釉，外壁积釉处呈青色。器身外壁及底足可见旋坯痕，足底有灰褐色垫饼痕。足径 5.0、残高 2.3 厘米（图 4-21，2；彩版 4-14，2）。

平底碟

敞口，斜弧腹，隐圈足内凹，内底一周凹弦纹，内有篦划纹饰，外底垫饼垫烧。

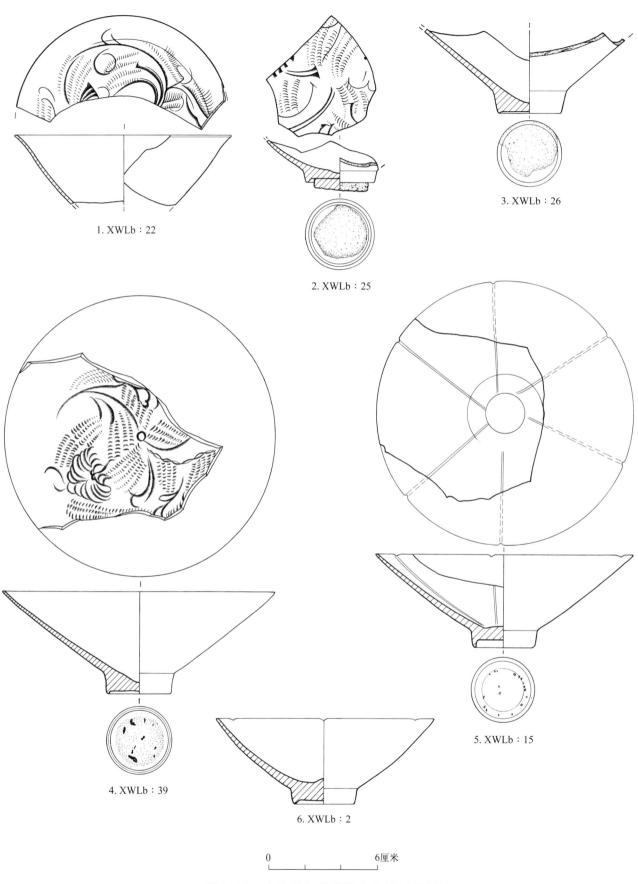

1. XWLb：22

2. XWLb：25

3. XWLb：26

4. XWLb：39

5. XWLb：15

6. XWLb：2

0　　　　　　　　　6厘米

图4-20　小坞里b采集青白釉碗（Ⅱ组）

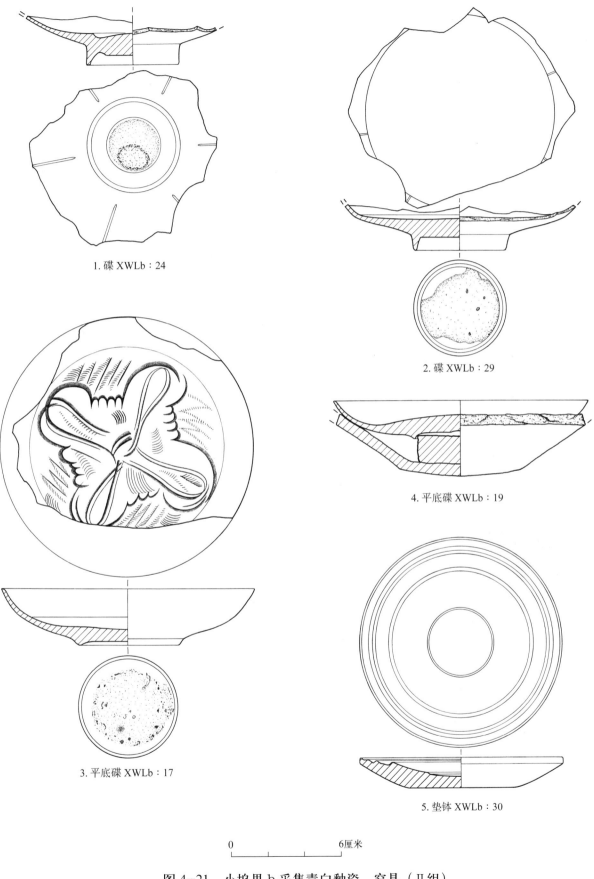

1. 碟 XWLb：24

2. 碟 XWLb：29

4. 平底碟 XWLb：19

3. 平底碟 XWLb：17

5. 垫钵 XWLb：30

0                    6厘米

图 4-21　小坞里 b 采集青白釉瓷、窑具（Ⅱ组）

XWLb：17，釉色青白，偏白色，外底刮釉，内外壁均满布细碎开片。外底可见旋坯痕，有灰黑色垫饼痕，略呈圆形。口径 13.8、底径 5.4、高 3.0 厘米（图 4-21，3；彩版 4-14，3）。

XWLb：19，匣钵底径 6.8、残高 3.3 厘米。器体变形，内底凸起。釉色白中泛灰，微发青，外底刮釉，内外壁均满布细碎条状开片。内底篦划四叶花纹。器身外壁粘连有垫饼和部分匣钵。口径 14.0、足径 5.2、残高 2.0 厘米（图 4-21，4）。

### 2. 窑具

垫钵

XWLb：30，浅盘状，腹较浅，内壁有三道凹槽。白色瓷胎，无釉。内外壁均可见旋坯痕，外底面有灰黑色垫饼痕，呈不规则圆形。口径 11.2、底径 5.8、高 1.6 厘米（图 4-21，5；彩版 4-14，4）。

# 九　小坞里 c1（XWLc1）

## 青白釉瓷

碗

（1）五葵口外敞，斜弧腹，圈足较矮，足墙内斜，足端斜削，内小平底，外壁五道压棱，外底垫饼垫烧。

XWLc1：4，釉色白中泛灰，微发青，施釉至下腹及足端，积釉处呈青灰色。器身外壁及底足可见旋坯痕。口径 12.2、足径 4.5、高 3.4 厘米（图 4-22，1；彩版 4-15，1）。

（2）侈口，斜弧腹，圈足较矮，足墙内斜，足端斜削，外底垫饼垫烧。

XWLc1：9，釉色较白，微发青，施釉至下腹及足端，底足有流釉现象。内壁近底处略凹。器身外壁及底足可见旋坯痕。口径 14.2、足径 4.6、高 4.7 厘米（图 4-22，2；彩版 4-15，2）。

（3）侈口，斜弧腹，圈足较矮，足墙内斜，足端斜削，内底一周凹棱，外底垫饼垫烧。

XWLc1：1，釉色白中泛灰，微发青，施釉至下腹及足端，积釉处呈青灰色。外腹壁粘连有匣钵残余，器身外壁及底足可见旋坯痕。口径 11.8、足径 4.4、高 3.6 厘米（图 4-22，3；彩版 4-15，3）。

（4）唇口，斜弧腹，圈足较矮，足端斜削，挖足很浅，外底及足端支钉支烧，四枚左右。

XWLc1：5，釉色白中泛灰，微发青，施釉至下腹，足底有流釉现象。外壁凸起两道，修坯不平整，内底略凹。器身外壁及底足可见旋坯痕，足底留有两枚支钉痕。口径 11.0、足径 4.6、高 3.8 厘米（图 4-22，4）。

XWLc1：6，釉色白中泛灰，微发青，施釉至下腹，足底有窑斑。外壁凸起两道，修坯不平整，内底略凹。器身外壁及底足可见旋坯痕。口径 11.0、足径 4.0、高 3.7 厘米（图 4-22，5）。

XWLc1：7，釉色白中泛灰，微发青，施釉至下腹，外腹壁有气泡，足底有流釉现象。内壁粘连有匣钵残余，器身外壁及底足可见旋坯痕。口径 11.0、足径 4.6、高 3.6 厘米（图 4-22，6；彩版 4-15，4）。

XWLc1：8，釉色白中泛灰，微发青，施釉至下腹。器身外壁及底足可见旋坯痕。内底粘连窑渣，足底留有四枚支钉痕，两两相对。口径 11.3、足径 3.2、高 4.3 厘米（图 4-22，7）。

平底碟

敞口，斜弧腹，下腹微折，平底，内底一周凹棱，外底垫饼垫烧。

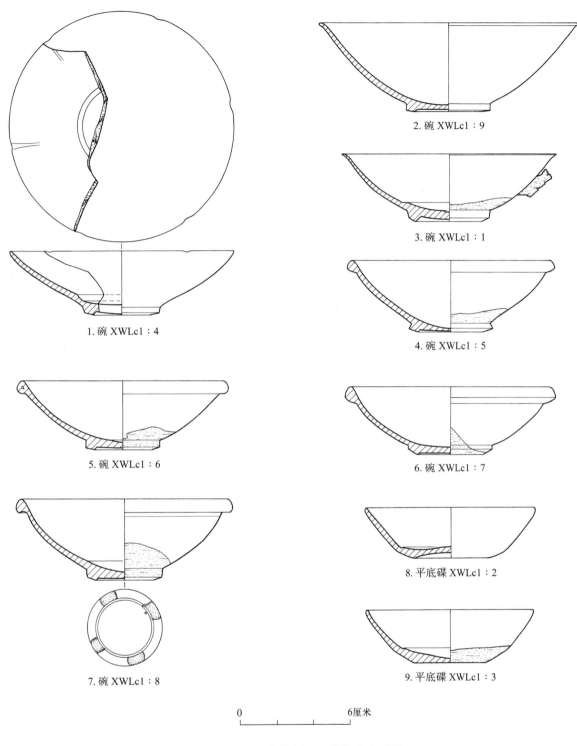

图 4-22　小坞里 c1 采集青白釉瓷

　　XWLc1：2，釉色白中泛灰，微发青，外底刮釉，口沿外壁有流釉现象，积釉处呈青灰色。器身外壁及底足可见旋坯痕，外底留有灰褐色垫饼痕。口径 9.5、底径 4.0、高 2.7 厘米（图 4-22，8；彩版 4-15，5）。

　　XWLc1：3，釉色白中泛灰，微发青，施釉至下腹，口沿外壁有流釉现象，积釉处呈青灰色。器身外壁及底足可见旋坯痕。口径 9.2、底径 4.0、高 2.8 厘米（图 4-22，9）。

# 一〇　小坞里 c2（XWLc2）

## 青白釉瓷

碗

直口微侈，窄唇，深弧腹，高圈足，足墙略外撇，足墙内壁有旋坯痕，外底垫饼垫烧。

XWLc2：1，釉色白中泛灰，微发青，施釉至足，内外壁均满布细碎开片，足底有流釉现象，积釉处呈青灰色。外腹壁有四道修坯痕，较规整，近底处有一道凹弦纹，内底有窑渣残留，足底有釉斑。口径 15.4、足径 6.6、高 7.4 厘米（图 4-23，1；彩版 4-16，1）。

碟

侈口，斜弧腹，饼足浅挖，内底一周凹弦纹，外腹壁可见修坯痕，足底同心圆状旋坯痕，外底垫饼垫烧。

XWLc2：2，釉色青白，偏白色，施釉至足端，积釉处呈青色，足底有灰黑色垫饼痕，呈不规则

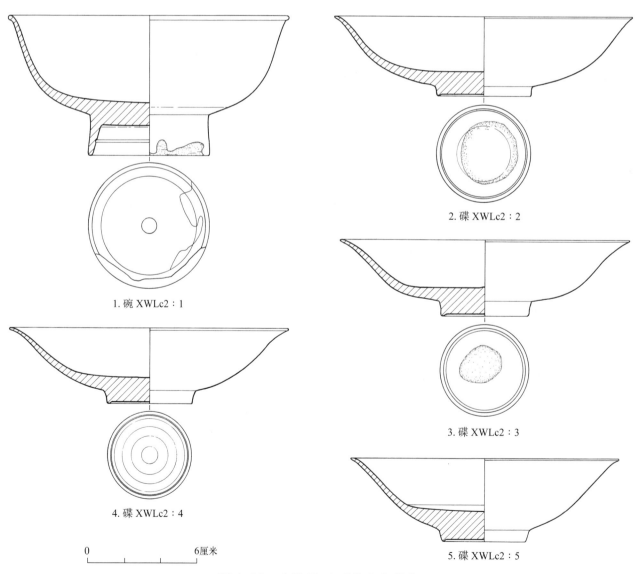

1. 碗 XWLc2：1

2. 碟 XWLc2：2

3. 碟 XWLc2：3

4. 碟 XWLc2：4

0　　　　　　6厘米

5. 碟 XWLc2：5

图 4-23　小坞里 c2 采集青白釉瓷

圆形。口径 16.2、足径 5.2、高 4.2 厘米（图 4-23，2）。

XWLc2：3，釉色白中泛灰，微发青，施釉至足端，内外壁均满布细碎条状开片，足底有釉斑。外腹壁可见两道修坯痕。口径 15.4、足径 4.7、高 4.0 厘米（图 4-23，3）。

XWLc2：4，釉色白中泛灰，微发青，施釉至足端，内外壁均满布细碎条状开片，积釉处呈青灰色。腹部形变，内腹壁粘连有匣钵残余，足底有灰褐色垫饼痕，呈不规则椭圆形。口径 15.8、足径 4.8、高 4.0 厘米（图 4-23，4；彩版 4-16，2）。

XWLc2：5，釉色白中泛灰，微发青，施釉至足端，内外壁均满布细碎条状开片，积釉处呈青灰色。内腹壁残留窑渣，足底有灰褐色垫饼痕。口径 14.6、足径 4.5、高 4.4 厘米（图 4-23，5）。

# 一一 小坞里 d1（XWLd1）

## （一）Ⅰ组

### 青白釉瓷

碗

（侈口），斜弧腹，高圈足，足墙内斜，外底垫饼垫烧。

XWLd1：4，釉色白中泛灰，微发青，施釉裹足端，足底有褐色垫饼痕。足径 5.4、残高 3.8 厘米（图 4-24，1）。

碟

（侈口），斜弧腹，圈足，挖足较浅，内壁刻压印纹饰，外底垫饼垫烧。

XWLd1：3，釉色白中泛灰，偏青白，施釉至足，足底有灰褐色垫饼痕，呈不规则圆形。足径 4.0、残高 2.5 厘米（图 4-24，2）。

平底碟

侈口，斜弧腹，平底，内底一周凹弦纹，内壁沥粉出筋六道，外底垫饼垫烧。

XWLd1：1，釉色白中泛灰，微发青，施釉裹足端，足底有褐色垫饼痕，呈不规则椭圆形。口径 13.2、足径 4.7、高 3.45 厘米（图 4-24，3；彩版 4-16，3）。

## （二）Ⅱ组

### 青白釉瓷

碗

（1）（敞口），斜弧腹，饼足浅挖，内底小圆凸，外底垫饼垫烧。

XWLd1：2，釉色白中泛灰，微发青，施釉至足，足底有褐色垫饼痕，呈不规则圆形。足径 3.2、残高 3.3 厘米（图 4-24，4）。

（2）敞口或敞口外撇，斜腹，饼足浅挖，内壁篦划菊纹及之字篦点纹，外底垫饼垫烧。

XWLd1：5，釉色白中泛灰，微发青，足底有褐色垫饼痕。足径 3.6、残高 3.5 厘米（图 4-24，5；彩版 4-16，4）。

XWLd1：7，釉色白中泛灰，偏青白，施釉至足端，足底有灰褐色垫饼痕。足径 3.6、残高 3.45 厘米（图 4-24，6）。

（3）敞口微侈，斜弧腹，饼足浅挖，内壁篦划纹饰，外底垫饼垫烧。

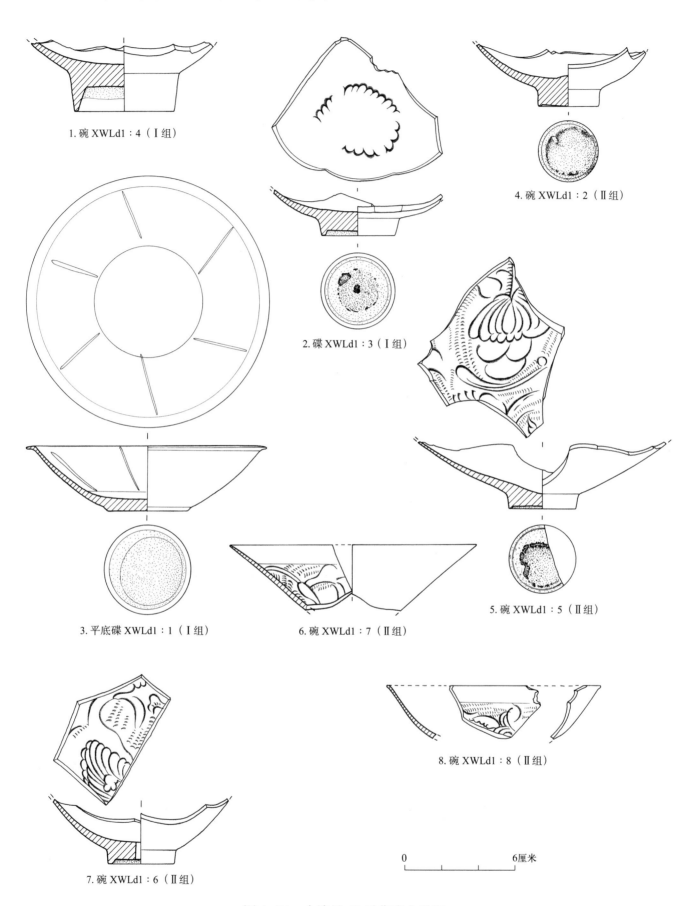

1. 碗 XWLd1：4（Ⅰ组）

2. 碟 XWLd1：3（Ⅰ组）

3. 平底碟 XWLd1：1（Ⅰ组）

4. 碗 XWLd1：2（Ⅱ组）

5. 碗 XWLd1：5（Ⅱ组）

6. 碗 XWLd1：7（Ⅱ组）

7. 碗 XWLd1：6（Ⅱ组）

8. 碗 XWLd1：8（Ⅱ组）

0                    6厘米

图4-24  小坞里d1 采集青白釉瓷

XWLd1：6，釉色白中泛灰，微发青。口径 13.5、残高 3.5 厘米（图 4-24，7）。

XWLd1：8，釉色白中泛灰，偏青白。口径 11.6、残高 2.8 厘米（图 4-24，8）。

# 一二　小坞里 d2（XWLd2）

## 青白釉瓷

碗

（1）敞口，斜弧腹，圈足，足端斜削，内底圆凸较扁，外底垫饼垫烧。

XWLd2：2，釉色白中泛灰，偏青白，施釉至足，足底有褐色垫饼痕。口径 11.4、足径 3.4、高 3.8 厘米（图 4-25，1；彩版 4-17，1）。

（2）（敞口或微侈），斜弧腹，圈足，足墙内斜，内壁刻划纹饰，外壁刻划折扇纹，外底垫饼垫烧。

XWLd2：7，釉色白中泛灰，微发青，施釉至足，内外壁均满布细碎开片。足径 3.8、残高 3.2 厘米（图

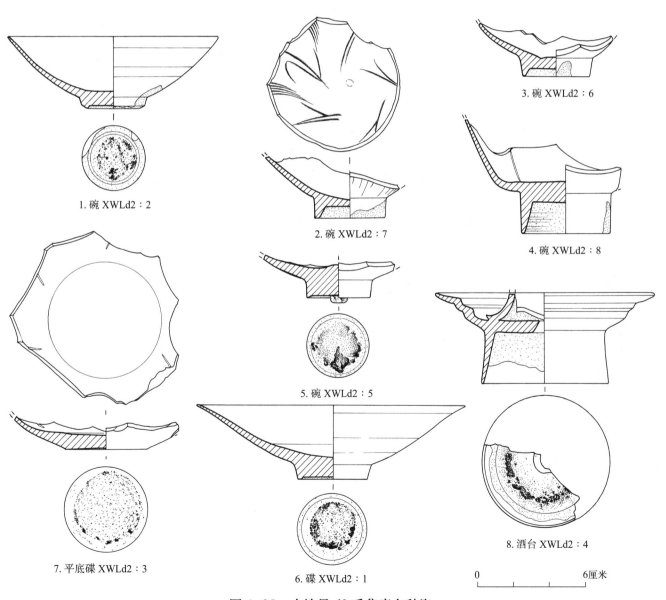

1. 碗 XWLd2：2

2. 碗 XWLd2：7

3. 碗 XWLd2：6

4. 碗 XWLd2：8

5. 碗 XWLd2：5

7. 平底碟 XWLd2：3

6. 碟 XWLd2：1

8. 酒台 XWLd2：4

0　　　　　　　　　6厘米

图 4-25　小坞里 d2 采集青白釉瓷

4-25，2）。

（3）（敞口，宽唇），斜弧腹，圈足，足墙内斜，内底小圆凸，外底垫饼垫烧。

XWLd2：6，釉色白中泛灰，微发青，施釉至足，内外壁均满布细碎开片。足径 3.7、残高 2.8 厘米（图 4-25，3）。

（4）（侈口），深弧腹微折，高圈足，内底一周凹棱作大平底，内壁沥粉出筋，外底垫饼垫烧。

XWLd2：8，釉色白中泛灰，微发青，施釉至足，内外壁均满布细碎开片。足径 4.8、残高 6.0 厘米（图 4-25，4；彩版 4-17，2）。

（5）斜弧腹，饼足浅挖，内底小圆凸，外底垫饼垫烧。

XWLd2：5，釉色白中泛灰，微发青，施釉至足，内外壁均满布细碎开片，足底有灰褐色垫饼残留。足径 3.4、残高 2.25 厘米（图 4-25，5）。

碟

侈口，斜弧腹，近底处微折，内底一周凹弦纹，饼足浅挖，外底垫饼垫烧。

XWLd2：1，釉色白中泛灰，微发青，施釉至足端，足底有褐色垫饼痕，呈不规则圆形。口径 14.6、足径 3.8、高 3.9 厘米（图 4-25，6；彩版 4-17，3）。

平底碟

斜弧腹，平底，内底一周凹弦纹，内壁沥粉出筋六道，外底垫饼垫烧。

XWLd2：3，釉色偏青白，外底刮釉，足底有灰褐色垫饼痕，呈不规则圆形。足径 5.5、残高 1.7 厘米（图 4-25，7）。

酒台

平折沿，折腹，托盘的圈足较高，足墙外撇，底足中间有一个气孔，垫环垫烧。

XWLd2：4，釉色白中泛灰，微泛青，施釉裹足。口径 12.0、足径 7.0、高 4.85 厘米（图 4-25，8）。

# 一三　小坞里 d3（XWLd3）

## 青白釉瓷

碗

（1）敞口，斜弧腹，圈足，足端斜削，挖足较浅，内底圆凸较扁，外底垫饼垫烧。

XWLd3：3，釉色白中泛灰，微发青，施釉至足，外壁可见修坯痕，内外壁均满布细碎开片。口径 11.5、足径 3.8、高 4.05 厘米（图 4-26，1；彩版 4-18，1）。

（2）（敞口或敞口微侈），斜弧腹，圈足，内壁刻划纹饰，外壁刻划折扇纹，外底垫饼垫烧。

XWLd3：5，釉色白中泛灰，微发青，施釉至足，内外壁均满布细碎开片。足径 3.7、残高 3.7 厘米（图 4-26，2；彩版 4-18，2）。

（3）侈口，六葵口，深弧腹微折，高圈足，内底一周凹棱作大平底，内壁沥粉出筋，外底垫饼垫烧。

XWLd3：1，釉色白中泛灰，微发青，施釉至足，内外壁均满布细碎开片。口径 13.8、足径 5.4、高 7.9 厘米（图 4-26，3；彩版 4-18，3）。

碟

（1）斜弧腹，圈足，足墙内斜，内底一周凹弦纹，内刻划纹饰，外底垫饼垫烧。

XWLd3：2，釉色白中泛灰，微发青，施釉至足，内外壁均满布细碎开片。足径 3.7、残高 3.1 厘米（图

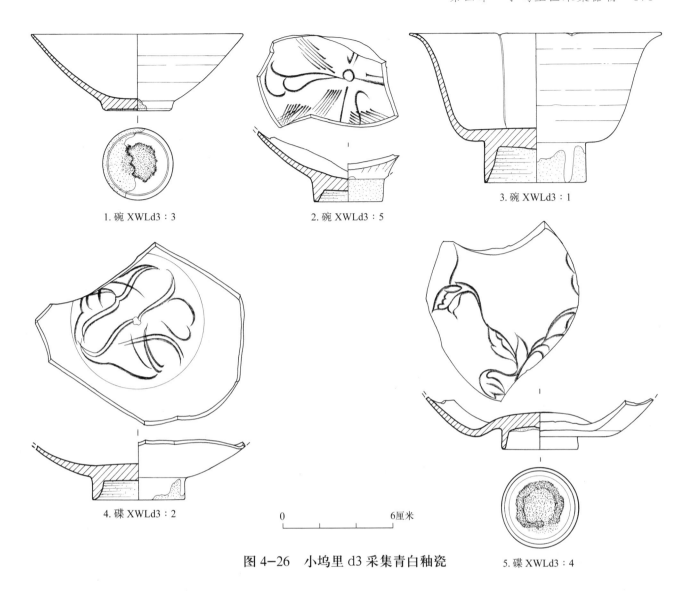

1. 碗 XWLd3：3

2. 碗 XWLd3：5

3. 碗 XWLd3：1

4. 碟 XWLd3：2

0 　　　　　　 6厘米

图 4-26　小坞里 d3 采集青白釉瓷

5. 碟 XWLd3：4

4-26，4；彩版 4-18，4）。

（2）斜弧腹，圈足，内壁刻划纹饰，外底垫饼垫烧。

XWLd3：4，釉色白中泛灰，微发青，施釉至足，外壁可见修坯痕。足径 4.2、残高 2.75 厘米（图 4-26，5；彩版 4-18，5）。

# 一四　小坞里 d4（XWLd4）

## 青白釉瓷

碗

（1）敞口微侈，窄唇口，深弧腹，（高圈足）。

XWLd4：1，釉色白中泛灰，微发青。残长 14.5、残高 8.7 厘米（图 4-27，1）。

（2）敞口，斜弧腹，圈足，内壁刻划简化纹饰，外壁刻划折扇纹，外底垫饼垫烧。

XWLd4：2，釉色白中泛灰，微发青，施釉至足。口径 12.0、足径 4.0、高 6.0 厘米（图 4-27，2；彩版 4-17，4）。

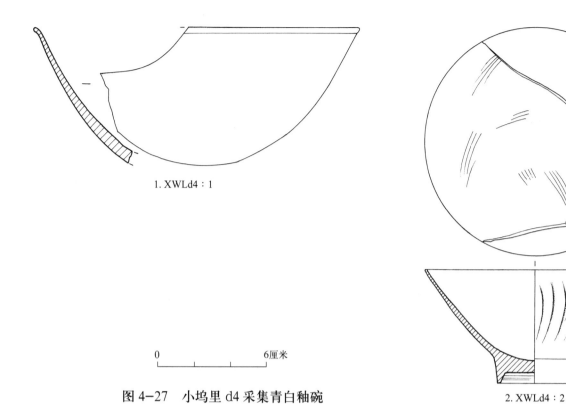

1. XWLd4：1

0　　　　　　6厘米

图 4-27　小坞里 d4 采集青白釉碗

2. XWLd4：2

# 一五　小坞里 e（XWLe）

## 青白釉瓷

碗

（1）敞口，斜弧腹，圈足较矮，足端斜削，挖足较浅，外底及足端支钉支烧。

XWLe：16，釉色白中泛灰，微发青，施釉至下腹。外底足留有四枚支钉痕，两两相对。口径 11.8、足径 4.6、高 3.5 厘米（图 4-28，1；彩版 4-19，1）。

XWLe：17，釉色白中泛灰，微发青，施釉至下腹。器身可见修坯痕。口径 11.6、足径 4.3、高 3.8 厘米（图 4-28，2）。

（2）唇口，斜弧腹，矮圈较矮，足端斜削，挖足较浅，外底及足端支钉支烧。

XWLe：19，釉色白中泛灰，微发青，施釉至下腹。器身可见修坯痕。口径 12.2、足径 4.4、高 3.6 厘米（图 4-28，3）。

XWLe：20，釉色白中泛灰，微发青，施釉至下腹，内外壁均满布细碎开片。口径 11.4、足径 4.4、高 3.7 厘米（图 4-28，4；彩版 4-19，2）。

（3）侈口，斜弧腹，圈足，挖足较浅，足端斜削，内底圆凸，外壁刻划莲瓣纹，外底垫饼垫烧。

XWLe：1，圆唇，釉色白中泛灰，微发青，施釉至足，足底有灰褐色垫饼痕。口径 14.0、足径 5.0、高 4.4 厘米（图 4-28，5；彩版 4-19，3）。

XWLe：2，足墙刮削不平整，足底有两道旋痕。釉色白中泛灰，微发青，施釉至足。口径 14.0、足径 5.0、高 5.2 厘米（图 4-28，6）。

（4）侈口，斜弧腹，圈足，足端斜削，内底圆凸，外底垫饼垫烧。

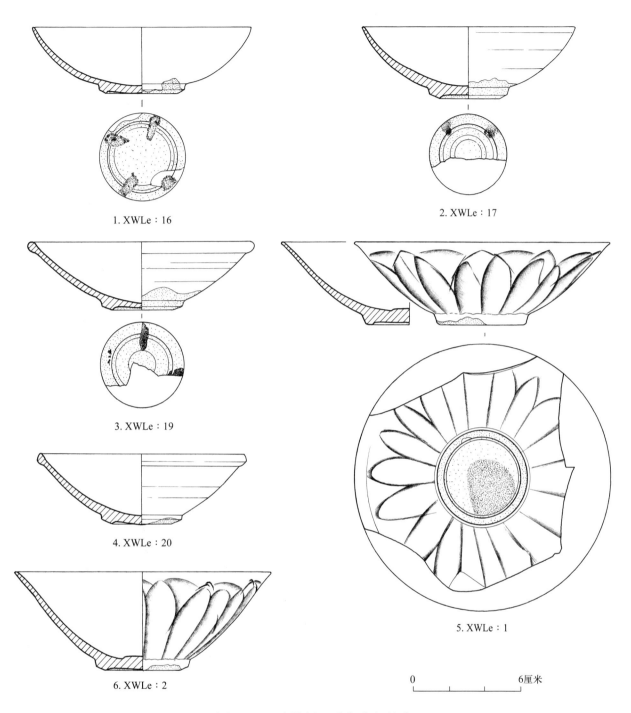

1. XWLe：16

2. XWLe：17

3. XWLe：19

4. XWLe：20

5. XWLe：1

6. XWLe：2

0        6厘米

图 4-28　小坞里 e 采集青白釉碗

XWLe：12，釉色白中泛灰，微发青，施釉至足。器身可见修坯痕。口径 14.2、足径 5.0、高 4.7
厘米（图 4-29，1）。

XWLe：13，略变形。釉色白中泛灰，微发青，施釉至足，底足有流釉现象。足径 5.0、高 4.6厘米（图
4-29，2；彩版 4-19，4）。

XWLe：15，釉色白中泛灰，微发青，施釉至足。口径 12.1、足径 4.0、高 4.5厘米（图 4-29，3）。

XWLe：14，釉色白中泛灰，微发青，施釉至足。口径 11.9、足径 3.6、高 4.55厘米（图 4-29，4）。

（5）侈口作花口，斜弧腹，圈足，内小平底，足墙内斜，外壁压棱，内壁对应凸起。

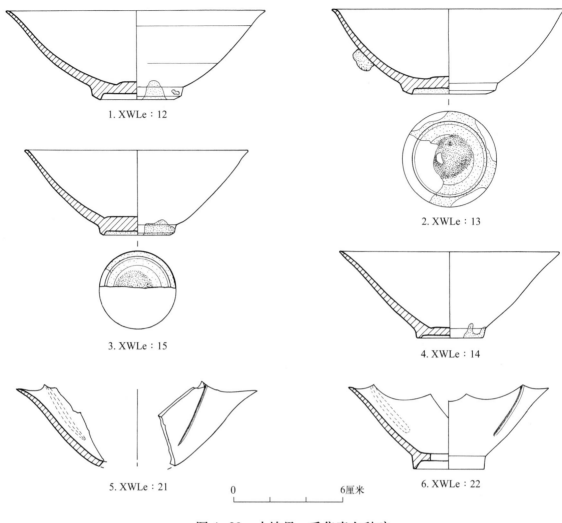

1. XWLe：12

2. XWLe：13

3. XWLe：15

4. XWLe：14

5. XWLe：21

6. XWLe：22

0　　　　　　6厘米

图4-29　小坞里e采集青白釉碗

XWLe：21，釉色白中泛灰，偏青白。残高5.8厘米（图4-29，5）。

XWLe：22，釉色白中泛灰，微发青。口径10.8、足径3.8、高4.3厘米（图4-29，6；彩版4-20，1）。

盖碗

（1）（直口），深弧腹，窄圈足较高，内底一周凹棱作大平底，外壁刻划蕉叶纹，外底垫饼垫烧。

XWLe：4，釉色较白，纹饰及足端处积釉，施釉裹足端，积釉处微泛青色。足底流釉，有褐色垫饼痕。足径6.8、残高3.5厘米（图4-30，1；彩版4-20，2）。

（2）直口略作唇口，深弧腹，圈足较高，内底一周凹棱作大平底，外底垫饼垫烧。

XWLe：5，釉色白中泛灰，施釉裹足端，积釉处微泛青色。口径11.1、足径6.6、高6.3厘米（图4-30，2；彩版4-20，3）。

碟

（1）敞口微侈，折腹，圈足，足墙内斜，内底一周凹棱，外底垫饼垫烧。

XWLe：18，釉色白中泛灰，微发青，施釉至下腹。口径11.7、足径5.5、高4.15厘米（图4-30，3；彩版4-20，4）。

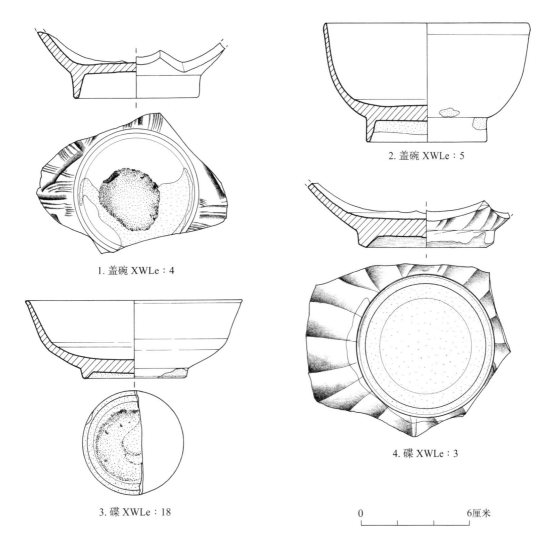

1. 盖碗 XWLe：4

2. 盖碗 XWLe：5

3. 碟 XWLe：18

4. 碟 XWLe：3

0 ⊢——┼——┤ 6厘米

图 4-30　小坞里 e 采集青白釉瓷

（2）（敞口微侈），斜弧腹微折，圈足，足墙内斜，足端斜削，内底一周凹棱作大平底，外壁刻划莲瓣纹，外底垫饼垫烧。

XWLe：3，釉色白中泛灰，偏青白，施釉至下腹。足底有旋坯痕。足径7.4、残高3.5厘米（图4-30，4；彩版4-21，1）。

平底碟

敞口，折腹，平底，内底一周凹棱，外底垫饼垫烧。

XWLe：7，釉色白中泛灰，微发青，施釉至下腹，有流釉现象，内外壁均满布细碎开片。口径10.0、底径4.0、高2.8厘米（图4-31，1）。

XWLe：8，釉色白中泛灰，微发青，施釉至下腹，器身可见旋痕。口径9.75、足径4.3、高2.35厘米（图4-31，2）。

XWLe：10，釉色白中泛灰，微发青，底足刮釉，器身可见旋痕。口径13.1、足径5.7、高4.3厘米（图4-31，3；彩版4-21，2）。

XWLe：11，釉色白中泛灰，微发青，底足刮釉，器身可见旋痕，足底有灰褐色垫饼痕。口径13.4、底径5.55、高4.0厘米（图4-31，4）。

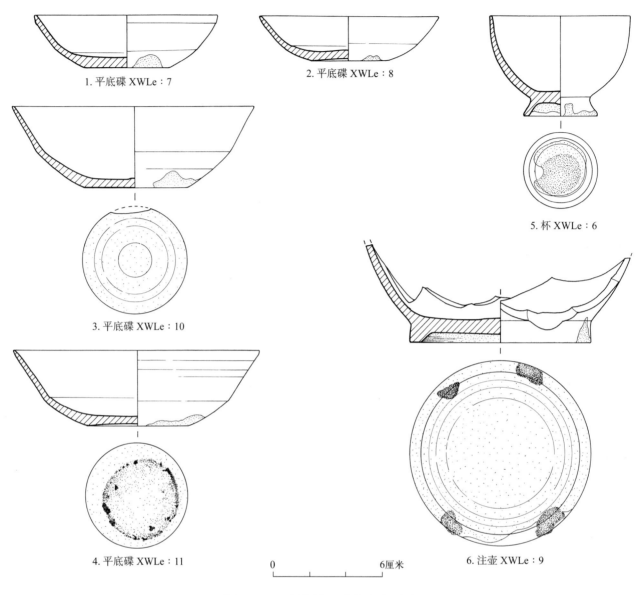

1. 平底碟 XWLe：7

2. 平底碟 XWLe：8

5. 杯 XWLe：6

3. 平底碟 XWLe：10

4. 平底碟 XWLe：11

0　　　　　　6厘米

6. 注壶 XWLe：9

**图 4-31　小坞里 e 采集青白釉瓷**

杯

直口，深弧腹，圈足外撇，外底垫饼垫烧。

XWLe：6，釉色白中泛灰，微发青，施釉至足或裹足。口径 7.6、足径 4.0、高 5.3 厘米（图 4-31，5；彩版 4-21，3）。

注壶

深弧腹，圈足，足墙内斜，足端支钉支烧。

XWLe：9，釉色白中泛灰，微发青，施釉至足。足端有四枚支钉痕迹，两两相对。足径 9.8、残高 5.2 厘米（图 4-31，6；彩版 4-21，4）。

# 第五章　银坑外区采集器物

## 一　满坑坞 a（MKWa）

### （一）Ⅰ组

**青白釉瓷**

碗

（1）斜弧腹，内底一周凹棱，圈足较窄，外壁压棱五道，外壁有修坯痕，使用支钉叠烧，五枚。

MKWa：8，釉色偏白，施釉裹足端，近底部及外足墙可见抓痕，外底可见支钉痕五枚。足径5.8、残高4.2厘米（图5-1，1；彩版5-1，1）。

（2）斜弧腹，圈足较窄，外壁有修坯痕，外底有同心圆状旋坯痕，外底支钉支烧，五枚左右。

MKWa：9，釉色偏白，施釉裹足端，外底可见支钉痕五枚。足径6.6、残高3.8厘米（图5-1，2；彩版5-2，1）。

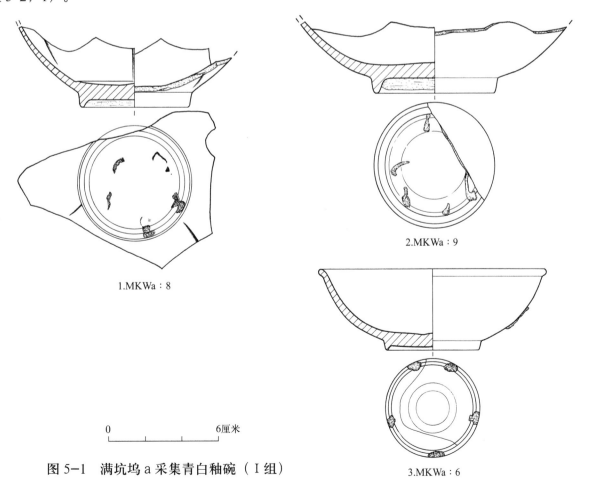

1.MKWa：8

2.MKWa：9

3.MKWa：6

0 　　　　　　　6厘米

图5-1　满坑坞 a 采集青白釉碗（Ⅰ组）

（3）窄唇口，斜弧腹，圈足较窄，外壁有修坯痕，外底有同心圆状旋坯痕，足端支钉支烧，五枚左右。

MKWa：6，釉色偏白，施釉至足端，修坯不平整，外壁粘连匣钵残片，挖足浅，足端支钉五枚延至外壁。口径12.6、足径5.2、高4.3厘米（图5-1，3；彩版5-2，2）。

碟

（1）侈口五葵口，斜弧腹，内底一周凹棱作大平底，窄圈足，圈足内斜，外壁有旋坯痕，外底支钉支烧。

MKWa：3，釉色偏白，施釉裹足端，外壁粘连匣钵残片，外足墙可见抓痕两处，外底可见支钉痕两枚。口径16.4、足径8.6、高3.6厘米（图5-2，1；彩版5-1，2）。

（2）五葵口外敞，斜弧腹，内底一周凹棱作大平底，圈足，外壁压棱五道，足端松子状支钉叠烧，十二枚左右。

MKWa：7，釉色偏白，足端刮釉，内底可见松子状支钉痕十二枚，足端十一枚。口径14.8、足径6.8、高4.2厘米（图5-2，2；彩版5-2，3）。

MKWa：2，釉色偏白，满釉，内底部分支钉外周有放射状开片，外壁粘连同类器多件，近底处可见抓痕两处，内底和足端可见松子状支钉痕各十二枚。足径7.0、残高4.1厘米（图5-2，3；彩版5-1，3）。

## （二）Ⅱ组

### 青白釉瓷

碗

（1）斜弧腹，内底一周凹棱作平底，圈足，足墙内斜，内壁有旋坯痕，外底垫饼垫烧。

MKWa：11，釉色白中泛黄，施釉至足，外壁近底部有跳刀痕，可见抓痕三处。足径7.0、残高4.8厘米（图5-3，1；彩版5-1，4）。

（2）唇口，斜弧腹，圈足，足墙内斜，外底及足端支钉支烧。

MKWa：12，釉色白中泛灰，施釉至下腹，内壁釉面可见竖条状开片，外壁粘连匣钵，外底及足端可见支钉痕一枚。口径12.2、足径4.0、高3.7厘米（图5-3，2；彩版5-3，1）。

碟

（侈口），斜弧腹，内底一周凹棱，圈足，足墙内斜，外壁刻削莲瓣纹，外底有同心圆状旋坯痕，外底垫饼垫烧。

MKWa：13，釉色青白泛灰，施釉至足，釉面有细密开片，足壁交界处有刻划莲瓣形成的刀痕，挖足极浅，外底有垫烧痕。足径6.8、残高3.8厘米（图5-3，3）。

平底碟

（1）五葵口外敞，斜弧腹，内底一周凹棱，平底稍内凹，外壁压棱五道，外壁有修坯痕，外底垫饼垫烧。

MKWa：1，釉色白中泛灰，外壁上部有流釉现象，外底刮釉，局部施釉不及底，外底粘连垫饼残渣。口径10.0、足径4.4、高2.7厘米（图5-3，4；彩版5-3，2）。

MKWa：4，假圈足，釉色白中泛青，外底刮釉，近底处可见抓痕六处，外底有同心圆状旋坯痕。口径9.8、足径4.3、高2.5厘米（图5-3，5；彩版5-3，3）。

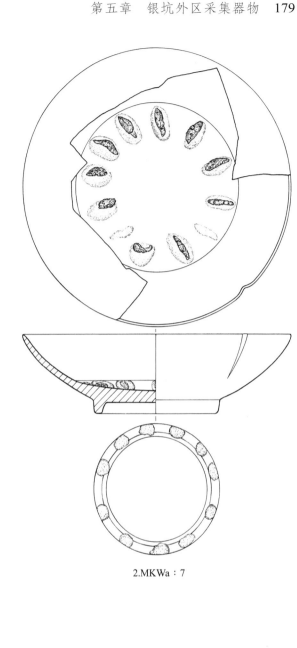

1.MKWa：3

2.MKWa：7

3.MKWa：2

0 　　　　　　　　6厘米

图 5-2　满坑坞 a 采集青白釉碟（Ⅰ组）

（2）敞口，斜弧腹，内底一周凹棱，平底稍内凹，外底有同心圆状旋坯痕，外底垫饼垫烧。

MKWa：10，釉色白中泛灰，外底刮釉，外壁釉面局部开片，内外壁少量棕眼。口径 10.4、足径 4.8、高 2.4 厘米（图 5-3，6）。

器盖

盖顶隆起较高，纽外饰一周弦纹，沿面短且微上翘，沿下设子口，内壁有同心圆状旋坯痕，旋削不平整。

MKWa：5，釉色白中泛黄，施釉至沿，内壁旋削不平整。盖径 16.8、子口径 12.2、通高 6.1 厘米（图 5-3，7；彩版 5-3，4）。

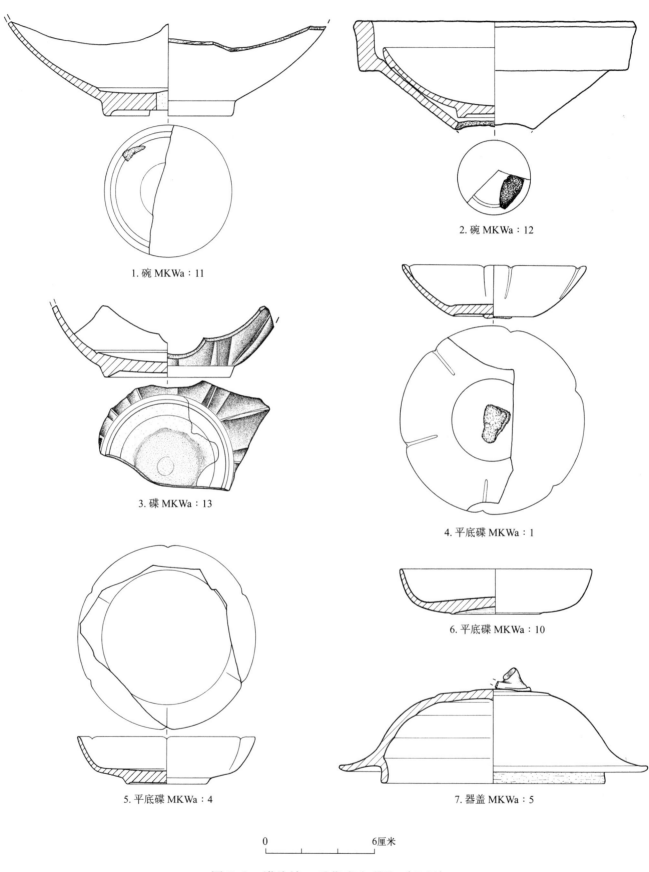

1. 碗 MKWa：11

2. 碗 MKWa：12

3. 碟 MKWa：13

4. 平底碟 MKWa：1

5. 平底碟 MKWa：4

6. 平底碟 MKWa：10

7. 器盖 MKWa：5

0　　　　　　6厘米

图 5-3　满坑坞 a 采集青白釉瓷（Ⅱ组）

# 二　满坑坞 b（MKWb）

## 青白釉瓷

碗

（1）（直口），深弧腹，窄圈足稍高，修坯不规整，外底有同心圆状旋坯痕，外底垫饼垫烧。

MKWb：4，釉色青白泛灰，施釉裹足端且不均匀，外底有垫烧痕。足径 6.6、残高 3.7 厘米（图 5-4，1）。

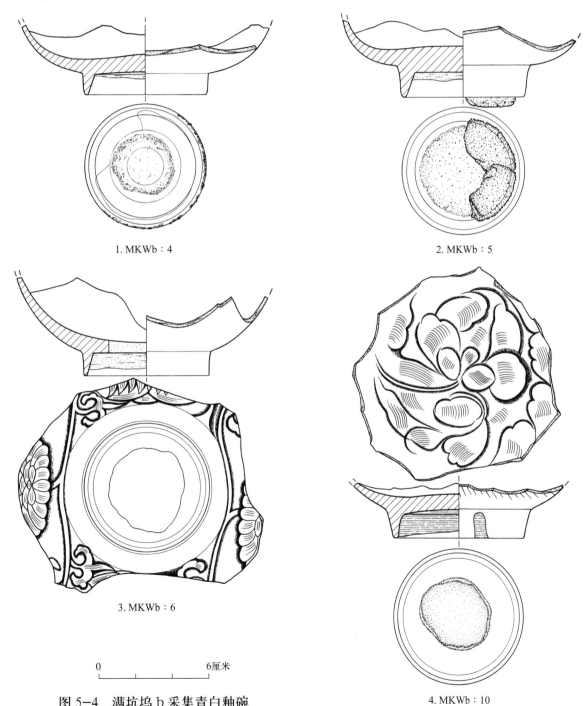

1. MKWb：4

2. MKWb：5

3. MKWb：6

4. MKWb：10

0　　　　　　6厘米

图 5-4　满坑坞 b 采集青白釉碗

MKWb：5，釉色白中泛黄，施釉裹足端，内底有大量小气孔，外壁有修坯痕，外底粘连垫饼残块。足径6.7、残高4.1厘米（图5-4，2；彩版5-4，1）。

（2）（直口），深弧腹，窄圈足稍高，外壁刻划缠枝牡丹纹，外底垫饼垫烧。

MKWb：6，釉色白中泛青，施釉裹足端。足径6.8、残高5.2厘米（图5-4，3；彩版5-4，2）。

（3）（直口），深弧腹，窄圈足稍高，内底刻划牡丹纹，外壁划折扇纹，外底垫饼垫烧。

MKWb：10，釉色白中泛灰绿，积釉处较绿，施釉裹足端且不均匀，釉面有开片，足墙内侧有挖足旋痕，外底有垫烧痕。足径7.2、残高2.9厘米（图5-4，4）。

MKWb：11，釉色白中泛灰绿，积釉处较绿，施釉裹足端且不均匀，釉面有开片，足墙内侧有挖足旋痕，外底有垫烧痕。足径7.0、残高2.5厘米（图5-5，1）。

（4）（直口），深弧腹，内底一周大凹棱，窄圈足稍高，外壁刮削菊瓣纹，外底垫饼垫烧。

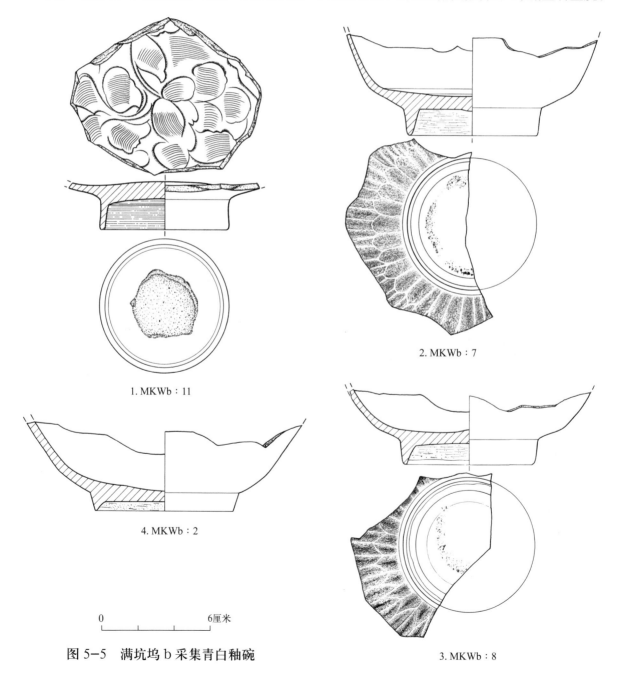

1. MKWb：11

2. MKWb：7

4. MKWb：2

0　　　　　6厘米

图5-5　满坑坞 b 采集青白釉碗

3. MKWb：8

MKWb：7，生烧，釉色偏黄，施釉裹足端，足壁交界处有削菊瓣纹留下的斜向刀痕，足墙内侧有挖足旋痕。足径 7.0、残高 5.3 厘米（图 5-5，2）。

MKWb：8，釉色白中泛青，施釉裹足端，釉面有开片，外底有垫烧痕。足径 7.2、残高 4.0 厘米（图 5-5，3；彩版 5-4，3）。

（5）（敞口），斜弧腹，窄圈足，内足墙倾斜，外底有同心圆状旋坯痕，外底垫饼垫烧。

MKWb：2，釉色白中泛灰，施釉裹足端，外壁满布细密开片，内壁满布褐色窑渣，挖足较浅。足径 7.6、残高 4.7 厘米（图 5-5，4）。

平底碟

（1）斜弧腹，内底一周凹棱，隐圈足稍内凹，外底有同心圆状旋坯痕，外底垫饼垫烧。

MKWb：3，釉色白中泛黄，外底刮釉，釉面满布细密开片，外壁有修坯痕。足径 6.5、高 2.3 厘米（图 5-6，1；彩版 5-4，4）。

MKWb：1，釉色白中泛黄，外底刮釉，釉面有细密开片，内底可见少量窑渣和棕眼。足径 5.8、高 2.3 厘米（图 5-6，2）。

（2）斜弧腹，内底一周凹棱，平底稍内凹，外壁刻削莲瓣纹，外底有同心圆状旋坯痕，外底垫饼垫烧。

MKWb：9，釉色白中泛黄，内底偏黄，外底刮釉，釉面有开片，外底有垫烧痕。足径 6.4、残高 1.7 厘米（图 5-6，3；彩版 5-4，5）。

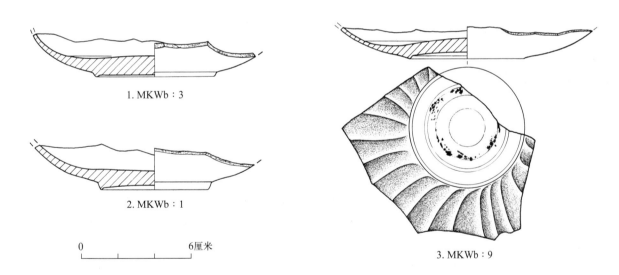

1. MKWb：3

2. MKWb：1

0　　　　　　6厘米

3. MKWb：9

图 5-6　满坑坞 b 采集青白釉平底碟

# 三　南山下 a（NSXa）

## （一）Ⅰ组

### 青白釉瓷

碗

（1）侈口，斜弧腹，器底较厚，窄圈足外撇，外底垫饼垫烧。

NSXa：2，釉色白中泛青，施釉至足，足端斜削，外壁有旋坯痕。口径13.6、足径3.8、高5.6厘米（图5-7，1）。

NSXa：8，釉色白中泛青，积釉处青白色，施釉至足，釉面满布长条状开片，足壁交界处修坯内凹，外底边缘斜削。口径13.2、足径3.8、高4.8厘米（图5-7，2；彩版5-5，1）。

NSXa：10，釉色白中泛青，内壁泛灰，施釉裹足，釉面有长条状开片。足径4.5，残高4.2厘米（图5-7，3）。

（2）（侈口），斜弧腹，窄圈足，内壁沥粉出筋，内底小圆凸，外底垫饼垫烧。

NSXa：12，内壁沥粉出筋两条，釉色青白，施釉裹足端，内壁满布长条状开片，外壁开片细密，外底有垫烧痕。足径3.6、残高3.6厘米（图5-7，4；彩版5-5，2）。

碟

（1）（侈口），斜弧腹，器底较厚，圈足，挖足较浅，外底垫饼垫烧。

NSXa：6，釉色白中泛青，施釉至足且不均匀，外壁有粘连，修坯、挖足不甚规整，外底有垫烧痕。足径4.5、残高3.6厘米（图5-7，5；彩版5-5，3）。

NSXa：11，圈足较厚，足端宽平，釉色白中泛青，施釉至足，外壁有修坯痕，近底部有跳刀痕，外底有垫烧痕。足径4.0、残高2.7厘米（图5-7，6）。

（2）（侈口），斜弧腹，圈足，挖足较浅，内底印菊瓣纹，内有"吉"字，外底垫饼垫烧。

NSXa：16，釉色白中泛青，施釉至足，外底有垫烧痕。足径4.0、残高3.0厘米（图5-7，7；彩版5-5，4）。

（3）敞口，斜弧腹，内底一周凹棱，饼足浅挖，外底垫饼垫烧。

NSXa：1，口沿外侧斜削一圈，釉色白中泛黄，外底无釉，内外壁有棕眼，外底有垫烧痕。口径14.6、足径4.3、高4.2厘米（图5-7，8；彩版5-6，1）。

## （二）Ⅱ组

### 1. 青白釉瓷

碗

（1）侈口或六葵口，弧腹，内底一周凹弦纹，窄圈足，足墙内角圆折，外底垫饼垫烧。

NSXa：3，釉色白中泛灰，外底无釉，外壁粘连匣钵残片，近底部有跳刀痕，外底有垫烧痕。口径12.4、足径4.0、高4.5厘米（图5-8，1）。

NSXa：9，釉色白中泛青，外底无釉，外壁粘连匣钵残片，外底有垫烧痕。口径13.0、足径4.3、高3.7厘米（图5-8，2；彩版5-6，2）。

（2）敞口或敞口外撇，斜腹，饼足浅挖，内壁刻划篦地水菊纹，外底垫饼垫烧。

NSXa：5，釉色白中泛黄，外底无釉，外壁近底部可见抓痕两处，外底有垫烧痕。口径13.4、足径3.8、高5.5厘米（图5-8，3）。

NSXa：15，釉色青白泛灰，外底无釉，外壁近底部可见抓痕一处，外底粘连垫饼。口径13.8、足径4.0、高4.7厘米（图5-8，4）。

NSXa：4，釉色青白泛灰，外底无釉，外壁近底部可见抓痕两处，外底有垫烧痕。口径14.4、足径3.6、高4.6厘米（图5-9，1）。

NSXa：13，釉色白中泛黄，外底无釉，釉面有少量开片，内外壁有大量棕眼，外底有垫烧痕。

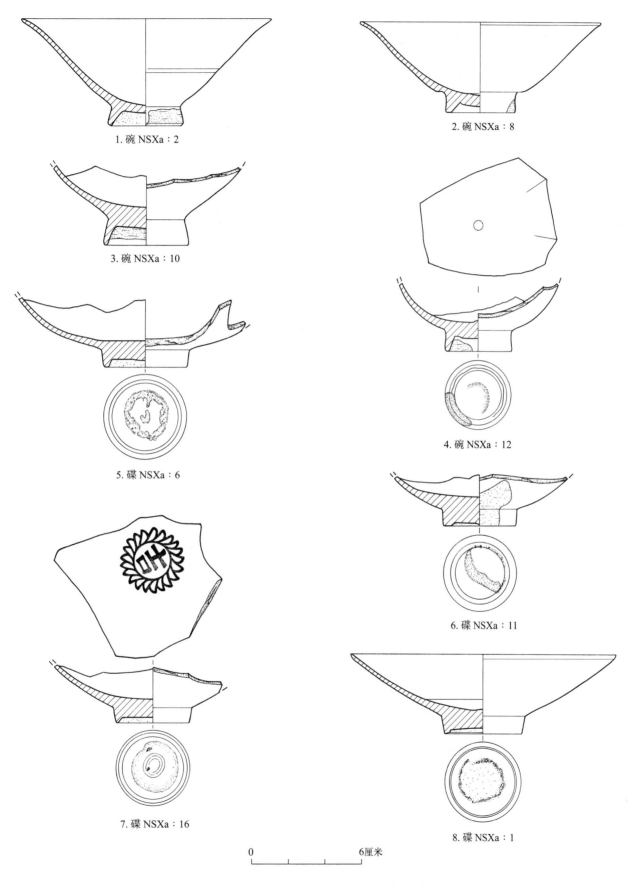

1. 碗 NSXa：2

2. 碗 NSXa：8

3. 碗 NSXa：10

4. 碗 NSXa：12

5. 碟 NSXa：6

6. 碟 NSXa：11

7. 碟 NSXa：16

8. 碟 NSXa：1

0 　　　　　　 6厘米

图 5-7　南山下 a 采集青白釉瓷（Ⅰ组）

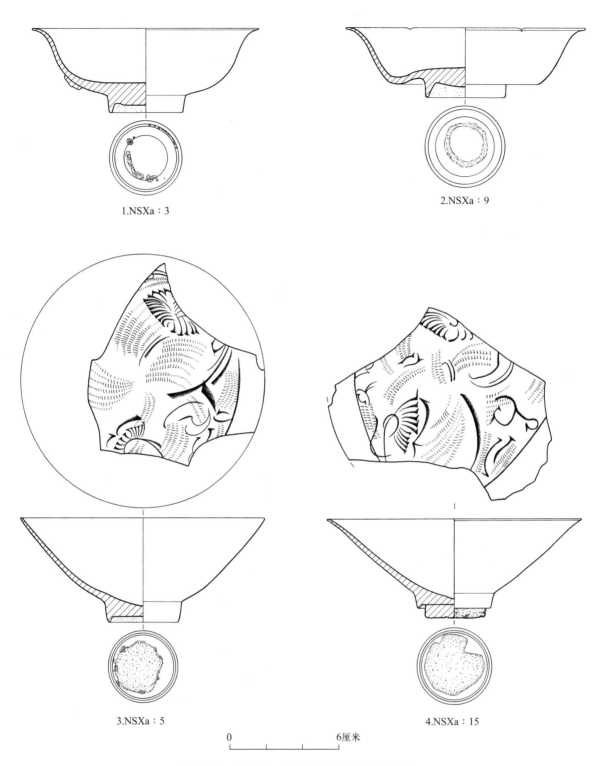

1.NSXa：3　　　　　　　　　　　　　　2.NSXa：9

3.NSXa：5　　　　　　　　　　　　　　4.NSXa：15

0　　　　　　　6厘米

图5-8　南山下a采集青白釉碗（Ⅱ组）

口径15.2、足径4.0、高4.6厘米（图5-9，2）。

　　NSXa：14，釉色白中泛黄，外底无釉，外壁有较多棕眼，外底有垫烧痕。口径15.8、足径3.8、高4.0厘米（图5-9，3；彩版5-6，3）。

　　**2. 窑具**

1. 碗 NSXa：4

2. 碗 NSXa：13

3. 碗 NSXa：14

4. 垫钵 NSXa：7

0　　　　　　　　6厘米

图 5-9　南山下 a 采集青白釉瓷、窑具（Ⅱ组）

垫钵

敞口，腹壁斜直，内壁三道凹槽，内底心下凹，平底略内凹，外壁有旋坯痕，外底有同心圆状旋坯痕。

NSXa：7，外壁上腹部一折棱，白色瓷胎，粘连匣钵残片。口径 12.2、底径 6.1、高 4.2 厘米（图 5-9，4；彩版 5-6，4）。

# 四　南山下 b（NSXb）

## （一）Ⅰ组

### 青白釉瓷

碗

侈口，六葵口，斜弧腹，窄圈足，内壁沥粉出筋六道，内底小圆凸，外壁划线六道，外底垫饼垫烧。

NSXb：4，釉色白中泛青，施釉裹足端，外底粘连垫饼。口径10.6、足径3.4、高4.4厘米（图5-10，1；彩版5-7，1）。

碟

（1）（侈口），斜弧腹，内底一周凹棱，圈足，外壁有修坯痕，外底垫饼垫烧。

NSXb：1，釉色白中泛青，施釉至足，挖足较浅，外底有垫烧痕。足径4.1、残高3.2厘米（图5-10，2）。

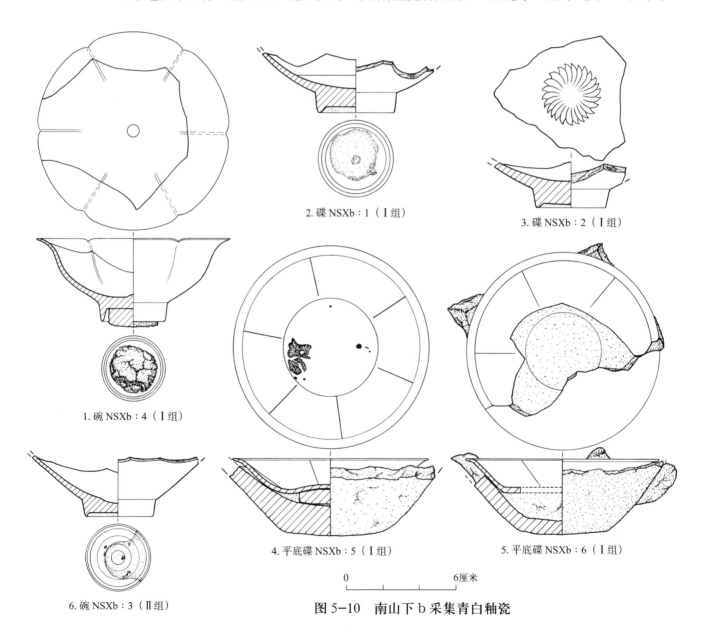

2. 碟 NSXb：1（Ⅰ组）

3. 碟 NSXb：2（Ⅰ组）

1. 碗 NSXb：4（Ⅰ组）

4. 平底碟 NSXb：5（Ⅰ组）

5. 平底碟 NSXb：6（Ⅰ组）

0　　　　　　6厘米

6. 碗 NSXb：3（Ⅱ组）

图 5-10　南山下 b 采集青白釉瓷

（2）（侈口），斜弧腹，圈足，内底压印菊瓣纹，外底垫饼垫烧。

NSXb：2，釉色白中泛黄，施釉至足，内壁满布长条状开片，外壁近底部可见抓痕两处，挖足较浅。足径3.8、残高2.4厘米（图5-10，3；彩版5-7，2）。

平底碟

侈口，斜弧腹，内底一周凹弦纹，内壁沥粉出筋六道，外壁划线六道，外底垫饼垫烧。

NSXb：5，釉色白中泛青，土沁形成分布均匀的黄色，外底刮釉，外壁粘连匣钵。口径11、残高1.6厘米（图5-10，4；彩版5-7，3）。

NSXb：6，釉色白中泛青，外壁粘连匣钵。口径10.8、足径4.6、高1.9厘米（图5-10，5）。

## （二）Ⅱ组

### 青白釉瓷

碗

（侈口），斜腹，饼足浅挖，内底刻划篦地水菊纹，外底垫饼垫烧。

NSXb：3，釉色白中泛青，外底无釉，外底有垫烧痕。足径3.7、残高3.2厘米（图5-10，6）。

# 五　渡峰坑（DFK）

## （一）Ⅰ组

### 青白釉瓷

碗

（1）（侈口），斜弧腹，内底一周凹棱，饼足浅挖，内壁篦划水波纹，外底垫饼垫烧。

DFK：23，釉色偏黄，外底无釉，内壁少量开片，外底有同心圆状旋坯痕。足径5.4、残高2.8厘米（图5-11，1；彩版5-8，1）。

（2）（侈口，六葵口），斜弧腹，内底一周凹棱饼足浅挖，内壁刻化花叶纹，外底垫饼垫烧。

DFK：22，釉色白中泛青，外底无釉，釉面满布块状开片，坐于漏斗状匣钵内，内壁粘连另一匣钵，外底粘连垫饼（彩版5-8，4）。

（3）（侈口），斜弧腹，内底一小圆凸较扁，饼足浅挖，内壁篦划水波纹，外底垫饼垫烧。

DFK：9，釉色灰青，外底无釉，内底有少量窑渣，外足墙有跳刀痕，外底有垫烧痕。足径5.4、残高3.5厘米（图5-11，2；彩版5-8，2）。

（4）侈口，斜腹，内底圆凸，饼足浅挖，内壁印花，外底垫饼垫烧。

DFK：24，纹饰不清，釉色白中泛青，积釉处青白色，外底无釉，釉面满布细密开片，内壁有少量黄褐色窑渣。足径4.0、残高3.3厘米（图5-11，3）。

DFK：25，内壁上部印一周回纹，下部印飞凤纹残翼，纹饰不清，釉色灰青，外壁有旋坯痕，近底部有跳刀痕。口径16.2、残高5.3厘米（图5-11，4）。

碟

（侈口），浅弧腹，内底一周凹棱，饼足浅挖，内壁篦划水波纹，外底垫饼垫烧。

DFK：21，釉色灰青，外底无釉，釉面满布细密开片，外底有同心圆状旋坯痕。足径5.8、残高2.9厘米（图5-11，5；彩版5-8，3）。

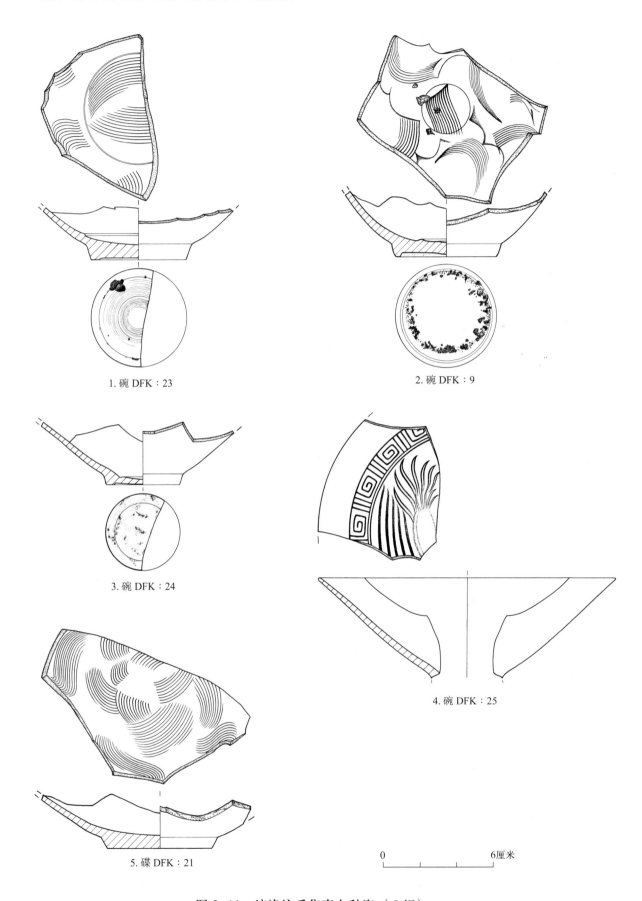

1. 碗 DFK：23

2. 碗 DFK：9

3. 碗 DFK：24

4. 碗 DFK：25

5. 碟 DFK：21

0     6厘米

图5-11 渡峰坑采集青白釉瓷（I组）

### （二）Ⅱ组

#### 1. 卵白釉瓷

碗

DFK：27，侈口，斜弧腹，内底圆凹，饼足，外底垫饼垫烧。釉色白中泛青，釉质光洁明亮，施釉至足，外壁有少量窑渣，近底部有跳刀痕，修足不甚规整。口径 12.4、足径 3.8、高 4.9 厘米（图 5-12，1）。

碟

DFK：26，侈口，浅弧腹，内底圆凹，饼足。釉色白中泛青，施釉至足，口沿斜折部分粘连一周匣钵残片，外底有垫烧痕。口径 11.4、足径 3.3、高 3.3 厘米（图 5-12，2；彩版 5-10，4）。

杯

直口，深弧腹，饼足稍内凹，外壁有修坯痕，外底垫饼垫烧。

DFK：12，釉色白中泛青，施釉至足，外壁有棕眼。口径 8.0、足径 3.1、高 4.5 厘米（图 5-12，3；彩版 5-10，5）。

#### 2. 青灰釉瓷

碗

（1）侈口，方唇，斜弧腹，内底圆凹，饼足，外底垫饼垫烧。

DFK：20，釉色偏灰，外壁有少量棕眼，外壁粘连垫饼渣。口径 11.2、足径 3.4、高 4.2 厘米（图 5-13，1；彩版 5-9，1）。

DFK：18，釉色偏灰，口沿一圈釉较厚，形成流釉现象，外壁有旋坯痕和少量棕眼，近底部有跳刀痕，外底有同心圆状旋坯痕。口径 11.0、足径 3.4、高 4.3 厘米（图 5-13，2）。

DFK：19，釉色偏灰，施釉不均匀，内壁修坯不规整，外壁有旋坯痕和少量棕眼，近底部有跳刀痕。口径 10.8、足径 3.3、高 4.0 厘米（图 5-13，3）。

（2）侈口略作斜折沿，沿下微束，斜弧腹，内底圆凹，饼足，外底垫饼垫烧。

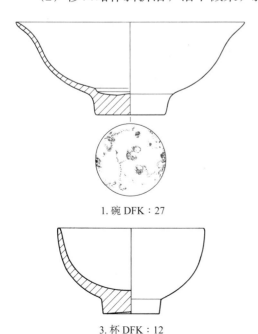

1. 碗 DFK：27

3. 杯 DFK：12

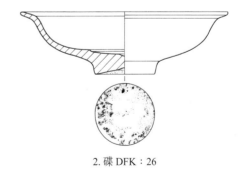

2. 碟 DFK：26

0　　　　　　　　6厘米

图 5-12　渡峰坑采集卵白釉瓷（Ⅱ组）

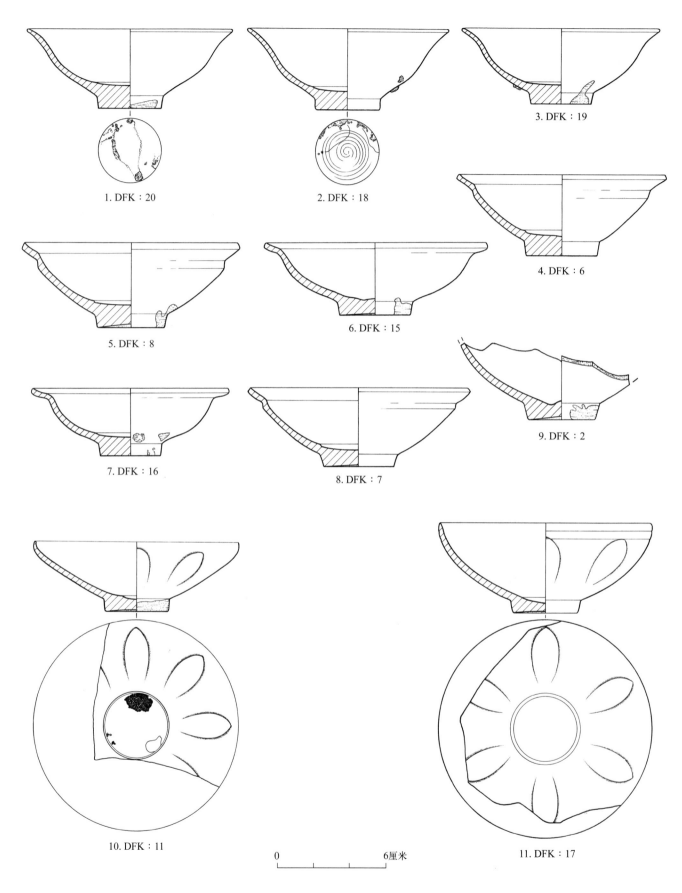

1. DFK：20

2. DFK：18

3. DFK：19

4. DFK：6

5. DFK：8

6. DFK：15

7. DFK：16

8. DFK：7

9. DFK：2

10. DFK：11

11. DFK：17

0　　　　　　　　6厘米

图5-13　渡峰坑采集青灰釉碗（Ⅱ组）

DFK：6，釉色灰中泛青，外壁偏青，方唇棱线呈酱色，釉面有长条状细密开片，外底有同心圆状旋坯痕。口径 11.2、足径 3.8、高 4.3 厘米（图 5-13，4）。

DFK：8，釉色灰中泛青，外壁偏青，方唇棱线呈酱色，外壁有小气泡。口径 11.6、足径 3.6、高 4.5 厘米（图 5-13，5）。

DFK：15，釉色偏灰，釉面满布细密开片。口径 12、足径 3.9、高 3.8 厘米（图 5-13，6；彩版 5-9，2）。

DFK：16，釉色偏灰，方唇棱线呈酱色，内壁有黑褐色斑点，外壁少量气泡，外底粘连垫饼残渣。口径 10.8、足径 3.3、高 3.6 厘米（图 5-13，7；彩版 5-9，3）。

DFK：7，生烧，釉色偏黄，外壁粘连匣钵残片，有大量小气泡。口径 12.0、足径 3.8、高 4.2 厘米（图 5-13，8）。

（3）斜弧腹，内底小圆凸，饼足稍内凹，外底垫饼垫烧。

DFK：2，灰胎，釉色偏灰，施釉至足，釉面有细密开片，外壁有少量棕眼。足径 3.6、残高 4.1 厘米（图 5-13，9；彩版 5-9，4）。

（4）敞口微敛，斜弧腹，内底圆凹，饼足稍内凹，外壁刻划单层莲瓣，外底垫饼垫烧。

DFK：11，釉色青灰，积釉处泛青，施釉至足。口径 11.6、足径 3.4、高 4.8 厘米（图 5-13，10）。

DFK：17，红褐色胎，生烧，釉面生涩，尚未形成玻璃质釉面，颜色泛白，局部泛青，施釉至足，口沿一圈釉较厚，内外壁有大量小气泡，外壁近底部及外足墙有三处手抓痕，其中一处留有指纹。口径 11.2、足径 3.4、高 3.6 厘米（图 5-13，11；彩版 5-10，1）。

碟

敞口，方唇，斜弧腹，内底圆凹，饼足稍内凹，施釉至足，外底垫饼垫烧。

DFK：3，釉色白中泛黄，施釉至足，口沿一圈釉较厚，内壁粘连匣钵残片和窑渣，外壁有小气孔。口径 13.0、足径 4.0、高 3.2 厘米（图 5-14，1）。

DFK：4，灰胎，釉色偏灰，施釉至足，方唇棱线呈酱色，内外壁有大量黑褐色斑点，内底粘连窑渣，外底粘连垫饼渣。口径 12.6、足径 4.4、高 3.7 厘米（图 5-14，2；彩版 5-10，2）。

DFK：5，灰胎，釉色偏灰褐，施釉至足，釉面满布细密开片，内壁有大量黑褐色窑渣，外壁有少量小气孔。口径 13.6、足径 4.4、高 4.0 厘米（图 5-14，3）。

DFK：10，釉色灰中泛青，外壁偏青，施釉至足，釉面满布细密开片，内壁粘连匣钵残片，外壁有大量小气孔，外底有旋坯痕，粘连垫饼残块。口径 13.0、足径 4.8、高 3.7 厘米（图 5-14，4）。

DFK：13，红褐色胎，生烧，釉面生涩，尚未形成玻璃质釉面，颜色白中泛黄，施釉至足且不均匀，内外壁有大量小气泡。口径 13.4、足径 4.2、高 4.1 厘米（图 5-14，5）。

DFK：14，釉色偏灰，施釉至足，方唇棱线呈酱色，内壁有黑褐色斑点，外壁有小气孔。口径 13.0、足径 4.2、高 3.5 厘米（图 5-14，6；彩版 5-10，3）。

高足碗

喇叭状高圈足，足端刮釉，足端垫圈垫烧。

DFK：30，釉色青灰，施釉至外底，修足不甚规整。足径 3.6、残高 4.6 厘米（图 5-15，1）。

DFK：29，釉色灰青，施釉至外底，足端积釉至垫圈，釉面满布细密开片，内底粘连匣钵，足底粘连垫圈。足径 3.5、残高 4.8 厘米（图 5-15，2；彩版 5-11，1）。

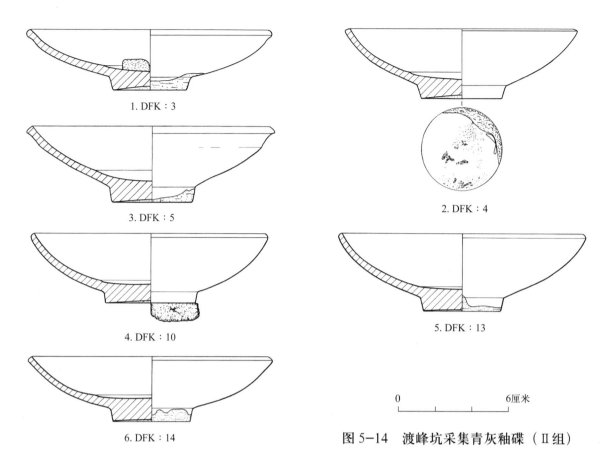

1. DFK：3

3. DFK：5

4. DFK：10

6. DFK：14

2. DFK：4

5. DFK：13

0        6厘米

图5-14    渡峰坑采集青灰釉碟（Ⅱ组）

杯

直口，深弧腹，饼足，外底垫饼垫烧。

DFK：28，釉色青灰，积釉处偏青色，施釉至足，口沿一圈釉较厚，形成流釉现象，内壁有旋坯痕和刷釉痕迹，修足不规整。口径7.0、足径3.2、高3.9厘米（图5-15，3；彩版5-11，2）。

盒

直口，上有凹槽，子口内敛，弧腹，饼足稍内凹，外底垫饼垫烧。

DFK：1，灰胎，釉色偏灰，釉线呈酱色，施釉至下腹，口沿无釉，内壁有旋坯痕，外壁粘连匣钵残片。子口径8.4、足径5.2、高3.6厘米（图5-15，4；彩版5-11，3）。

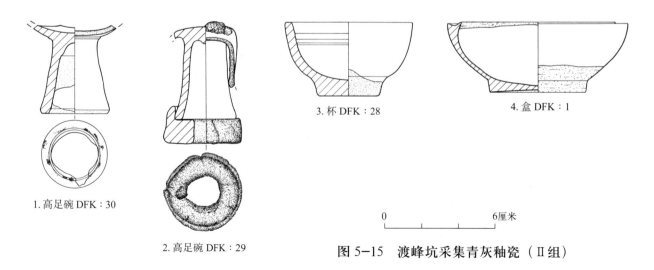

1. 高足碗 DFK：30

2. 高足碗 DFK：29

3. 杯 DFK：28

4. 盒 DFK：1

0        6厘米

图5-15    渡峰坑采集青灰釉瓷（Ⅱ组）

### 3. 酱釉瓷

碗

（1）敞口微敛，尖圆唇，斜弧腹，内壁上腹部一周凸棱。

DFK：31，酱釉，施釉至上腹部，内壁有细小开片，外壁有旋坯痕。口径11.6、残高3.1厘米（图5-16，1；彩版5-11，4）。

（2）斜弧腹，内底一周凹棱，饼足稍内凹，外底垫饼垫烧。

DFK：32，酱釉，施釉至下腹，外壁近底部有跳刀痕，修足不规整。足径3.6、残高1.5厘米（图5-16，2；彩版5-11，5）。

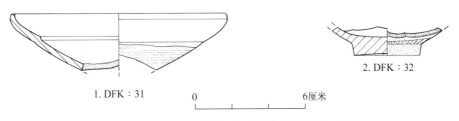

1. DFK：31　　　0　　　　　6厘米　　　2. DFK：32

图5-16　渡峰坑采集酱釉碗（Ⅱ组）

# 六　水文站（SWZ）

## 青灰釉

碗

（1）侈口，方唇，斜弧腹，内底圆凹，饼足稍内凹，外底垫饼垫烧。

SWZ：9，釉色偏灰，土沁以致内壁泛黄，外壁偏青，施釉至足，内壁有黑褐色斑点，外壁有大量小气泡。口径16.4、足径5.2、高5.8厘米（图5-17，1；彩版5-12，1）。

（2）侈口，斜弧腹，内底圆凹，饼足稍内凹，外底垫饼垫烧。

SWZ：2，釉色偏灰，内底有窑渣。口径11.2、足径3.6、高4.6厘米（图5-17，2；彩版5-12，2）。

SWZ：4，釉色偏青，釉面满布细密开片，内底有窑渣。口径11.2、足径3.4、高4.5厘米（图5-17，3）。

SWZ：6，釉色偏青，釉面满布细密开片，内底有窑渣和土沁形成的黄色斑块。口径10.2、足径3.2、高4.0厘米（图5-17，4）。

SWZ：14，釉色偏青。口径11.2、足径3.6、高5.3厘米（图5-17，5）。

SWZ：15，青灰釉泛白，釉面有少量开片，内壁有窑渣。口径10.4、足径3.2、高4.2厘米（图5-17，6）。

（3）敞口微敛，斜弧腹，饼足稍内凹，外底垫饼垫烧。

SWZ：7，釉色灰中泛青，外底粘连垫饼渣。口径11.5、足径3.3、高4.6厘米（图5-17，7）。

SWZ：8，釉色偏青，口沿一周釉较厚。口径11.0、足径3.4、高4.4厘米（图5-17，8；彩版5-12，3）。

SWZ：5，釉色灰中泛青，外壁有气泡。口径11.0、足径3.1、高4.2厘米（图5-17，9）。

SWZ：11，红褐色胎，生烧，釉色偏灰，釉薄处泛红呈现胎色，近底部有跳刀痕。口径11.8、足径3.4、高5.0厘米（图5-17，10）。

高足碗

侈口，方圆唇，斜弧腹，喇叭状高圈足，修足不规整，足端垫圈垫烧。

SWZ：1，釉色灰中泛青，釉面满布细密开片，内壁可见修坯痕，内外壁有少量棕眼。口径

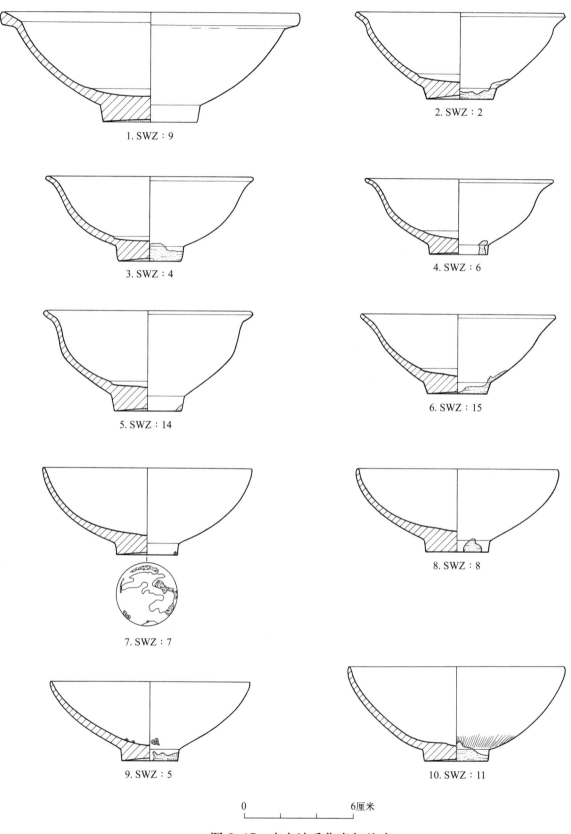

1. SWZ：9

2. SWZ：2

3. SWZ：4

4. SWZ：6

5. SWZ：14

6. SWZ：15

7. SWZ：7

8. SWZ：8

9. SWZ：5

10. SWZ：11

0                    6厘米

图5-17   水文站采集青灰釉碗

10.6、足径 3.5、高 7.8 厘米（图 5-18，1；彩版 5-13，1）。

SWZ：3，釉色偏灰，施釉至外底，足端刮釉，内壁满布细密开片，外壁有少量棕眼。口径 11.2、足径 3.2、高 7.3 厘米（图 5-18，2）。

SWZ：10，釉色偏青，釉面满布细密开片，内底有少量黑褐色斑点。口径 11.7、足径 3.7、高 7.6 厘米（图 5-18，3）。

SWZ：13，青灰釉，内底有少量黑褐色斑点。口径 11.8、足径 3.6、高 7.4 厘米（图 5-18，4）。

杯

（1）直口，深弧腹，饼足，外底垫饼垫烧。

SWZ：12，口沿外斜削一圈，釉色偏灰，芒口，施釉至足，内外壁有黑褐色斑点，内壁有旋坯痕。口径 7.4、足径 3.0、高 4.0 厘米（图 5-18，5；彩版 5-13，2）。

（2）直口，方唇，深弧腹，平底略内凹，覆烧。

SWZ：16，釉色青灰，芒口，釉面满布细密开片，内壁有刷釉痕迹，内外壁有黑褐色斑点。口径 7.0、足径 4.0、高 3.3 厘米（图 5-18，6；彩版 5-13，3）。

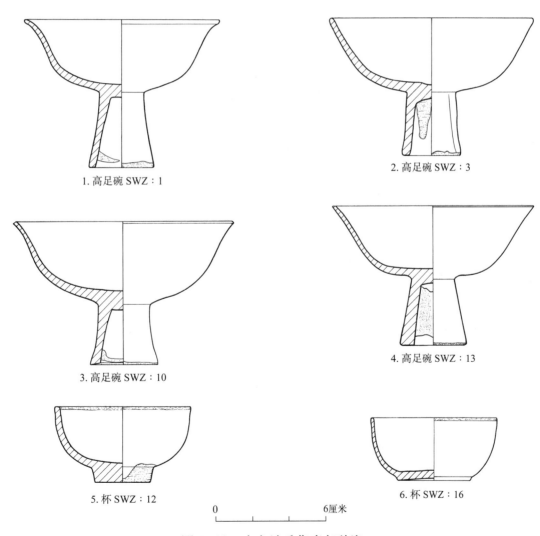

1. 高足碗 SWZ：1

2. 高足碗 SWZ：3

3. 高足碗 SWZ：10

4. 高足碗 SWZ：13

5. 杯 SWZ：12

6. 杯 SWZ：16

0 　　　　　　6厘米

图 5-18　水文站采集青灰釉瓷

# 七 月山坞 a（YSWa）

## 1. 卵白釉瓷

碗

（1）侈口，斜弧腹，内底圆凹，饼足稍内凹，外底垫饼垫烧。

YSWa：12，釉色偏青，施釉至足且不均，内壁有流釉现象，内外壁有旋坯痕，外壁粘连匣钵残片。口径11.9、足径3.5、高5.0厘米（图5-19，1）。

YSWa：13，釉色白中泛青，施釉至足且不均，内底有少量窑渣，外壁有旋坯痕，外足墙有跳刀痕，外底粘连垫饼渣。口径11.2、足径3.3、高5.2厘米（图5-19，2；彩版5-14，1）。

（2）侈口，斜弧腹，内底圆凹，饼足稍内凹，内壁模印纹饰，外底垫饼垫烧。

YSWa：10，内壁模印莲荷纹，内底心印八瓣花纹，纹饰不甚清晰，施釉至足，釉色白中泛青，外底粘连垫饼渣。口径11.2、足径3.5、高5.2厘米（图5-19，3）。

YSWa：20，内壁一周回纹，下模印缠枝花纹，纹饰不甚清晰，釉色卵白泛青，施釉至足，内底有少量黑褐色斑点，外底粘连垫饼渣。口径12.0、足径3.8、高5.0厘米（图5-19，4）。

YSWa：17，内壁模印花叶纹，纹饰不甚清晰，釉色白中泛青，施釉至足且不均，有流釉现象，口沿处粘连窑渣，内底有少量黑褐色斑点，外壁有旋坯痕和少量小气泡，外底粘连垫饼残块。口径11.8、足径3.6、高5.2厘米（图5-19，5；彩版5-14，2）。

（3）侈口，斜腹，饼足，外底垫饼垫烧。

YSWa：19，轮制不精，口沿处有裂痕和缺口，灰胎，釉色偏灰，内壁泛绿，施釉至足，内壁有大量窑渣，外壁有旋坯痕，外底有同心圆状旋坯痕。口径12.2、足径3.0、高4.4厘米（图5-19，6；彩版5-14，3）。

（4）折腹，饼足稍内凹，内底模印折枝花纹，外底垫饼垫烧。

YSWa：2，外壁上腹部凸起一周弦纹，足端斜削，纹饰不甚清晰，釉色卵白，局部泛灰，施釉至足。足径4.2、残高4.5厘米（图5-19，7；彩版5-14，4）。

（5）折腹，圈足较宽，内底模印四瓣花卉纹，外底有同心圆状旋坯痕，外底垫饼垫烧。

YSWa：9，纹饰不甚清晰，釉色青白泛灰，施釉至足，足端斜削刮釉，外壁近底部可见抓痕一处。足径4.3、残高3.0厘米（图5-19，8；彩版5-14，5）。

高足碗

（1）侈口，斜弧腹，喇叭状高圈足，外壁有修坯痕，足端垫圈垫烧。

YSWa：15，釉色白中泛灰，施釉至外底，足端斜削刮釉，内底有少量窑渣，外壁有少量棕眼。口径10.0、足径3.4、高7.1厘米（图5-20，1）。

YSWa：8，釉色白中泛黄，施釉至外底，足端斜削刮釉。口径10.1、足径3.1、高7.4厘米（图5-20，2）。

YSWa：4，釉色白中泛灰，施釉至外底且不均，足端斜削刮釉，内壁粘连少量窑渣，外壁有少量棕眼，修足不规整。口径9.6、足径3.0、高6.8厘米（图5-20，3）。

YSWa：16，釉色偏灰，施釉至外底，足端斜削刮釉，釉面不光滑，外壁有旋坯痕，内外壁有大量棕眼，修足不规整，足胎呈红褐色。口径9.8、足径3.2、高7.6厘米（图5-20，4）。

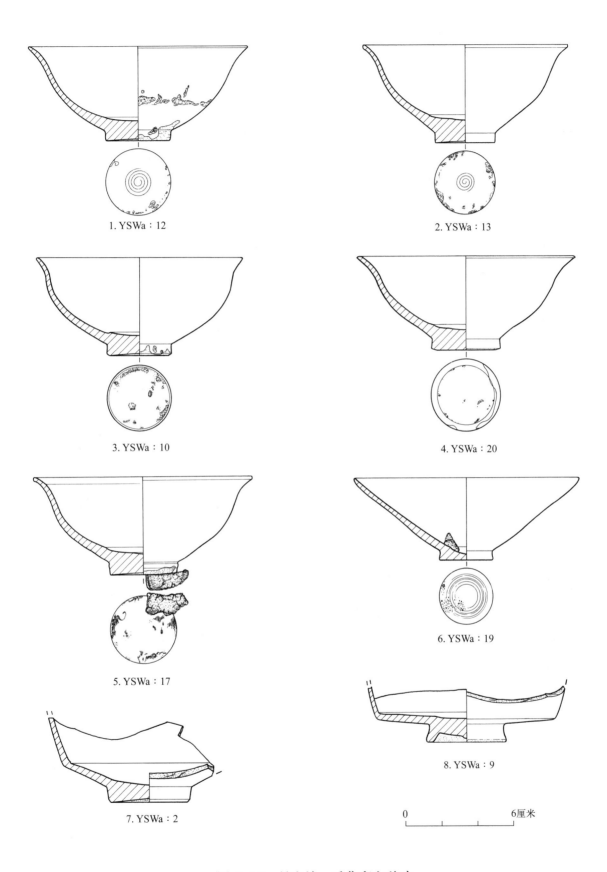

1. YSWa：12

2. YSWa：13

3. YSWa：10

4. YSWa：20

5. YSWa：17

6. YSWa：19

7. YSWa：2

8. YSWa：9

0　　　　　　6厘米

图 5-19　月山坞 a 采集卵白釉碗

（2）侈口，斜弧腹，喇叭状高圈足，内壁模印纹饰，足端垫圈垫烧。

YSWa：3，内底模印凤鸟纹，釉色青白，施釉至外底，足端斜削刮釉。足径4.4、残高8.2厘米（图5-20，5）。

YSWa：7，内壁模印莲荷纹，内底心印八瓣花卉纹，纹饰不甚清晰，釉色青白，施釉至外底，足端斜削刮釉。口径12.2、足径3.8、高8.7厘米（图5-20，6）。

YSWa：6，内底心两条弦纹内模印菊瓣纹，纹饰不甚清晰，釉色偏青，施釉至外底，足端斜削刮釉，施釉不均，口沿一周釉较厚，形成流釉现象，釉面少量开片，内底有少量窑渣，外壁有少量棕眼，修足不规整，足胎呈红褐色。口径11.8、足径3.7、高8.5厘米（图5-20，7；彩版5-15，1）。

杯

侈口，弧腹，圈足外撇，外底略凸，有同心圆状旋坯痕，垫饼垫烧。

YSWa：22，外底下凸，釉色青白泛灰，施釉至足。口径7.8、足径3.0、高4.3厘米（图5-20，8；彩版5-15，2）。

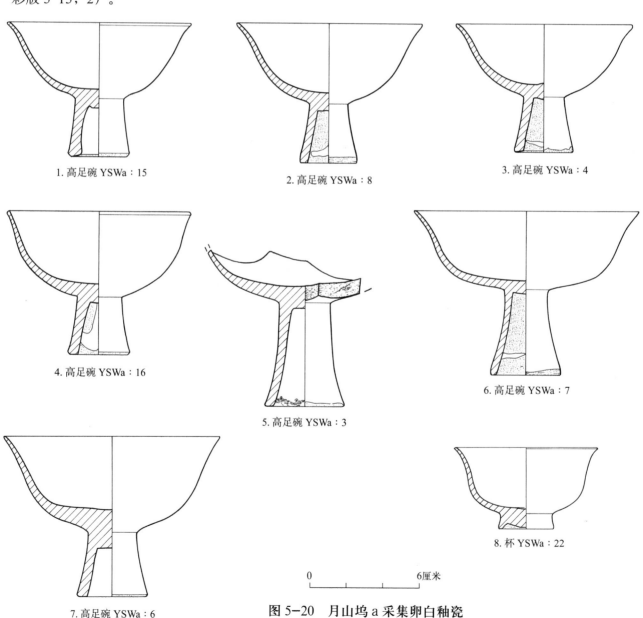

1. 高足碗 YSWa：15　　2. 高足碗 YSWa：8　　3. 高足碗 YSWa：4

4. 高足碗 YSWa：16　　5. 高足碗 YSWa：3　　6. 高足碗 YSWa：7

7. 高足碗 YSWa：6　　8. 杯 YSWa：22

0　　　　　　6厘米

图5-20　月山坞a采集卵白釉瓷

## 2. 青灰釉瓷

碗

（1）唇口稍内凹，斜弧腹，内底圆凹，饼足，外壁刻划双层莲瓣纹，外底垫饼垫烧。

YSWa：1，釉色灰中泛青，施釉至足，釉面满布细密开片，内底有少量黑褐色斑点，外壁有少量棕眼，外底粘连垫饼残块。口径 17、足径 5.4、高 7.6 厘米（图 5-21，1；彩版 5-15，3）。

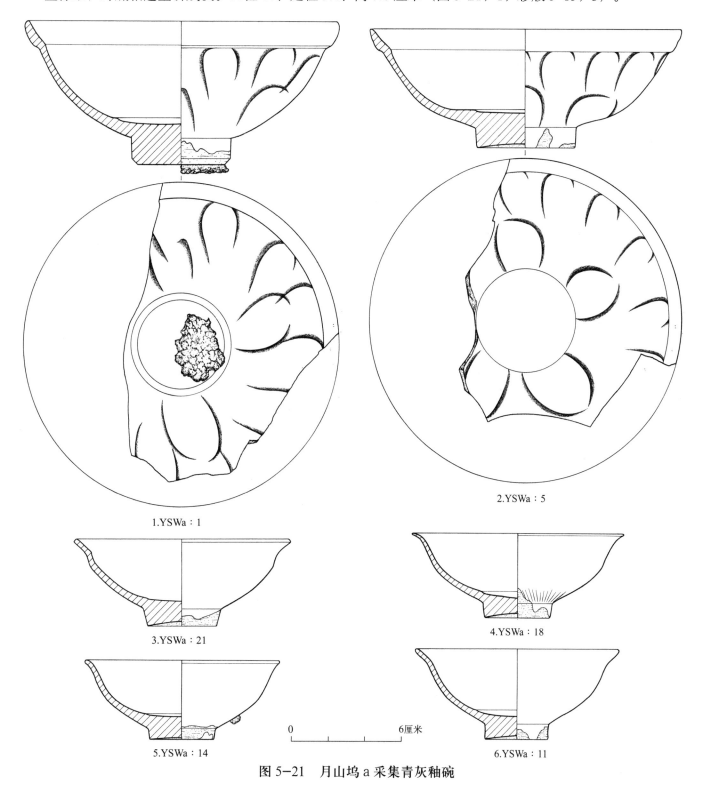

1.YSWa：1

2.YSWa：5

3.YSWa：21

4.YSWa：18

5.YSWa：14

6.YSWa：11

0          6厘米

图 5-21　月山坞 a 采集青灰釉碗

YSWa：5，釉色偏灰，外壁局部泛白，施釉至足且不均，口沿有流釉现象，釉面满布细密开片，内底有少量黑褐色斑点，外壁有大量棕眼，近底部有跳刀痕。口径 17.2、足径 5.4、高 6.3 厘米（图 5-21，2）。

（2）侈口，斜弧腹，内底圆凹，饼足内凹，施釉至足且不均，釉面满布细密开片，外底垫饼垫烧。

YSWa：21，釉色偏灰，外壁有修坯痕，近底部有跳刀痕。口径 11.6、足径 3.8、高 4.6 厘米（图 5-21，3；彩版 5-15，4）。

YSWa：18，釉色偏灰，内底有少量窑渣形成的黑褐色斑点，外壁有修坯痕，近底部跳刀痕明显，外底有同心圆状旋坯痕。口径 11.4、足径 3.6、高 4.5 厘米（图 5-21，4）。

YSWa：14，青灰釉泛白，内底有少量窑渣形成的黑褐色斑点，外壁有少量棕眼。口径 10.6、足径 3.5、高 4.2 厘米（图 5-21，5）。

YSWa：11，生烧，釉面生涩呈土黄色，内底有少量窑渣，外壁有修坯痕和少量棕眼，近底部有跳刀痕，外底有同心圆状旋坯痕。口径 11.2、足径 3.5、高 4.8 厘米（图 5-21，6）。

# 八　月山坞 b（YSWb）

## 青釉瓷

### 碟

矮圈足，足端宽平，足墙内斜，外壁有旋坯痕，外底有同心圆状旋坯痕，足端支钉支烧。

YSWb：1，灰胎，青釉泛黄，釉面有少量开片，施釉至下腹，挖足浅，内底可见松子状支钉痕五枚。足径 8.0、残高 1.7 厘米（图 5-22；彩版 5-13，4）。

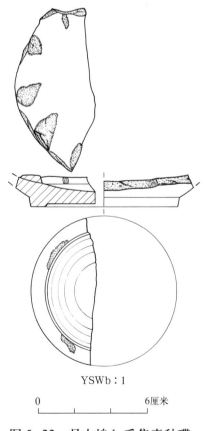

YSWb：1

0　　　　　　　　6厘米

图 5-22　月山坞 b 采集青釉碟

# 第六章 结 语

## 一 分组

银坑坞窑址群所采集标本根据釉色、形制、纹饰、装烧等方面组合特征可归并为11组（见附表）：

第1组：红庙下Ⅰ、月山坞b。

兼有青釉及青白釉，后者釉色纯白。器物类型很少，仅见大平底碗、碟，圈足剖面作倒梯形，足端稍宽且平，以负荷足端密集支钉叠烧。

第2组：兰家井a3Ⅰ、满坑坞aⅠ。

已不见青釉，均为青白釉，釉色纯白。器物类型增多，碗、碟多见五葵口配合压棱形式，圈足普遍较窄，足端旋修圆钝。装烧方式多样，一种采用密集支钉，仍置于足端叠烧，另一种采用五枚左右支钉，或置于足段或外底，采用匣钵装烧，多为单件垫烧，也有少数叠烧者。

第3组：白庙下。

釉色多数纯白，少数偏黄。器物类型以尺寸较小的敞口、唇口碗为主，圈足低矮，足墙内斜，足端斜削，以负荷足端四枚左右支钉支烧。也有少数器型较大的碗，外底垫环垫烧；窄圈足的折腹碟，仍见外底支钉支烧。所有器物均以漏斗形匣钵单件装烧，不见叠烧。

第4组：碓家坞。

釉色偏黄、偏青。器物类型丰富，除敞口、唇口碗外，新见敞口微侈莲瓣纹碗，圈足低矮，足墙内斜，足端斜削，仍以四枚支钉支烧。另外多见圈足较矮、足端圆钝、施釉卷过足端的盖碗、碟、酒台、杯等，饰以莲瓣纹或蕉叶纹，或作花口压棱，平底碟则多作折腹，普遍采用垫饼垫烧。

第5组：红庙下Ⅱ、塘坞a、塘坞b、八角湾cⅠ、八角湾d（1）Ⅰ、八角湾d（2）、八角湾d（3）Ⅰ、道塘里Ⅰ、铜锣山a1Ⅰ、铜锣山a2Ⅰ、铜锣山a3Ⅰ、小坞里c1、小坞里e、满坑坞aⅡ、满坑坞b。

釉色偏黄、偏青。器物类型与上一组较为接近，形式则有差异。仍有敞口、唇口素面碗及敞口微侈莲瓣纹碗，圈足低矮，前者保持支钉支烧，制作较为粗率。盖碗、碟、酒台、杯等圈足增高，施釉裹足。出现篦划花叶纹、刻划或刮削菊瓣纹。普遍采用垫饼垫烧。

第6组：草坦上Ⅰ、兰家井a1Ⅰ、兰家井a2Ⅰ、兰家井a3Ⅱ、塘坞里Ⅰ、郑家坞a1Ⅰ、八角湾a、八角湾cⅡ、八角湾d（1）Ⅱ、八角湾d（3）Ⅱ、八角湾eⅠ、八角湾h3Ⅰ、八角湾h4Ⅰ、道塘里Ⅱ、铜锣山a1Ⅱ、铜锣山a3Ⅱ、铜锣山bⅠ、小坞里a、小坞里bⅠ、小坞里c2、小坞里d1Ⅰ、小坞里d2、小坞里d3、小坞里d4、南山下aⅠ、南山下bⅠ。

釉色偏青。器物类型发生整体性变化，碗类多见高圈足或稍高的窄圈足，修足多不甚工整，碟类多见饼足浅挖、隐圈足或平底，多数碗碟作侈口。装饰不发达，见有少量简化双面划花碗以及数量稍多的模印团花或沥粉出筋碟。除少数注壶外，不见使用支钉叠烧的器物。

第7组：草坦上Ⅱ、兰家井a1Ⅱ、兰家井a2Ⅱ、兰家井a3Ⅲ、兰家井b1、兰家井b2、塘坞里

Ⅱ、郑家坞 a1Ⅱ、郑家坞 b1、郑家坞 b2、八角湾 bⅠ、八角湾 d（1）Ⅲ、八角湾 eⅡ、八角湾 f、八角湾 gⅠ、八角湾 h1、八角湾 h3Ⅱ、八角湾 h4Ⅱ、八角湾 i1Ⅰ、八角湾 i2Ⅰ、八角湾 i3Ⅰ、八角湾 i7Ⅰ、铜锣山 a1Ⅲ、铜锣山 a2Ⅱ、铜锣山 a3Ⅲ、铜锣山 bⅡ、铜锣山 c、小坞里 bⅡ、小坞里 d1Ⅱ、南山下 aⅡ、南山下 bⅡ。

釉色偏青白，积釉处呈青蓝色玻璃质感。器物类型丰富，碗类多见内角圆折的窄圈足或饼足浅挖，碟类多见隐圈足或平底。侈口弧腹碗、敞口斜腹碗、敞口弧腹碟最为多见。普遍胎体轻薄、制作精细、修足工整。部分精品碗类先施满釉，再将外底心刮釉。装饰比例增加，碗类多见之字篦点菊花纹或三组折枝花，碟类多见篦划花叶纹。

第8组：郑家坞 a2Ⅰ、八角湾 gⅡ、八角湾 i1Ⅱ、八角湾 i2Ⅱ、八角湾 i3Ⅱ、八角湾 i4、八角湾 i5、八角湾 i6、八角湾 i7Ⅱ、渡峰坑Ⅰ。

釉色偏蓝、偏灰。器物类型较少，常见者一类是胎体偏厚的敞口斜腹饼足碗，或素面，或线划简化菊花纹，或模印云雷莲花纹，一类是芒口覆烧平底碟，或素面，或模印云雷莲池鱼纹，另有内壁划水波纹碗碟、委角方形折沿碟、菊瓣形折沿碟。

第9组：郑家坞 a2Ⅱ、八角湾 bⅡ、八角湾 i7Ⅲ。

釉色偏青、偏灰。器物类型较少且发生明显变化。碗、碟胎体较厚，饼足浅挖，足端较宽，碗碟口沿多饰一周酱釉，内壁篦划波纹水禽，外壁刻划分层莲瓣。

第10组：八角湾 h2。

青灰釉。器物类型较少，碗、碟胎体较厚，饼足，碗碟素面者为多，有的口沿饰一周酱釉，少数外壁刻划分层莲瓣，亦有折沿碟，内壁模印菊瓣。

第11组：渡峰坑Ⅱ、水文站、月山坞 a。

青灰釉或卵白釉。器物类型较少，以敞口、侈口、折沿的饼足碗、碟为主，出现高足碗和折腹碟。多为素面，有的青灰釉器物外壁刻划分层莲瓣，有的卵白釉器物内壁模印纹饰，但多模糊不清。

# 二　年代

第1组：青釉、青白釉密集支钉叠烧器物作为景德镇南河流域瓷业生产的早期代表，在银坑坞窑址群所见数量极少，而在湘湖街、小南河窑址群则多有发现。这类器物最初被归为唐代产品[1]，后来被改属五代[2]，近年则因在兰田万窑坞、柏树下窑址中与青绿釉器物共出，而再度将其时代提早到晚唐后期，并认为可延续至北宋早期[3]。广州南越国宫署⑧b 层出土一件青白釉密集支钉叠烧碗碟残底，该层形成时代约为南汉晚期[4]。这类器物中最为常见的葵口碗、碟可以分别在五代后期的越窑青瓷与定窑白瓷中找到形制源头。综合以上因素，将本组年代推定为五代后期。

第2组：本组器物的特点是摒弃青釉而专注青白釉器物生产，引入匣钵装烧但未完全摆脱支钉叠烧。碗、碟圈足变窄后，足端支钉支烧往往导致圈足受压变形，是新形制与旧装烧相碰撞的过渡形式。

[1] 陈万里：《景德镇几个古代窑址的调查》，《文物参考资料》1953年第9期，82～83页。陈万里：《最近调查古窑址所见》，《文物参考资料》1955年第8期，111页。
[2] 刘新园、白焜：《景德镇湖田窑考察纪要》，《文物》1980年第11期，42页。
[3] 秦大树等：《景德镇早期窑业的探索：兰田窑发掘的主要收获》，《南方文物》2015年第2期，133～136页。北京大学考古文博学院等：《景德镇市兰田村柏树下窑址调查与试掘》，《华夏考古》2018年第4期，23页。
[4] 李灶新：《广州南越国宫署遗址出土五代十国刻款瓷器研究》，《华夏考古》2020年第2期，116、119页。

故此，这类器物在整个南河流域都非常少见。参照第 1 组和第 3 组的年代范围，将本组年代推定为北宋初期。

第 3 组：本组仅见白庙下 1 处窑址，相同器物类型在南河流域还见于三步园等多处窑址，但其余各处均使用垫环垫烧，而这里则更多采用旧式的支钉支烧法。如果将这些窑址与繁昌窑早期遗存[1]相比较，不难发现两地窑具和器物形制都具有相当程度的相似之处，只是后者已经普遍采用垫饼垫烧。可以认为，这一时期南河流域的窑业技术受到了来自皖南地区窑场的强烈影响。因此，繁昌骆冲窑匣钵上发现"淳化"（990～994 年）纪年，可以作为考虑本组年代范围的重要参考。另外，与白庙下窑址所出相似的敞口碗见于九江宋太平兴国八年（983 年）陶仁恶墓[2]，唇口碗见于九江宋雍熙三年（986 年）阿周墓[3]，敞口葵口碗和撇口折腹盘见于朝阳辽耿氏家族 M3[4]（伴出双孔鸡冠壶、越窑细线划花注壶多见于 10 世纪末、11 世纪初墓葬）。据此，将本组年代推定为北宋早期。

第 4 组：本组仅见碓家坞 1 处窑址，莲瓣纹、蕉叶纹的出现是其突出特征，类似莲瓣纹碗见于瑞昌宋天圣三年（1025 年）墓[5]、法库蔡家沟辽墓[6]（时代约在 11 世纪初期），可大致将本组年代推定为北宋早中期。

第 5 组：本组窑址数量大为增加，但相关纪年材料却不多。发掘者将道塘里和铜锣山早期遗存的年代上限推断为北宋早期，认为甚至可以早到五代晚期，这是将使用支钉支烧看作早期技术特征所导致的偏差。实际上，在南河流域与本组时代相当的其他窑址均已放弃旧式支钉、垫环垫烧而普遍改用垫饼，在器物类型和装饰方面也比银坑坞窑址群更为多样化。与本组相似的敞口碗见于苏州尹山 M15[7]，同出"丙子"（1036 年）纪年漆器，相似的蕉叶纹盖碗见于建瓯北宋庆历三年（1043 年）墓[8]，可将本组年代推定为北宋中期。其中红庙下部分器物年代或稍早，与第 4 组略有重叠。

第 6 组：本组遗存多与其他组别混杂共存，给甄别与断代增加了难度，但可资对比的纪年材料则较多。开化嘉祐二年（1057 年）江锜墓[9]出与上组相似的折沿折腹篦划花叶纹碟，南城宋嘉祐二年（1057 年）陈六娘墓[10]出与本组相似的酒台及杯，不早于清宁三年（1057 年）的阜新清河门辽萧氏族墓 M2[11]出土与本组相似的敛口碗、侈口碗、内底小圆凸碗，可以将这个年份作为本组年代范围上限的参考。其他纪年墓中，镇江宋熙宁四年（1071 年）章岷墓[12]、宁城辽咸雍八年（1072 年）萧

[1] 安徽省文物考古研究所、繁昌县文物局：《安徽繁昌柯家冲窑遗址2013～2014年发掘简报》，《文物》2016年第3期，19～35页。安徽省文物考古研究所、繁昌县文物局：《安徽繁昌骆冲窑遗址2014年发掘简报》，《文物》2016年第3期，36～50页。

[2] 梅绍裘、李科友：《九江市、乐安县的两座宋代纪年墓》，《江西历史文物》1983年第2期，17～19、21页。江西省博物馆：《江西宋代纪年墓与纪年青白瓷》，文物出版社，2016年，6～10页。

[3] 九江县文物保护管理所：《江西九江北宋墓》，《文物》1990年第9期，19～21页。江西省博物馆：《江西宋代纪年墓与纪年青白瓷》，文物出版社，2016年，11～13页。

[4] 朝阳博物馆、朝阳市城区博物馆：《辽宁朝阳市姑营子辽代耿氏家族3、4号墓发掘简报》，《考古》2011年第8期，31～45页。

[5] 瑞昌县博物馆：《江西瑞昌发现两座北宋纪年墓》，《文物》1986年第1期，70～72页。江西省博物馆：《江西宋代纪年墓与纪年青白瓷》，文物出版社，2016年，20～25页。

[6] 赵晓刚、林栋：《辽宁法库县蔡家沟发现一座辽墓》，《考古》2013年第1期，100～104页。

[7] 苏州市考古研究所：《江苏苏州尹山北宋墓（M15）发掘简报》，《文物》2020年第5期，44～47页。

[8] 建瓯市博物馆：《福建建瓯市迪口北宋纪年墓》，《考古》1997年第4期，73～75页。

[9] 浙江省博物馆：《光致茂美：浙江出土宋元青白瓷》，中国书店出版社，2018年，38～39页。

[10] 薛尧：《江西南城、清江和永修的宋墓》，《考古》1965年第11期，571～576页。江西省博物馆：《江西宋代纪年墓与纪年青白瓷》，文物出版社，2016年，62～67页。

[11] 李文信：《义县清河门辽墓发掘报告》，《考古学报》第8册，1954年，163～202页。

[12] 镇江市博物馆：《镇江市南郊北宋章岷墓》，《文物》1977年第3期，55～58页。

府君墓[1]、英山宋熙宁十年（1077年）谢文诣墓[2]、武义岩坞宋墓[3][同出"元丰六年"（1083年）纪年陶明器]、铅山宋元祐元年（1086年）吴氏墓[4]、兰溪宋元祐六年（1091年）杜氏墓[5]、兰溪白塔坞宋元符三年（1100年）墓[6]，出侈口出筋碟；九江宋元丰八年（1085年）蔡八郎墓[7]、武夷山宋元祐三年（1088年）刘夔墓[8]、星子宋元祐七年（1092年）陈氏墓及建中靖国元年（1101年）胡仲雅墓[9]，出内底小圆凸碗或侈口高圈足碗，均为本组常见器物。而彭泽元祐五年（1090年）易八娘墓[10]、全椒宋元祐七年（1092年）张之纶墓[11]、松阳工业园宋墓[12][伴出"丁巳"（1077年）、"辛未"（1091年）、"癸酉"（1093年）纪年漆器]，出十瓣或十二瓣花口碟，为下组常见器物。可知两组交界约在哲宗一朝。据此，将本组年代推定为北宋中晚期。

第7组：本组可对比纪年材料亦多。北镇辽寿昌二年（1096年）耶律弘礼墓[13]、金溪宋大观三年（1109年）孙大郎墓[14]、麻城宋政和三年（1113年）阎良佐墓[15]、英山宋政和四年（1114年）胡氏墓[16]、栖霞宋政和六年（1116年）慕㐌墓[17]、合肥宋政和八年（1118年）马绍庭墓[18]、婺源宋宣和二年（1120年）汪路墓[19]、瑞昌梅家垅宋宣和六年（1124年）墓[20]、孝感宋靖康元年（1126年）杜氏墓[21]，分别出土六葵口弧腹碗、之字篦点纹划花碗、敞口斜腹出筋碗、撇口折腹划花碟、敞口弧腹划花碟等本组常见器物。而出土侈口弧腹三云鸾划花碗的婺源靖康二年（1127年）张氏墓[22]则可作为本组年代范围下限的参考。据此，将本组年代推定为北宋晚期，亦有可能延至南宋初期。

第8组：本组器物与上组之间存在缺环，表明银坑坞窑址群烧造活动曾有中断。水波纹划花碗碟、

[1]　内蒙古文物考古研究所、赤峰市博物馆：《宁城县岳家仗子辽萧府君墓清理记》，《内蒙古文物考古文集（第一辑）》，中国大百科全书出版社，1994年，548～552页。

[2]　黄冈地区博物馆、英山县博物馆：《湖北英山三座宋墓的发掘》，《考古》1993年第1期，29～36、28页。

[3]　李知宴、童炎：《浙江省武义县北宋纪年墓出土陶瓷器》，《文物》1984年第8期，91～93、81页。

[4]　江西省文物工作队、铅山县文化馆：《江西铅山县莲花山宋墓》，《考古》1984年第11期，986～989、985页。

[5]　金华地区文管会：《浙江兰溪县北宋石室墓》，《考古》1985年第2期，155～157页。

[6]　浙江省博物馆：《光致茂美：浙江出土宋元青白瓷》，中国书店出版社，2018年，32、58～59页。

[7]　九江县文物管理所：《江西九江县发现两座北宋墓》，《考古》1991年第10期，955～957、942页。

[8]　叶凯：《武夷山市北宋刘夔墓出土器物初探》，《福建文博》2019年第3期，43～48页。

[9]　彭适凡、唐昌朴：《江西发现几座北宋纪年墓》，《文物》1980年第5期，28～33页。江西省博物馆：《江西宋代纪年墓与纪年青白瓷》，文物出版社，2016年，86～93页。

[10]　彭适凡、唐昌朴：《江西发现几座北宋纪年墓》，《文物》1980年第5期，28～33页。江西省博物馆：《江西宋代纪年墓与纪年青白瓷》，文物出版社，2016年，74～79页。

[11]　滁县地区行署文化局、全椒县文化局：《安徽全椒西石北宋墓》，《文物》1988年第11期，68～71、60页。

[12]　宋子军、刘鼎：《浙江松阳宋墓出土瓷器》，《文物》2015年第7期，80～88页。

[13]　辽宁省文物考古研究所等：《辽宁北镇市辽代耶律弘礼墓发掘简报》，《考古》2018年第4期，40～57页。

[14]　陈定荣：《江西金溪宋孙大郎墓》，《文物》1990年第9期，14～18、21页。江西省博物馆：《江西宋代纪年墓与纪年青白瓷》，文物出版社，2016年，94～100页。

[15]　王善才、陈恒树：《湖北麻城北宋石室墓清理简报》，《考古》1965年第1期，21～24页。

[16]　黄冈地区博物馆、英山县博物馆文化馆：《英山县茅竹湾宋墓发掘》，《江汉考古》1988年第1期，23～31页。

[17]　李元章：《山东栖霞市慕家店宋代慕㐌墓》，《考古》1998年第5期，45～49页。

[18]　合肥市文物管理处：《合肥北宋马绍庭夫妇合葬墓》，《文物》1991年第3期，26～38、70页。

[19]　詹永萱、詹祥生：《婺源两座宋代纪年的瓷器》，《中国陶瓷》1982年第7期，103～108页。江西省博物馆：《江西宋代纪年墓与纪年青白瓷》，文物出版社，2016年，164～173页。

[20]　刘礼纯：《江西瑞昌县发现七座宋代纪年墓》，《考古》1992年第4期，331～334、330页。江西省博物馆：《江西宋代纪年墓与纪年青白瓷》，文物出版社，2016年，158～163页。

[21]　孝感市文化馆：《湖北孝感大湾吉北宋墓》，《文物》1989年第5期，69～70页。

[22]　詹永萱、詹祥生：《婺源两座宋代纪年的瓷器》，《中国陶瓷》1982年第7期，103～108页。江西省博物馆：《江西宋代纪年墓与纪年青白瓷》，文物出版社，2016年，164～173页。

云雷莲花纹印花碗、云雷莲池鱼纹印花芒口碟、菊瓣形折沿碟均见于遂宁金鱼村窖藏[1]，年代约在宋端平三年（1236年）至淳祐元年（1241年）之间。据此，可将本组年代推定为南宋中晚期。

第9组：本组器物以酱边内壁刻划波纹水禽外壁刻划分层莲瓣的碗碟最具特色。同类器物见于东乡淳祐十年（1250年）黄广墓[2]，又在扬州宋宝祐城西城门外拦水坝遗迹③c层中有较多发现[3]，共出南宋晚期常见的龙泉窑粗制莲瓣纹碗，该遗迹建造不早于宝祐年间（1253～1258年），在盐城建军中路水井SJ12[4]中与金坛周瑀墓[5][随葬淳祐五年（1245年）牒文，瑀时年二十四]同式釉陶瓶同出。据此，可将本组年代推定为南宋晚期。

第10组：本组仅见八角湾h2窑址1处，器物特征具有过渡性，外壁刻划分层莲瓣的碗较上组有所简化，侈口饼足碗较下组稍显规整。外壁莲瓣碗见于新建宋景定四年（1263年）胡文郁墓[6]，折沿菊瓣碟在龙泉窑青瓷中流行于南宋末期。可大致将本组年代推定为宋元之际。

第11组：本组青灰釉饼足碗另见于丽阳碓臼山窑址，发掘者将其停烧与元末战乱相联系。不过，类似器物分别见于樟树元至元三十年（1293年）墓[7]、南昌元大德十一年（1307年）墓[8]，在奉节永安镇遗址03H13中与元代早期龙泉青瓷共存，在重庆老鼓楼遗址H43④层中与元代中期龙泉青瓷共存[9]。月山坞a所出卵白釉折腹碟较早见于韩国新安沉船[10]。据此，将本组年代推定为元代早中期。

---

[1]　成都文物考古研究所、遂宁市博物馆：《遂宁金鱼村南宋窖藏》，文物出版社，2012年。

[2]　江西省博物馆：《江西宋代纪年墓与纪年青白瓷》，文物出版社，2016年，252～261页。

[3]　中国社会科学院考古研究所等：《扬州城遗址考古发掘报告：1999～2013年》，科学出版社，2015年，71～86页。

[4]　盐城市文物管理委员会办公室、盐城市博物馆：《江苏盐城市建军中路东汉至明代水井清理》，《考古》2011年第11期，29～41页。

[5]　镇江市博物馆、金坛县文管会：《江苏金坛周瑀墓发掘简报》，《文物》1977年第7期，18～27页。

[6]　江西省博物馆：《江西宋代纪年墓与纪年青白瓷》，文物出版社，2016年，270～273页。

[7]　黄冬梅：《江西樟树元纪年墓出土文物》，《南方文物》1996年第4期，12～14页。

[8]　吴志红、范凤妹：《介绍一批江西元代青白瓷器》，《江西历史文物》1983年第2期，64～68页。彭适凡主编：《宋元纪年青白瓷》，庄万里文化基金会，1998年，82页。

[9]　重庆市文化遗产研究院：《重庆渝中区老鼓楼街署遗址元代水池发掘简报》，《汉江考古》2020年增刊，29～46页。

[10]　문화재청、국립해양유물전시관《新安船》，국립해양유물전시관，2006년。浙江省博物馆：《大元帆影：韩国新安沉船出水文物精华》，文物出版社，2012年。

# 附表　银坑坞窑址群器物分期表

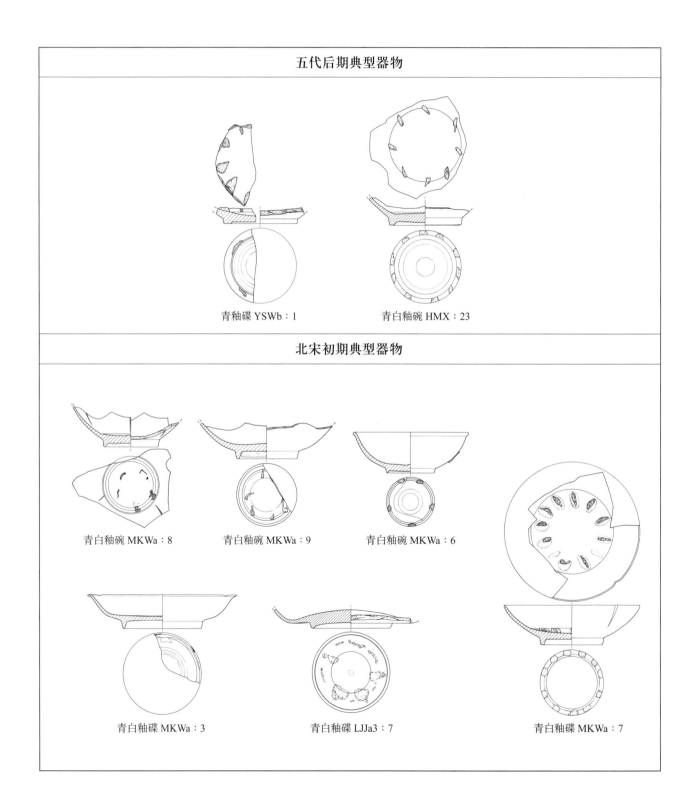

五代后期典型器物

青釉碟 YSWb：1　　　　青白釉碗 HMX：23

北宋初期典型器物

青白釉碗 MKWa：8　　青白釉碗 MKWa：9　　青白釉碗 MKWa：6

青白釉碟 MKWa：3　　青白釉碟 LJJa3：7　　青白釉碟 MKWa：7

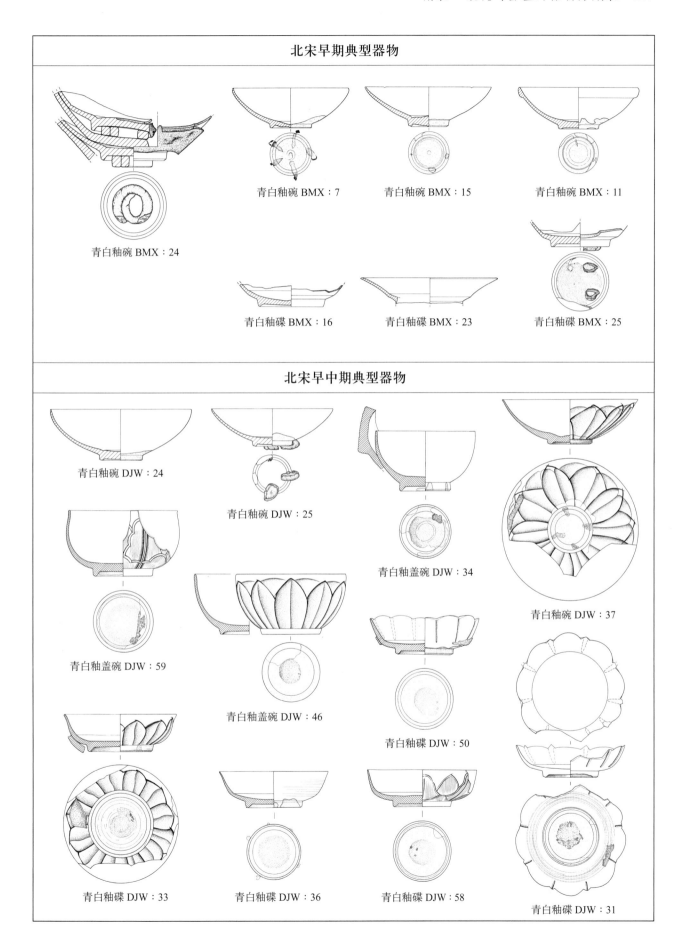

北宋早期典型器物

青白釉碗 BMX：24

青白釉碗 BMX：7

青白釉碗 BMX：15

青白釉碗 BMX：11

青白釉碟 BMX：16

青白釉碟 BMX：23

青白釉碟 BMX：25

北宋早中期典型器物

青白釉碗 DJW：24

青白釉碗 DJW：25

青白釉盖碗 DJW：34

青白釉碗 DJW：37

青白釉盖碗 DJW：59

青白釉盖碗 DJW：46

青白釉碟 DJW：50

青白釉碟 DJW：33

青白釉碟 DJW：36

青白釉碟 DJW：58

青白釉碟 DJW：31

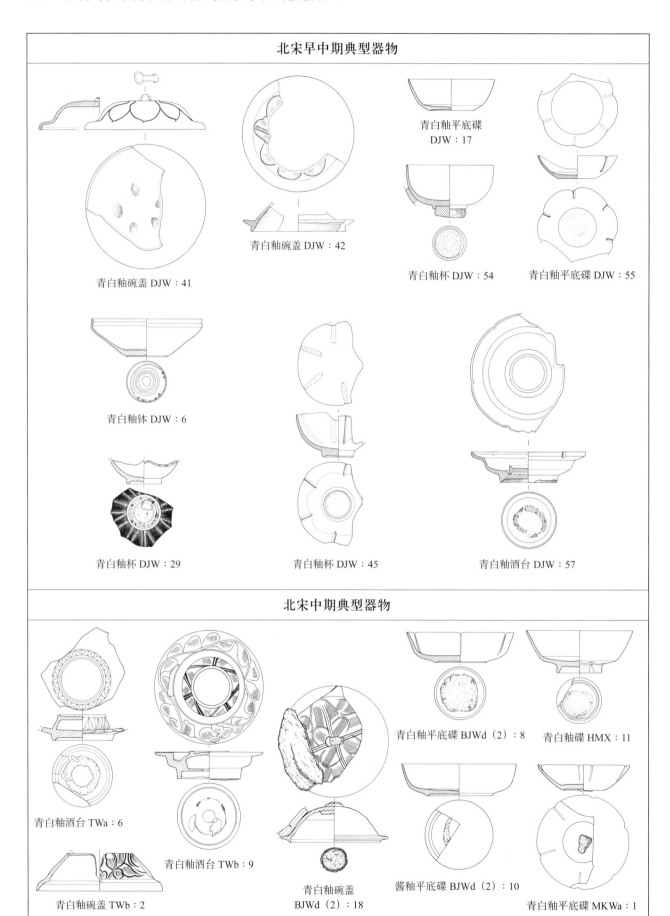

北宋早中期典型器物

青白釉碗盖 DJW：41

青白釉碗盖 DJW：42

青白釉平底碟 DJW：17

青白釉杯 DJW：54

青白釉平底碟 DJW：55

青白釉钵 DJW：6

青白釉杯 DJW：29

青白釉杯 DJW：45

青白釉酒台 DJW：57

北宋中期典型器物

青白釉酒台 TWa：6

青白釉酒台 TWb：9

青白釉碗盖 BJWd（2）：18

青白釉平底碟 BJWd（2）：8

青白釉碟 HMX：11

青白釉碗盖 TWb：2

酱釉平底碟 BJWd（2）：10

青白釉平底碟 MKWa：1

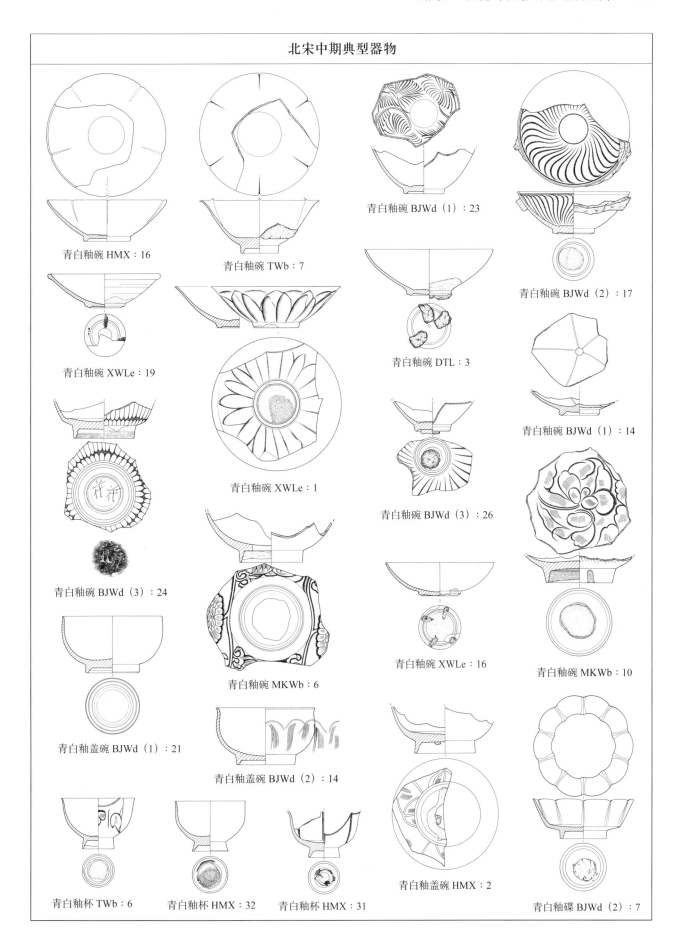

北宋中期典型器物

青白釉碗 HMX：16

青白釉碗 TWb：7

青白釉碗 BJWd（1）：23

青白釉碗 BJWd（2）：17

青白釉碗 XWLe：19

青白釉碗 DTL：3

青白釉碗 BJWd（1）：14

青白釉碗 XWLe：1

青白釉碗 BJWd（3）：26

青白釉碗 BJWd（3）：24

青白釉碗 MKWb：6

青白釉碗 XWLe：16

青白釉碗 MKWb：10

青白釉盖碗 BJWd（1）：21

青白釉盖碗 BJWd（2）：14

青白釉盖碗 HMX：2

青白釉杯 TWb：6

青白釉杯 HMX：32

青白釉杯 HMX：31

青白釉碟 BJWd（2）：7

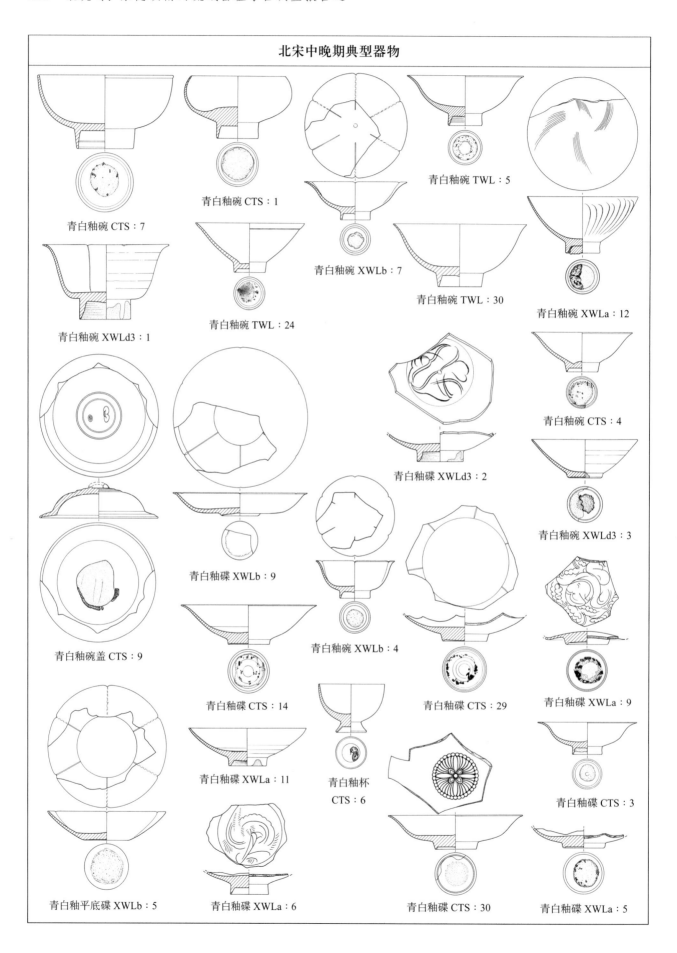

北宋中晚期典型器物

青白釉碗 CTS：7

青白釉碗 CTS：1

青白釉碗 TWL：5

青白釉碗 XWLb：7

青白釉碗 XWLd3：1

青白釉碗 TWL：24

青白釉碗 TWL：30

青白釉碗 XWLa：12

青白釉碗 CTS：4

青白釉碟 XWLd3：2

青白釉碗 CTS：4

青白釉碟 XWLb：9

青白釉碗 XWLb：4

青白釉碗 XWLd3：3

青白釉碗盖 CTS：9

青白釉碟 CTS：14

青白釉碟 CTS：29

青白釉碟 XWLa：9

青白釉碟 XWLa：11

青白釉杯
CTS：6

青白釉碟 CTS：3

青白釉平底碟 XWLb：5

青白釉碟 XWLa：6

青白釉碟 CTS：30

青白釉碟 XWLa：5

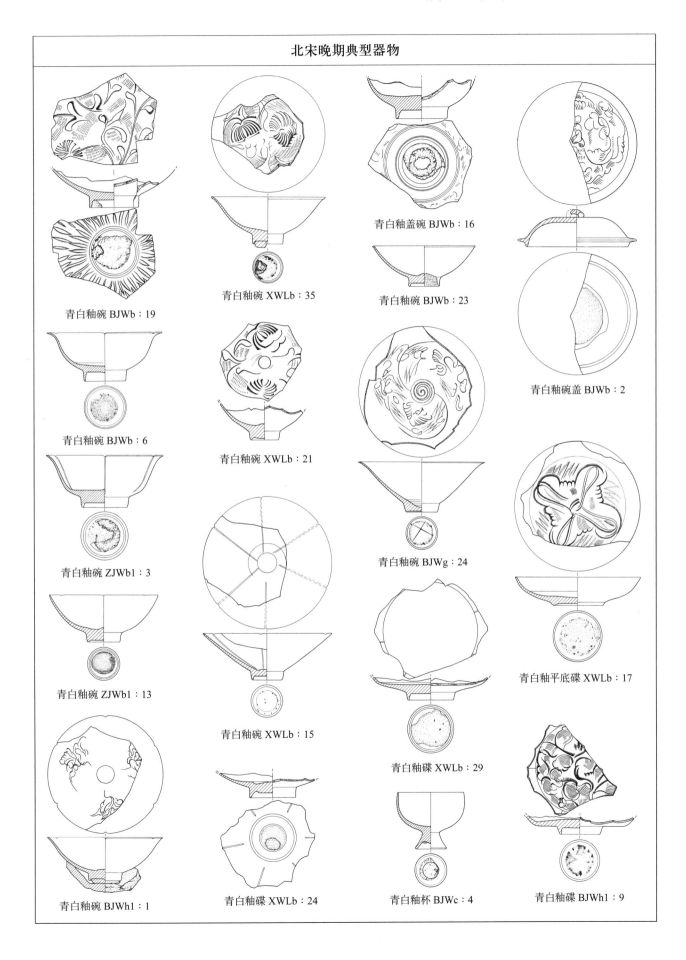

## 北宋晚期典型器物

青白釉碗 BJWb：19

青白釉碗 XWLb：35

青白釉盖碗 BJWb：16

青白釉碗 BJWb：23

青白釉碗 BJWb：6

青白釉碗 XWLb：21

青白釉碗盖 BJWb：2

青白釉碗 ZJWb1：3

青白釉碗 BJWg：24

青白釉碗 ZJWb1：13

青白釉碗 XWLb：15

青白釉平底碟 XWLb：17

青白釉碟 XWLb：29

青白釉碗 BJWh1：1

青白釉碟 XWLb：24

青白釉杯 BJWc：4

青白釉碟 BJWh1：9

## 南宋中晚期典型器物

青白釉碗 BJWi4：2

青白釉碗 BJWi4：5

青白釉碗 BJWi5：11

青白釉碗 BJWi6：3

青白釉碗 BJWi7：1

青白釉碗 DFK：9

青白釉芒口碟 BJWi6：12

青白釉平底碟 BJWi6：15

青白釉碗 DFK：23

青白釉芒口碟 BJWi6：4

青白釉碟 DFK：21

青白釉平底碟 BJWi6：14

## 南宋晚期典型器物

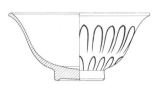

青白釉碗 BJWi7：13

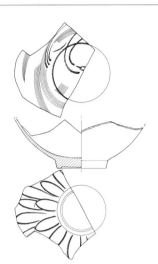

青白釉碗 BJWi7：8

青白釉碟 BJWi7：5

青白釉碗 BJWi7：7

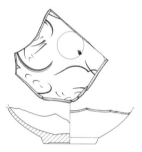

青白釉碗 BJWi7：18

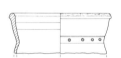

青白釉罐 BJWi7：14

青白釉碟 BJWi7：21

## 宋元之际典型器物

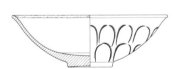

青白釉碗 BJWh2：7

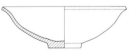

青白釉碗 BJWh2：8

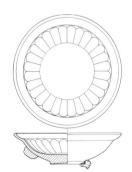

青白釉碟 BJWh2：17

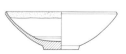

青白釉碗 BJWh2：12

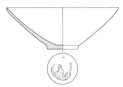

青白釉碗 BJWh2：2

青白釉碟 BJWh2：9

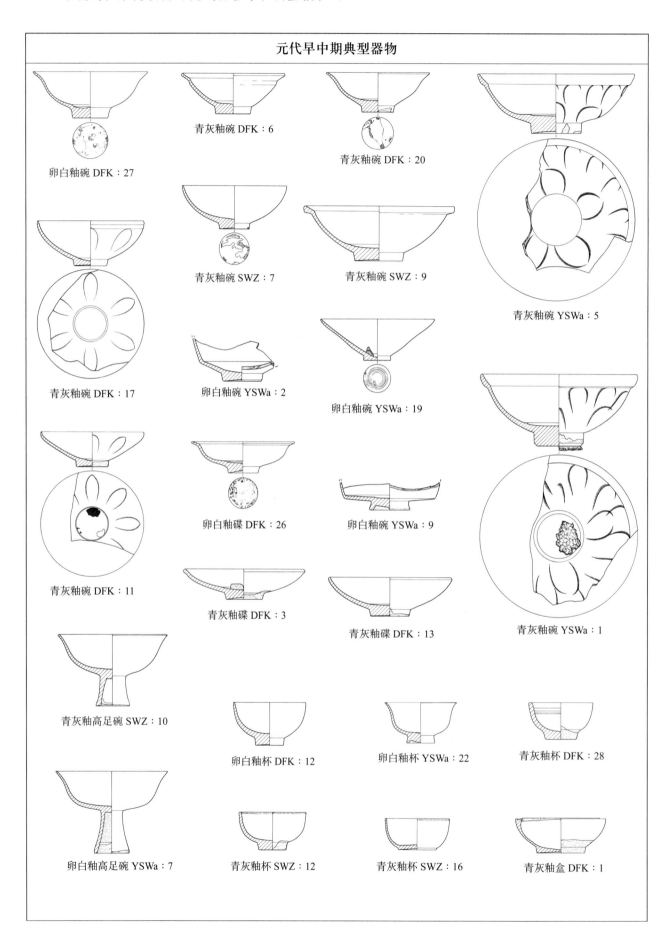

元代早中期典型器物

卵白釉碗 DFK：27

青灰釉碗 DFK：6

青灰釉碗 DFK：20

青灰釉碗 YSWa：5

青灰釉碗 DFK：17

青灰釉碗 SWZ：7

青灰釉碗 SWZ：9

卵白釉碗 YSWa：2

卵白釉碗 YSWa：19

青灰釉碗 DFK：11

卵白釉碟 DFK：26

卵白釉碗 YSWa：9

青灰釉碗 YSWa：1

青灰釉碟 DFK：3

青灰釉碟 DFK：13

青灰釉高足碗 SWZ：10

卵白釉杯 DFK：12

卵白釉杯 YSWa：22

青灰釉杯 DFK：28

卵白釉高足碗 YSWa：7

青灰釉杯 SWZ：12

青灰釉杯 SWZ：16

青灰釉盒 DFK：1

# 后　记

本书为景德镇南河流域窑址考古调查报告之一，属于江西省文物考古研究院与中国人民大学历史学院等单位联合申报的江西昌江流域水下文化遗产调查项目成果。

项目负责人为江西省文物考古研究院副研究员饶华松，业务负责人为北京大学考古文博学院副教授刘未（原中国人民大学历史学院），项目参与人为中国人民大学历史学院副教授张林虎、硕士研究生李雪、杨东峰、刘梦媛、严茜、杜鹏飞、郭郑瑞、赵梦遥、董瑾、胡家庆、黄学文、王祯哲。

银坑坞窑址群考古调查与资料整理分工如下：

田野调查：刘未、李雪、杨东峰、刘梦媛、饶华松

米格纸绘图：李雪、杨东峰、刘梦媛、严茜、杜鹏飞、赵梦遥、董瑾、胡家庆、黄学文、曹桂梅

硫酸纸绘图：何国良、曹桂梅、戴仪辉

器物摄影：张林虎、刘未、王祯哲

报告编写分工如下：

第一章：刘未

第二章：饶华松、杨东峰、严茜、刘未

第三章：饶华松、严茜、杨东峰、刘未

第四章：饶华松、杜鹏飞、刘未

第五章：饶华松、黄学文、刘未

第六章：刘未

全书由刘未统稿，柯中华审定。

调查工作以及本报告出版得到了国家文物局专项经费支持及江西省文化和旅游厅、江西省文物局、国家文物局水下文化遗产保护中心的关心指导。江西省文物考古研究院和中国人民大学历史学院对项目开展给予了高度重视，景德镇市文化广电新闻出版旅游局、景德镇民窑博物馆给予了大力协助。景德镇民窑博物馆孙群、黄河参加了银坑坞窑址群部分野外调查工作。文物出版社及本书责任编辑彭家宇为本书出版付出劳动。英文提要由四川大学艺术学院助理研究员胡听汀翻译。在此，一并致谢！

编　者

2020 年 9 月 30 日

1. BMX：24

2. BMX：3

3. BMX：10

4. BMX：19

彩版 2-1　白庙下采集青白釉碗

1. BMX：1

2. BMX：7

3. BMX：13

4. BMX：15

彩版 2-2　白庙下采集青白釉碗

1. 碗 BMX：14

2. 碗 BMX：5

3. 碗 BMX：11

4. 碟 BMX：16

彩版 2-3　白庙下采集青白釉瓷

1. 碟 BMX：17

2. 匣钵 BMX：20

3. 匣钵 BMX：21

4. 匣钵 BMX：22

彩版 2-4　白庙下采集青白釉碟、窑具

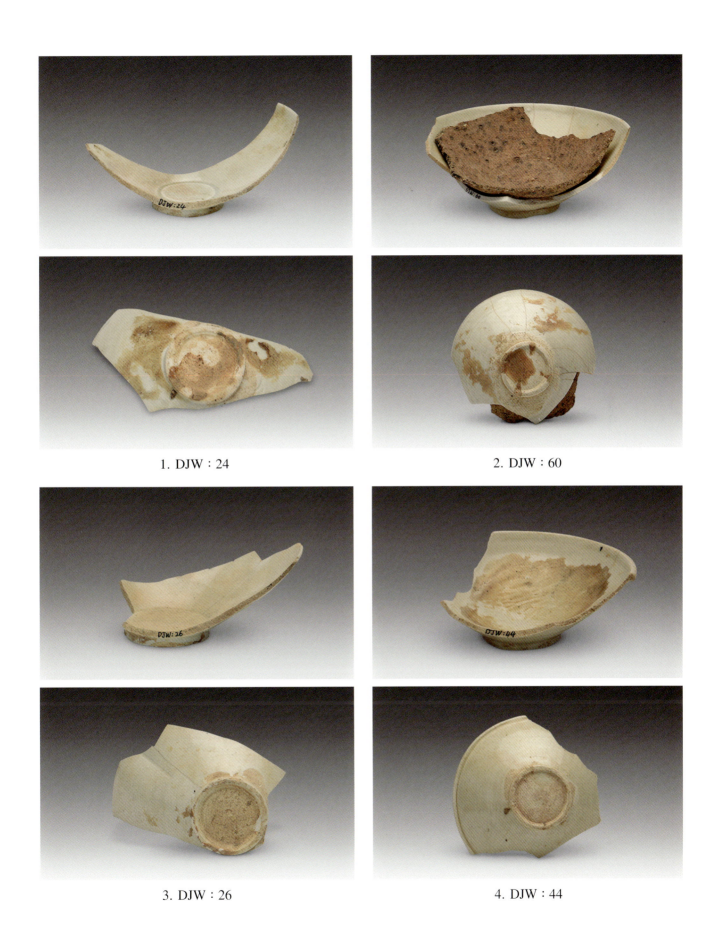

1. DJW：24

2. DJW：60

3. DJW：26

4. DJW：44

彩版 2-5　碓家坞采集青白釉碗

1. DJW：53

2. DJW：19

3. DJW：37

4. DJW：43

彩版 2-6　碓家坞采集青白釉碗

1. DJW：34

2. DJW：59

3. DJW：46

4. DJW：47

彩版 2-7　碓家坞采集青白釉盖碗

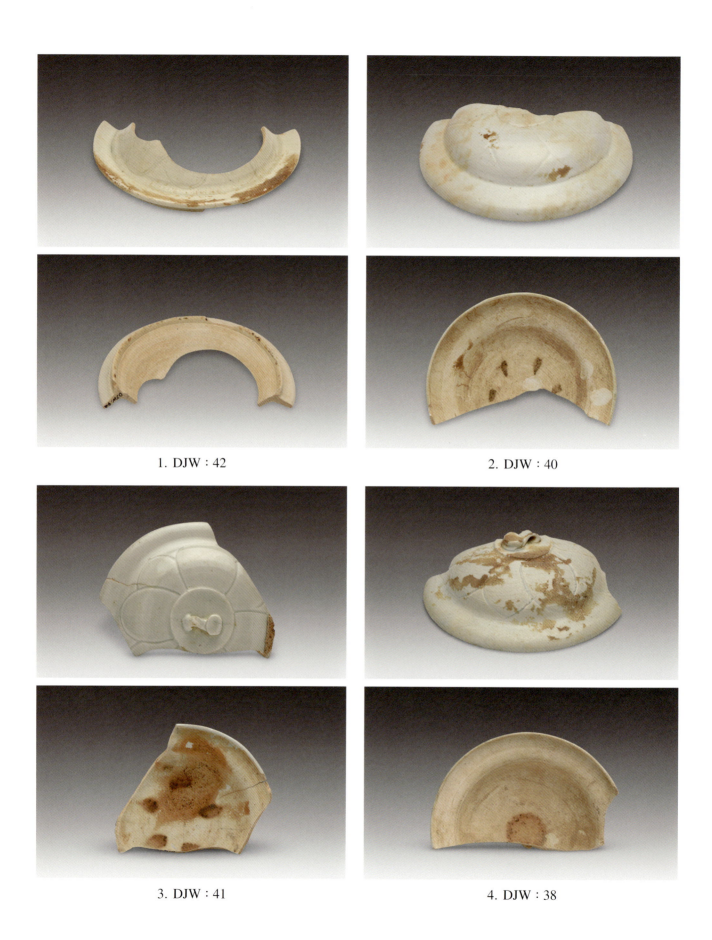

1. DJW：42

2. DJW：40

3. DJW：41

4. DJW：38

彩版 2-8　碓家坞采集青白釉碗盖

1. 碗盖 DJW：39

2. 碗盖 DJW：63

3. 碟 DJW：35

4. 碟 DJW：36

彩版 2-9　碓家坞采集青白釉瓷

1. DJW：50

2. DJW：31

3. DJW：58

4. DJW：7

彩版 2-10　碓家坞采集青白釉碟

1. 碟 DJW：49

2. 碟 DJW：32

3. 平底碟 DJW：22

4. 平底碟 DJW：52

彩版 2-11　碓家坞采集青白釉瓷

1. 平底碟 DJW：55

2. 酒台 DJW：56

3. 酒台 DJW：57

4. 杯 DJW：54

彩版 2-12　碓家坞采集青白釉瓷

1. 杯 DJW：45

2. 杯 DJW：29

3. 钵 DJW：6

4. 匣钵 DJW：4

彩版 2-13　碓家坞采集青白釉瓷、窑具

1. DJW：18

2. DJW：61

3. DJW：62

4. DJW：64

彩版 2-14　碓家坞采集匣钵

1. HMX：23（Ⅰ组）

2. HMX：3（Ⅱ组）

3. HMX：8（Ⅱ组）

4. HMX：15（Ⅱ组）

彩版 2-15　红庙下采集青白釉碗

1. HMX：18（Ⅱ组）

2. HMX：12

3. HMX：7

4. HMX：19

彩版 2-16　红庙下采集青白釉碗（Ⅱ组）

1. 碗 HMX：25

2. 碗 HMX：4

3. 碗 HMX：27

4. 盖碗 HMX：1

5. 碗盖 HMX：22

彩版 2-17　红庙下采集青白釉瓷（Ⅱ组）

1. HMX：37

2. HMX：10

3. HMX：33

4. HMX：14

5. HMX：45

彩版 2-18　红庙下采集青白釉盖碗（Ⅱ组）

1. HMX：38

2. HMX：13

3. HMX：39

4. HMX：40

彩版 2-19　红庙下采集青白釉碟（Ⅱ组）

1. 酒台 HMX：34

2. 酒台 HMX：36

3. 杯 HMX：32

4. 杯 HMX：31

彩版 2-20　红庙下采集青白釉瓷（Ⅱ组）

1. 钵 HMX：26

2. 匣钵 HMX：41

3. 匣钵 HMX：43

4. 匣钵 HMX：44

彩版 2-21　红庙下采集青白釉钵、窑具（Ⅱ组）（无）

1. HMX：46

2. HMX：47

3. HMX：48

4. HMX：42

彩版 2-22　红庙下采集匣钵（Ⅱ组）（无）

1. TWa：8

2. TWa：1

3. TWa：5

4. TWa：7

彩版 2-23　塘坞 a 采集青白釉碗

1. 碟 TWa：9　　　　　　　　　2. 平底碟 TWa：2

3. 酒台 TWa：6　　　　4. 杯 TWa：10　　　　5. 匣钵 TWa：3

彩版 2−24　塘坞 a 采集青白釉瓷、窑具

1. 碗 TWb：7    2. 碗盖 TWb：2    3. 酒台 TWb：1

4. 酒台 TWb：9    5. 酒台 TWb：5

彩版 2-25　塘坞 b 采集青白釉瓷

1. 青白釉杯 TWb：4　　　　　　2. 青白釉杯 TWb：6

3. 酱釉碗 TWb：8　　　　　　4. 酱釉平底碟 TWb：3

彩版 2-26　塘坞 b 采集青白釉瓷、酱釉瓷

1. CTS：7

2. CTS：1

3. CTS：4

4. CTS：27

彩版 2-27　草坦上采集青白釉碗（Ⅰ组）

1. 碗 CTS：5

2. 碗 CTS：19

3. 盖碗 CTS：16

4. 碗盖 CTS：9

彩版 2-28　草坦上采集青白釉瓷（Ⅰ组）

1. CTS：14

2. CTS：2

3. CTS：18

4. CTS：11

彩版 2-29　草坦上采集青白釉碟（Ⅰ组）

1. 碟 CTS：29

2. 碟 CTS：24

3. 碟 CTS：3

4. 平底碟 CTS：17

彩版 2-30　草坦上采集青白釉瓷（Ⅰ组）

1. 平底碟 CTS：22

2. 平底碟 CTS：21

3. 杯 CTS：6

4. 灯盏 CTS：10

彩版 2-31　草坦上采集青白釉瓷（Ⅰ组）

1. 碗 CTS：26

2. 平底碟 CTS：25

3. 平底碟 CTS：15

彩版 2-32　草坦上采集青白釉瓷（Ⅱ组）

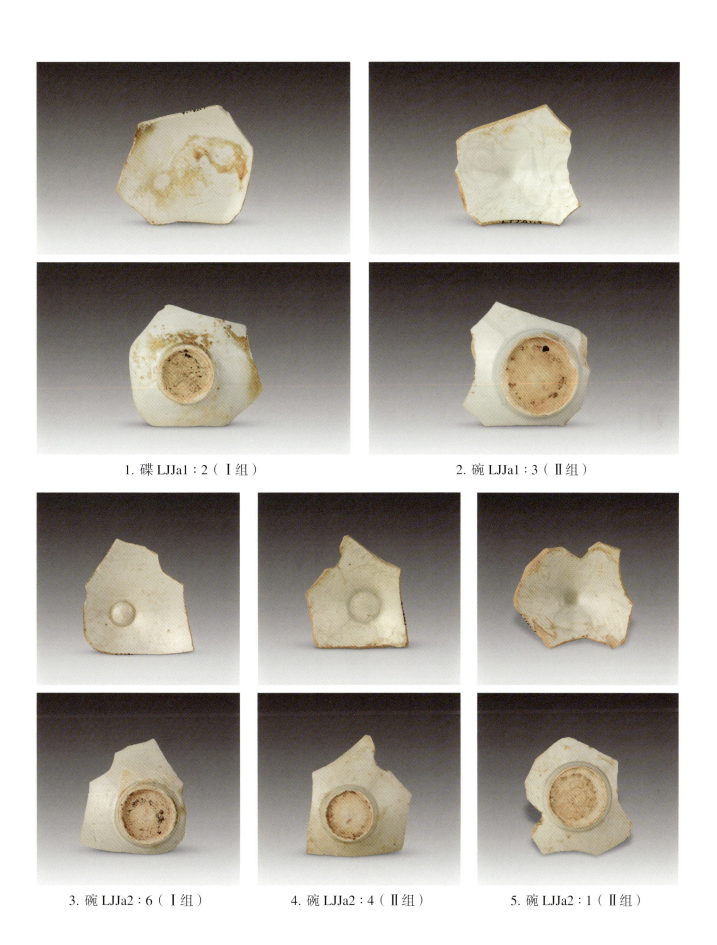

1. 碟 LJJa1：2（Ⅰ组）

2. 碗 LJJa1：3（Ⅱ组）

3. 碗 LJJa2：6（Ⅰ组）

4. 碗 LJJa2：4（Ⅱ组）

5. 碗 LJJa2：1（Ⅱ组）

彩版 3-1　兰家井 a1、a2 采集青白釉瓷

1. 碗 LJJa3：1（Ⅰ组）　　　2. 碟 LJJa3：7（Ⅰ组）　　　3. 碟 LJJa3：8（Ⅰ组）

4. 碗 LJJa3：6（Ⅱ组）　　　5. 碗 LJJa3：4（Ⅱ组）　　　6. 碗 LJJa3：3（Ⅲ组）

彩版 3-2　兰家井 a3 采集青白釉瓷

1. LJJb1：1

2. LJJb1：2

3. LJJb2：5

4. LJJb2：8

彩版 3-3　兰家井 b1、b2 采集青白釉碗

1. 碗 LJJb2：3

2. 碗 LJJb2：4

3. 碗 LJJb2：1

4. 平底碟 LJJb2：9

彩版 3-4　兰家井 b2 采集青白釉瓷

1. TWL：9　　　　　　　　　　2. TWL：27

3. TWL：30　　　　4. TWL：24　　　　5. TWL：2

彩版 3-5　塘坞里采集青白釉碗（Ⅰ组）

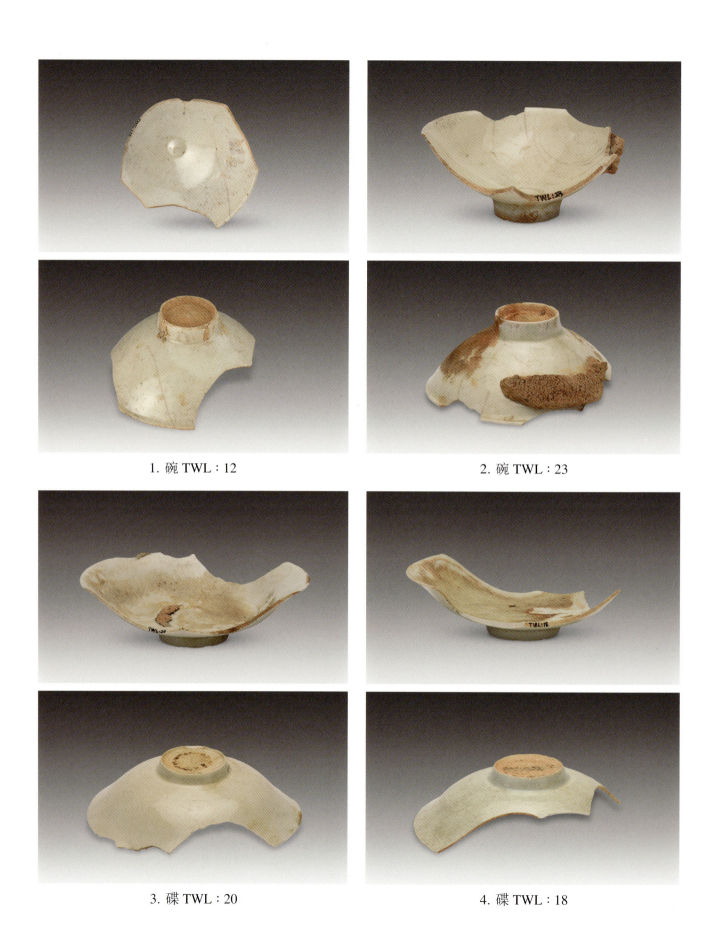

1. 碗 TWL∶12

2. 碗 TWL∶23

3. 碟 TWL∶20

4. 碟 TWL∶18

彩版 3-6　塘坞里采集青白釉瓷（Ⅰ组）

1. TWL：26

2. TWL：3

3. TWL：21

4. TWL：29

彩版 3-7　塘坞里采集青白釉碗（Ⅱ组）

1. ZJWa1：8（Ⅰ组）

2. ZJWa1：4（Ⅰ组）

3. ZJWa1：12（Ⅱ组）

4. ZJWa1：11（Ⅱ组）

彩版 3-8　郑家坞 a1 采集青白釉碗

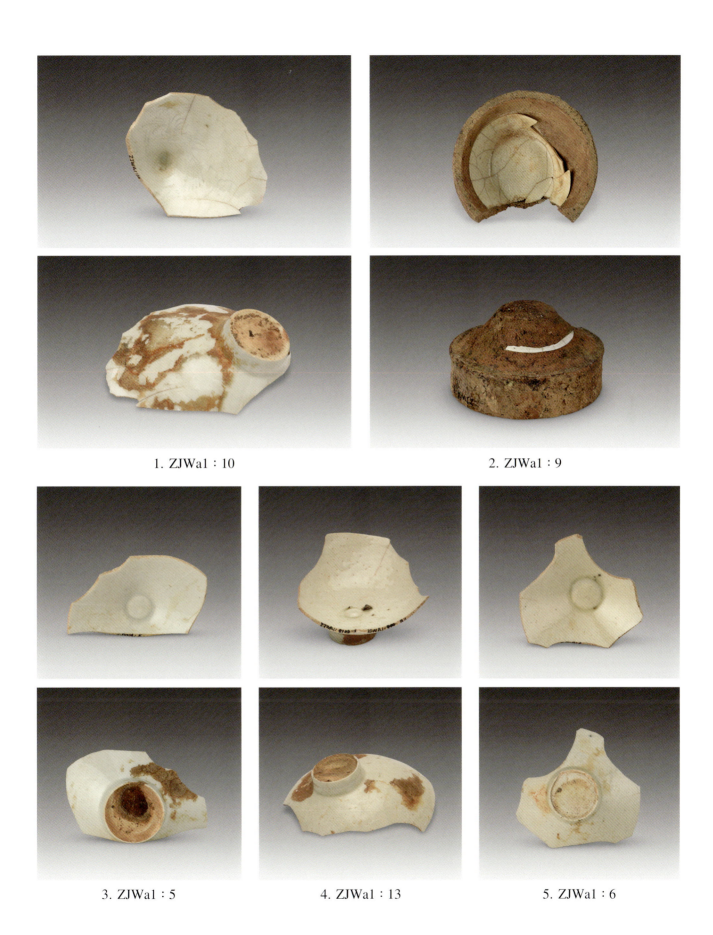

1. ZJWa1：10

2. ZJWa1：9

3. ZJWa1：5

4. ZJWa1：13

5. ZJWa1：6

彩版 3-9　郑家坞 a1 采集青白釉碗（Ⅱ组）

1. 碗 ZJWa2:4（Ⅰ组）　　　　　　　2. 芒口碟 ZJWa2:6（Ⅰ组）

3. 碗 ZJWa2:3（Ⅱ组）　　　4. 碗 ZJWa2:2（Ⅱ组）　　　5. 碗 ZJWa2:1（Ⅱ组）

彩版 3-10　郑家坞 a2 采集青白釉瓷

1. ZJWb1∶14

2. ZJWb1∶2

3. ZJWb1∶6

4. ZJWb1∶8

彩版 3-11　郑家坞 b1 采集青白釉碗

1. 碗 ZJWb1：12                    2. 碗 ZJWb1：9

3. 碗 ZJWb1：13                    4. 杯 ZJWb1：4

彩版 3-12　郑家坞 b1 采集青白釉瓷

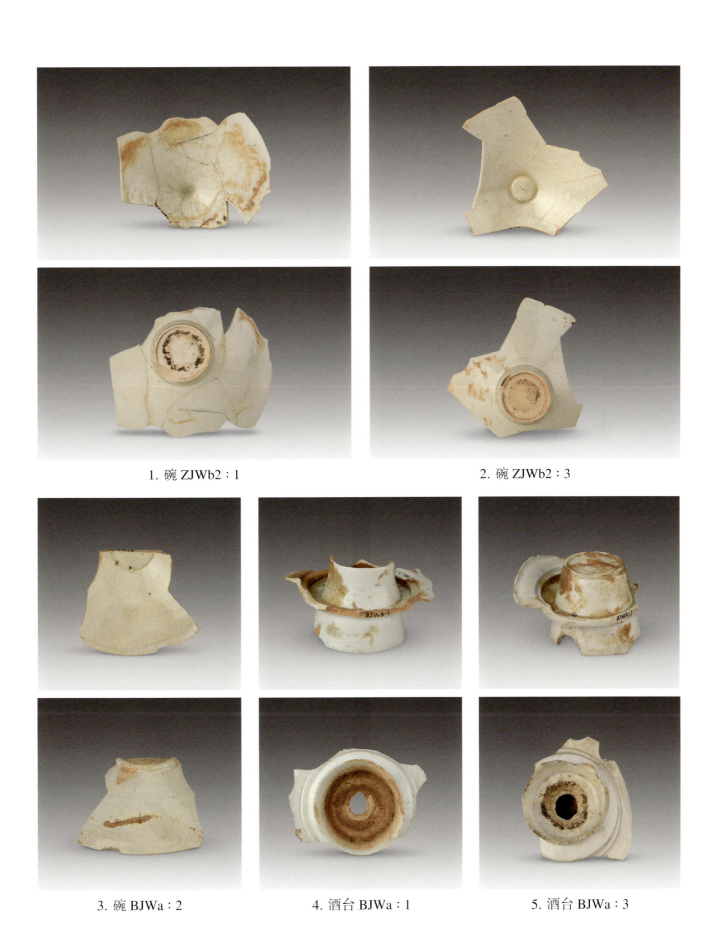

1. 碗 ZJWb2：1　　　　　　　　　　　　　2. 碗 ZJWb2：3

3. 碗 BJWa：2　　　　4. 酒台 BJWa：1　　　　5. 酒台 BJWa：3

彩版 3-13　郑家坞 b2、八角湾 a 采集青白釉瓷

1. BJWb：19　　　　　　　　　2. BJWb：21

3. BJWb：6　　　　4. BJWb：8　　　　5. BJWb：9

彩版 3-14　八角湾 b 采集青白釉碗（Ⅰ组）

1. 盖碗 BJWb：16

2. 碗盖 BJWb：2

3. 平底碟 BJWb：10

4. 平底碟 BJWb：12

彩版 3-15　八角湾 b 采集青白釉瓷（Ⅰ组）

1. 平底碟 BJWb：14（Ⅰ组）

2. 平底碟 BJWb：15（Ⅰ组）

3. 杯 BJWb：3（Ⅰ组）

4. 碗 BJWb：18

5. 碗 BJWb：28

彩版 3-16　八角湾 b 采集青白釉瓷（Ⅰ组）

1. 碗 BJWc：1（Ⅰ组）　　　　2. 碗 BJWc：2（Ⅱ组）　　　　3. 碗 BJWc：5（Ⅱ组）

4. 酒台 BJWc：9（Ⅱ组）　　　5. 杯 BJWc：4（Ⅱ组）　　　6. 灯盏 BJWc：3（Ⅱ组）

**彩版 3-17　八角湾 c 采集青白釉瓷**

1. BJWd（1）：4

2. BJWd（1）：3

3. BJWd（1）：6

4. BJWd（1）：7

5. BJWd（1）：14

彩版 3-18　八角湾 d（1）采集青白釉碗（Ⅰ组）

1. 盖碗 BJWd（1）：9

2. 碗盖 BJWd（1）：5

3. 碗盖 BJWd（1）：19

4. 碗盖 BJWd（1）：28

彩版 3-19　八角湾 d（1）采集青白釉瓷（I 组）

1. 平底碟 BJWd（1）：10（Ⅰ组）

2. 酒台 BJWd（1）：12（Ⅰ组）

3. 盖碗 BJWd（1）：20（Ⅲ组）

彩版 3-20　八角湾 d（1）采集青白釉瓷

1. 杯 BJWd（1）：11（Ⅰ组）

2. 碗 BJWd（1）：17（Ⅱ组）

3. 碗 BJWd（1）：18（Ⅱ组）

4. 杯 BJWd（1）：29（Ⅱ组）

彩版 3-21　八角湾 d（1）采集青白釉瓷

1. 碗盖 BJWd（2）：11

2. 杯 BJWd（2）：12

3. 碟 BJWd（2）：4

4. 碟 BJWd（2）：7

彩版 3-22　八角湾 d（2）采集青白釉瓷

1. 青白釉平底碟 BJWd（2）：6

2. 青白釉平底碟 BJWd（2）：5

3. 酱釉碗 BJWd（2）：2

4. 酱釉平底碟 BJWd（2）：10

彩版 3-23　八角湾 d（2）采集青白釉、酱釉瓷

1. BJWd（3）：17

2. BJWd（3）：15

3. BJWd（3）：20

4. BJWd（3）：19

5. BJWd（3）：31

彩版 3-24　八角湾 d（3）采集青白釉碗（Ⅰ组）

1. 盖碗 BJWd（3）：30

2. 碟 BJWd（3）：14

3. 碟 BJWd（3）：13

4. 碟 BJWd（3）：21

彩版 3-25　八角湾 d（3）采集青白釉瓷（Ⅰ组）

1. 平底碟 BJWd（3）：11（Ⅰ组）

2. 酒台 BJWd（3）：6（Ⅰ组）

3. 酒台 BJWd（3）：8（Ⅰ组）

4. 碗 BJWd（3）：2（Ⅱ组）

彩版 3-26　八角湾 d（3）采集青白釉瓷

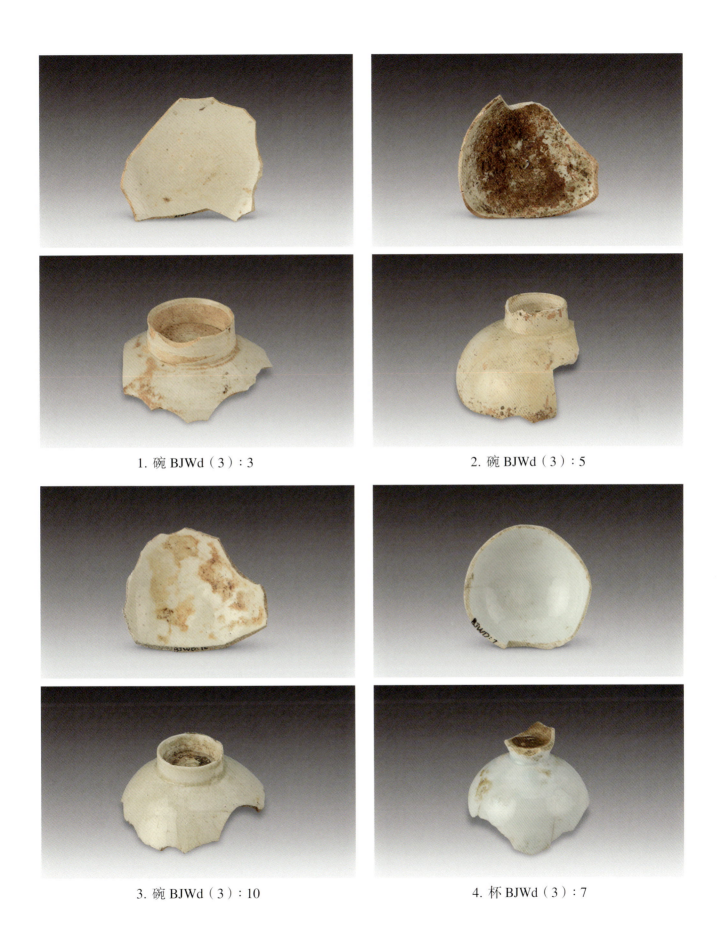

1. 碗 BJWd（3）：3

2. 碗 BJWd（3）：5

3. 碗 BJWd（3）：10

4. 杯 BJWd（3）：7

彩版 3-27　八角湾 d（3）采集青白釉瓷（Ⅱ组）

1. 碗 BJWe：1（Ⅰ组）

2. 碗 BJWe：2（Ⅰ组）

3. 碗 BJWe：3（Ⅱ组）

4. 碗 BJWf：1

彩版 3-28　八角湾 e、f 采集青白釉瓷

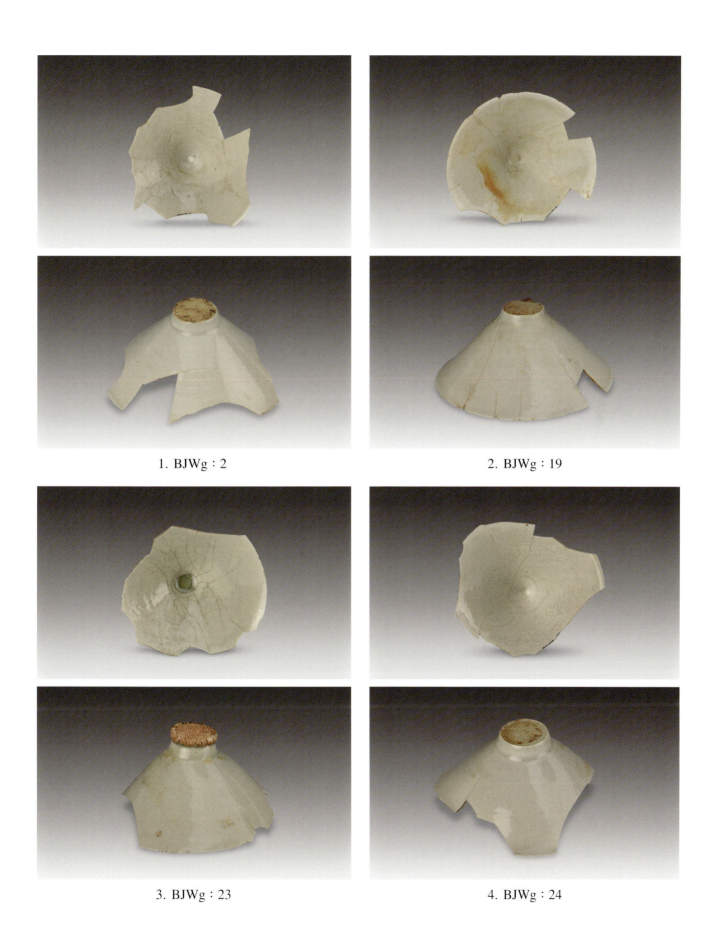

1. BJWg：2

2. BJWg：19

3. BJWg：23

4. BJWg：24

彩版 3-29　八角湾 g 采集青白釉碗（Ⅰ组）

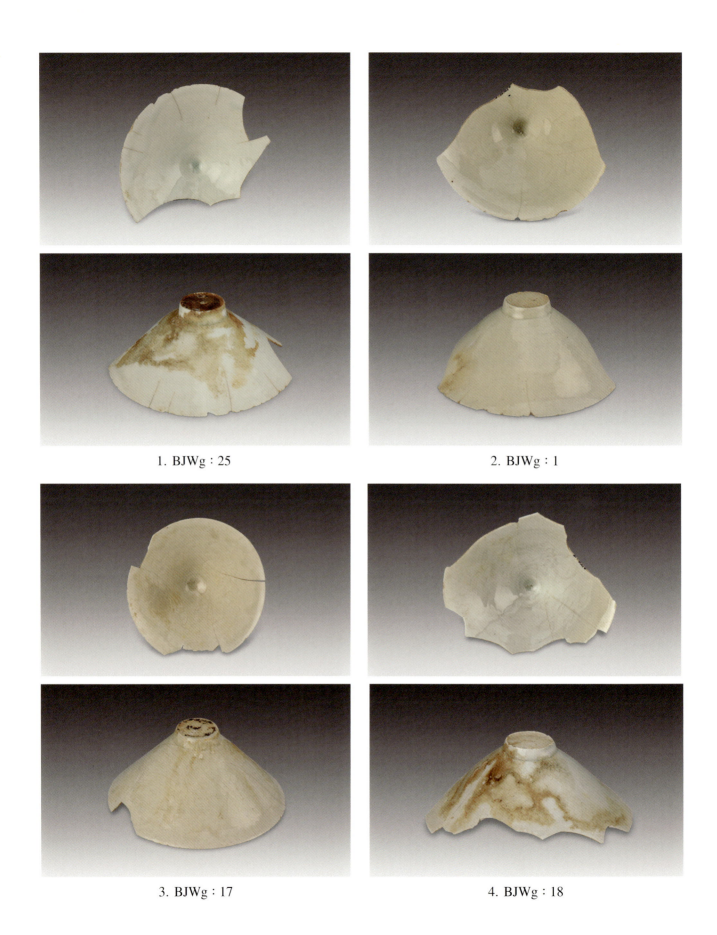

1. BJWg：25

2. BJWg：1

3. BJWg：17

4. BJWg：18

彩版 3-30　八角湾 g 采集青白釉碗（Ⅰ组）

1. 碗 BJWg：13

2. 碗 BJWg：22

3. 芒口碟 BJWg：11

4. 支圈座 BJWg：14

彩版 3-31　八角湾 g 采集青白釉瓷、窑具（Ⅱ组）

1. BJWh1：2

2. BJWh1：6

3. BJWh1：5

彩版 3-32　八角湾 h1 采集青白釉碗

1. 碗 BJWh1：1

2. 碗 BJWh1：8

3. 碟 BJWh1：7

4. 碟 BJWh1：9

彩版 3-33　八角湾 h1 采集青白釉瓷

1. BJWh2：5

2. BJWh2：4

3. BJWh2：10

彩版 3-34　八角湾 h2 采集青白釉碗

1. BJWh2：13

2. BJWh2：7

3. BJWh2：12

彩版 3-35　八角湾 h2 采集青白釉碗

1. 碗 BJWh2：14

2. 碟 BJWh2：6

3. 碟 BJWh2：1

彩版 3-36　八角湾 h2 采集青白釉瓷

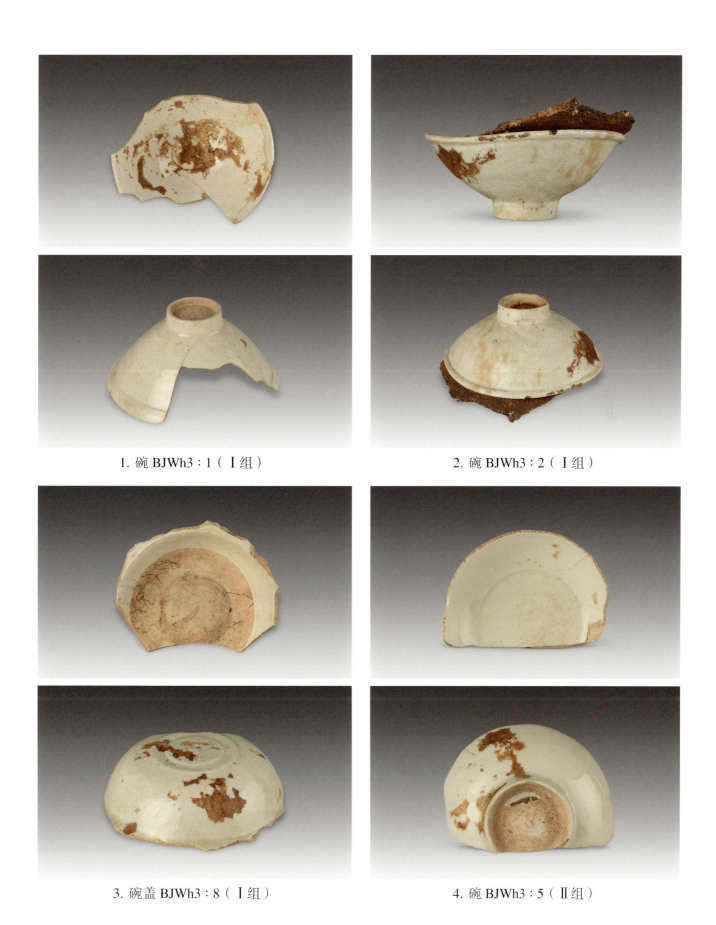

1. 碗 BJWh3：1（Ⅰ组）

2. 碗 BJWh3：2（Ⅰ组）

3. 碗盖 BJWh3：8（Ⅰ组）

4. 碗 BJWh3：5（Ⅱ组）

彩版 3-37　八角湾 h3 采集青白釉瓷

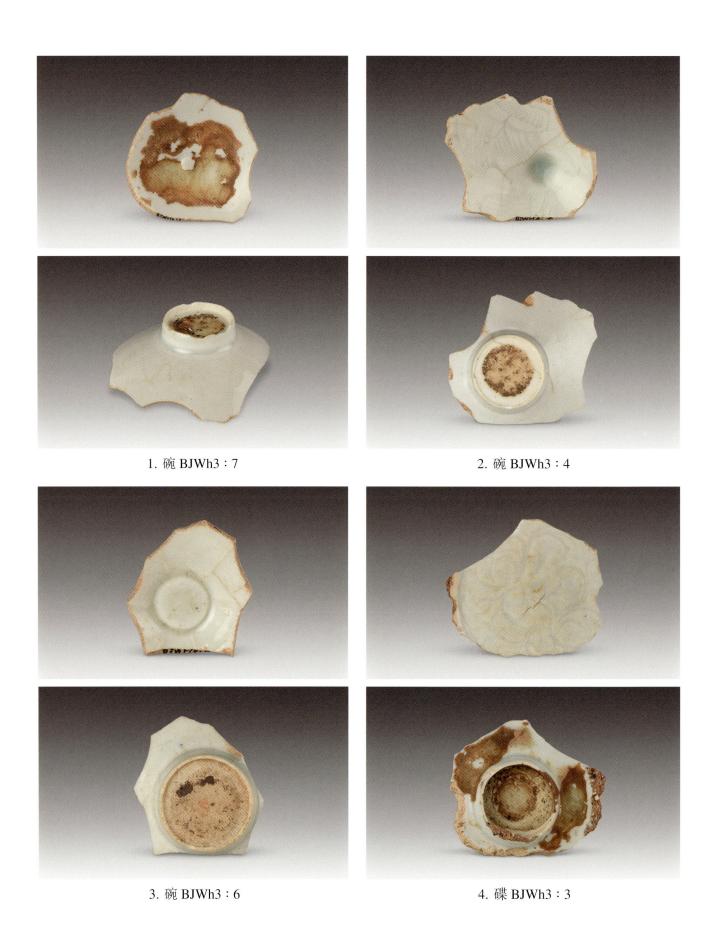

1. 碗 BJWh3：7　　　　　　　　　　　　2. 碗 BJWh3：4

3. 碗 BJWh3：6　　　　　　　　　　　　4. 碟 BJWh3：3

彩版 3-38　八角湾 h3 采集青白釉瓷（Ⅱ组）

1. BJWh4：3（Ⅰ组）

2. BJWh4：7（Ⅰ组）

3. BJWh4：1（Ⅱ组）

彩版 3-39　八角湾 h4 采集青白釉碗

1. 碗 BJWh4：2

2. 碗 BJWh4：5

3. 杯 BJWh4：4

彩版 3-40　八角湾 h4 采集青白釉瓷（Ⅱ组）

1. BJWi1：3

2. BJWi1：14

3. BJWi1：11

4. BJWi1：15

彩版 3-41　八角湾 i1 采集青白釉碗（I 组）

1. BJWi1：6

2. BJWi1：13

3. BJWi1：1

彩版 3-42　八角湾 i1 采集青白釉碗（Ⅰ组）

1. 平底碟 BJWi1：16（Ⅰ组）

2. 器盖 BJWi1：10（Ⅰ组）

3. 碗 BJWi1：19（Ⅱ组）

4. 碗 BJWi1：18（Ⅱ组）

彩版 3-43　八角湾 i1 采集青白釉瓷

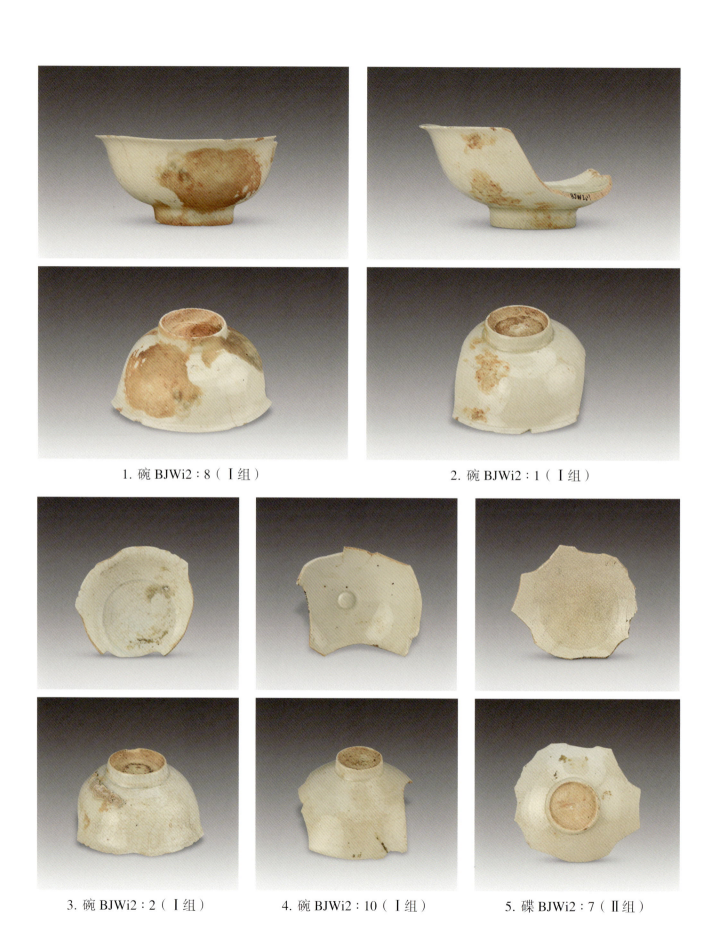

1. 碗 BJWi2：8（Ⅰ组）

2. 碗 BJWi2：1（Ⅰ组）

3. 碗 BJWi2：2（Ⅰ组）

4. 碗 BJWi2：10（Ⅰ组）

5. 碟 BJWi2：7（Ⅱ组）

彩版 3-44　八角湾 i2 采集青白釉瓷

1. BJWi3：2

2. BJWi3：5

3. BJWi3：7

4. BJWi3：8

5. BJWi3：3

6. BJWi3：6

彩版 3-45　八角湾 i3 采集青白釉碗（Ⅰ组）

1. BJWi4：1

2. BJWi4：7

3. BJWi4：2

彩版 3-46　八角湾 i4 采集青白釉碗

1. BJWi5：1

2. BJWi5：5

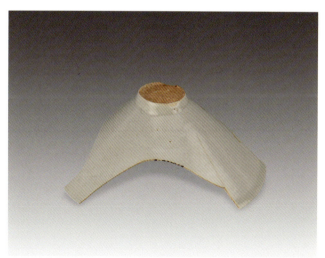

3. BJWi5：6

彩版 3-47　八角湾 i5 采集青白釉碗

1. BJWi6：16

2. BJWi6：5

3. BJWi6：6

4. BJWi6：7

彩版 3-48　八角湾 i6 采集青白釉碗

1. 平底碟 BJWi6：14　　2. 平底碟 BJWi6：15　　3. 芒口碟 BJWi6：4

4. 芒口碟 BJWi6：8

7. 支圈盖 BJWi6：19　　5. 垫钵 BJWi6：1　　6. 支圈座 BJWi6：18

彩版 3-49　八角湾 i6 采集青白釉瓷、窑具

1. 碗 BJWi7：4（Ⅰ组）　　　　　　　　2. 碗 BJWi7：12（Ⅱ组）

3. 碗 BJWi7：10（Ⅱ组）　　4. 碗 BJWi7：1（Ⅱ组）　　5. 芒口碟 BJWi7：11（Ⅱ组）

1. BJWi7：13

2. BJWi7：8

3. BJWi7：15

4. BJWi7：7

彩版 3-51　八角湾 i7 采集青白釉碗（Ⅲ组）

1. 青白釉碟 BJWi7：5（Ⅲ组）　　　　　2. 青白釉碟 BJWi7：21（Ⅲ组）

3. 青白釉罐 BJWi7：14（Ⅲ组）　　4. 吉州窑黑釉碗 BJWi7：6（Ⅲ组）　　5. 芒口碟 BJWi7：2（Ⅱ组）

彩版 3-52　八角湾 i7 采集青白釉、黑釉瓷（Ⅲ组）

1. 碗 DTL：10

2. 碗 DTL：3

3. 碗 DTL：11

4. 碗 DTL：1

5. 碗 DTL：9

6. 平底碟 DTL：7

彩版 4-1　道塘里采集青白釉碗

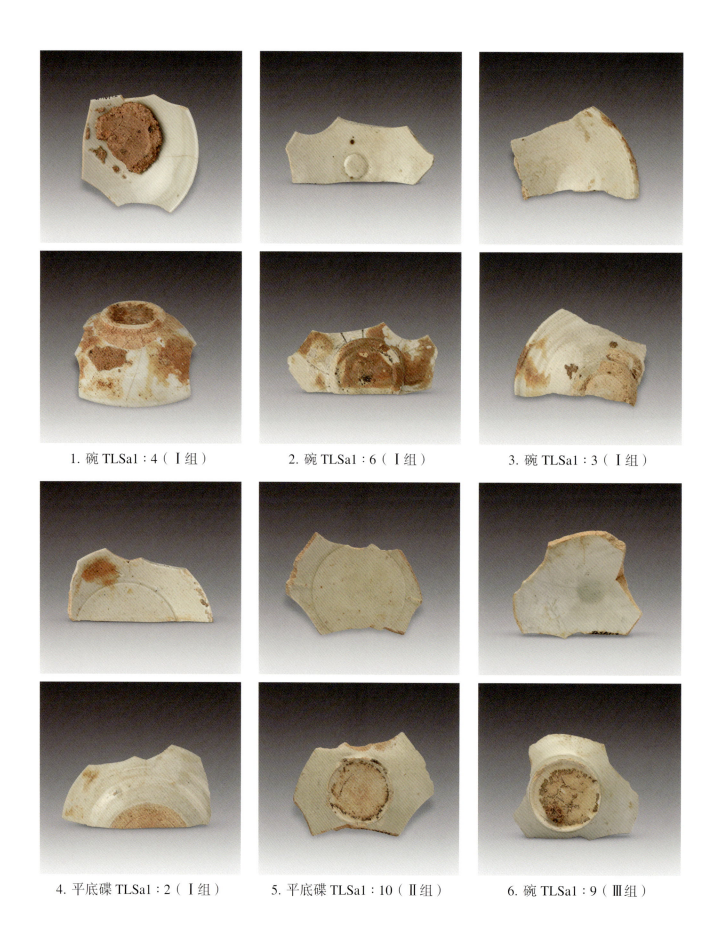

1. 碗 TLSa1：4（Ⅰ组）　　2. 碗 TLSa1：6（Ⅰ组）　　3. 碗 TLSa1：3（Ⅰ组）

4. 平底碟 TLSa1：2（Ⅰ组）　　5. 平底碟 TLSa1：10（Ⅱ组）　　6. 碗 TLSa1：9（Ⅲ组）

彩版 4-2　铜锣山 a1 采集青白釉瓷

1. 碗 TLSa2：2　　　　　　2. 碗 TLSa2：5　　　　　　3. 碗 TLSa2：4

4. 碗 TLSa2：8　　　　　5. 盖碗 TLSa2：7　　　　6. 平底碟 TLSa2：3

彩版 4-3　铜锣山 a2 采集青白釉瓷（Ⅰ组）

1. TLSa3：11

2. TLSa3：9

3. TLSa3：10

彩版 4-4　铜锣山 a3 采集青白釉碗（Ⅰ组）

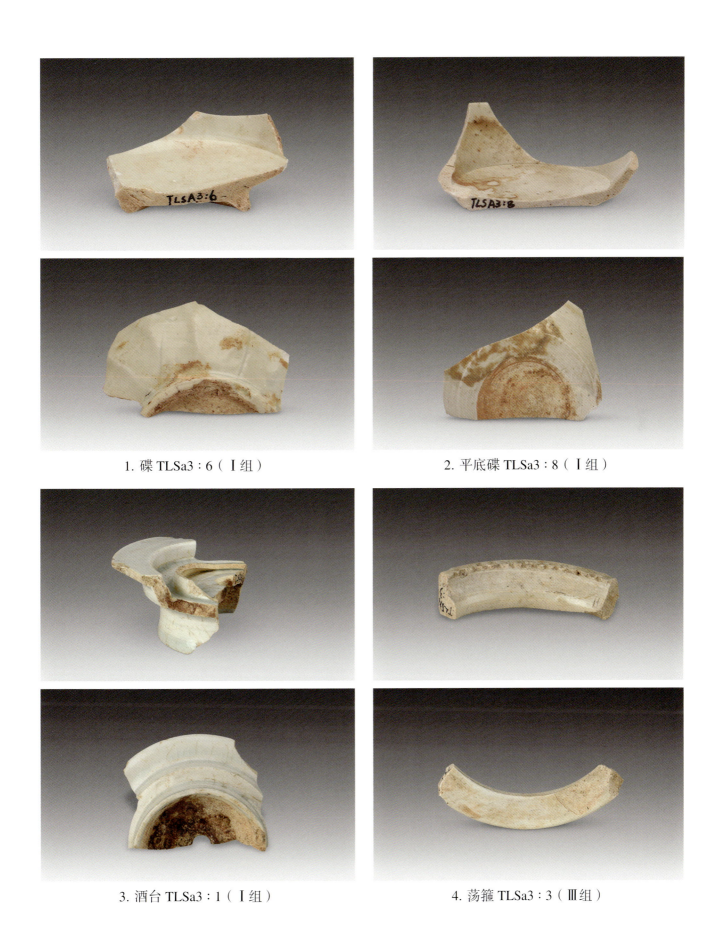

1. 碟 TLSa3：6（Ⅰ组）　　2. 平底碟 TLSa3：8（Ⅰ组）

3. 酒台 TLSa3：1（Ⅰ组）　　4. 荡箍 TLSa3：3（Ⅲ组）

彩版 4-5　铜锣山 a3 采集青白釉瓷

1. 碗 TLSb：3（Ⅰ组）　　　　　　　　2. 碟 TLSb：13（Ⅰ组）

3. 平底碟 TLSb：7（Ⅰ组）　　　4. 平底碟 TLSb：8（Ⅱ组）　　　5. 垫钵 TLSb：11（Ⅱ组）

彩版 4-6　铜锣山 b 采集青白釉瓷、窑具

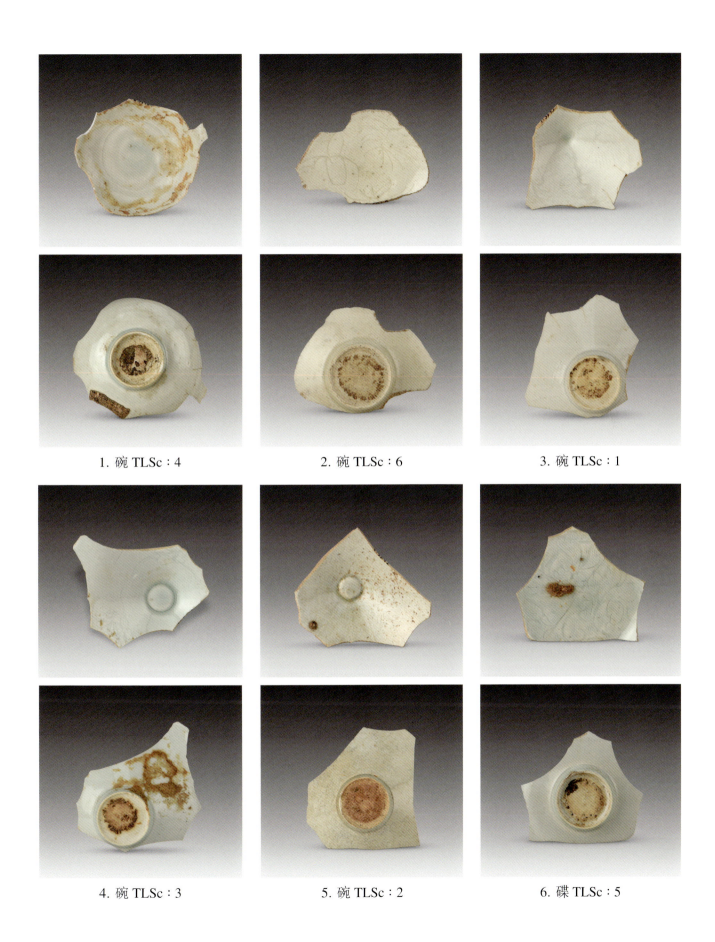

1. 碗 TLSc：4　　　　2. 碗 TLSc：6　　　　3. 碗 TLSc：1

4. 碗 TLSc：3　　　　5. 碗 TLSc：2　　　　6. 碟 TLSc：5

**彩版 4-7　铜锣山 c 采集青白釉瓷**

1. 碗 XWLa：1　　　　　2. 碗 XWLa：8　　　　　3. 碗 XWLa：10

4. 碟 XWLa：6　　　　　5. 碟 XWLa：11　　　　　6. 平底碟 XWLa：7

彩版 4-8　小坞里 a 采集青白釉瓷

1. 碗 XWLb：33

5. 碟 XWLb：6

2. 碗 XWLb：7

3. 碗 XWLb：4

4. 碗 XWLb：3

彩版 4-9　小坞里 b 采集青白釉瓷（Ⅰ组）

1. XWLb：16

2. XWLb：11

3. XWLb：9

4. XWLb：5

彩版 4-10　小坞里 b 采集青白釉平底碟（Ⅰ组）

1. 平底碟 XWLb：32（Ⅰ组）

2. 平底碟 XWLb：34（Ⅰ组）

3. 碗 XWLb：31（Ⅱ组）

彩版 4-11　小坞里 b 采集青白釉瓷

1. XWLb：28

2. XWLb：23

3. XWLb：21

彩版 4-12　小坞里 b 采集青白釉碗（Ⅱ组）

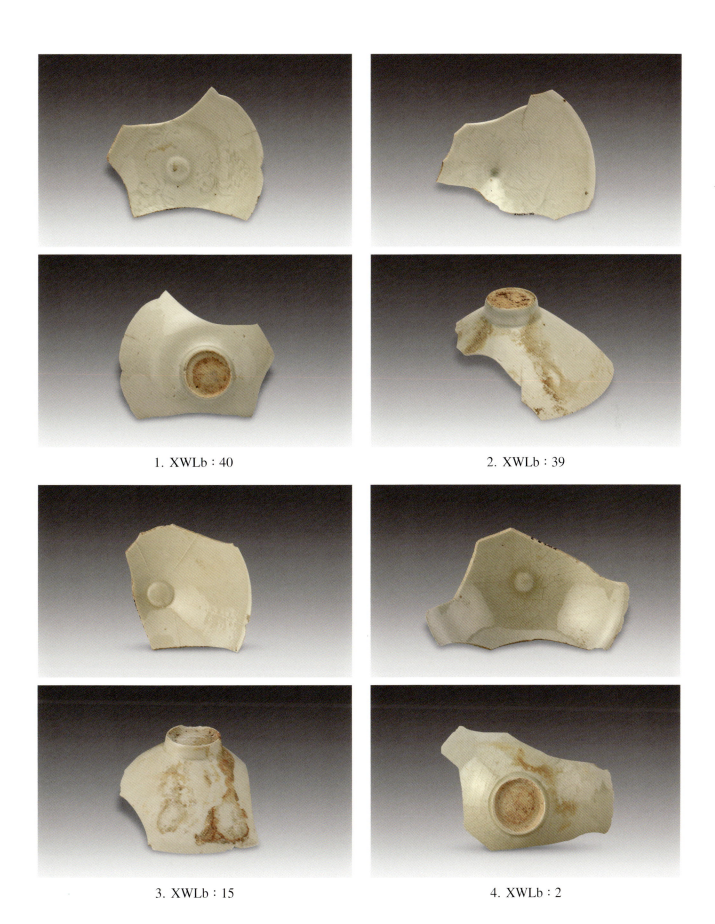

1. XWLb：40

2. XWLb：39

3. XWLb：15

4. XWLb：2

彩版 4-13　小坞里 b 采集青白釉碗（Ⅱ组）

1. 碟 XWLb：24

2. 碟 XWLb：29

3. 平底碟 XWLb：17

4. 垫钵 XWLb：30

彩版 4-14　小坞里 b 采集青白釉瓷、窑具（Ⅱ组）

1. 碗 XWLc1：4　　　　2. 碗 XWLc1：9　　　　5. 平底碟 XWLc1：2

3. 碗 XWLc1：1　　　　　　4. 碗 XWLc1：7

彩版 4-15　小坞里 c1 采集青白釉瓷

1. 碗 XWLc2：1

2. 碟 XWLc2：4

3. 平底碟 XWLd1：1（Ⅰ组）

4. 碗 XWLd1：5（Ⅱ组）

彩版 4-16　小坞里 c2、d1 采集青白釉瓷

1. 碗 XWLd2：2

2. 碗 XWLd2：8

3. 碟 XWLd2：1

4. 碗 XWLd4：2

彩版 4-17　小坞里 d2、d4 采集青白釉瓷

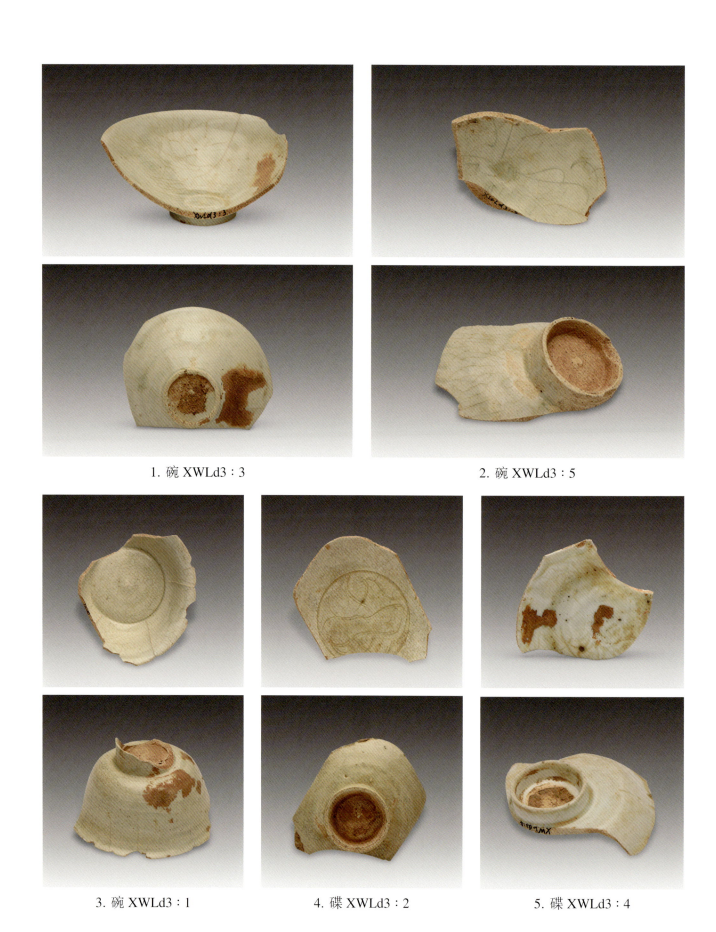

1. 碗 XWLd3：3

2. 碗 XWLd3：5

3. 碗 XWLd3：1

4. 碟 XWLd3：2

5. 碟 XWLd3：4

彩版 4—18 小坞里 d3 采集青白釉瓷

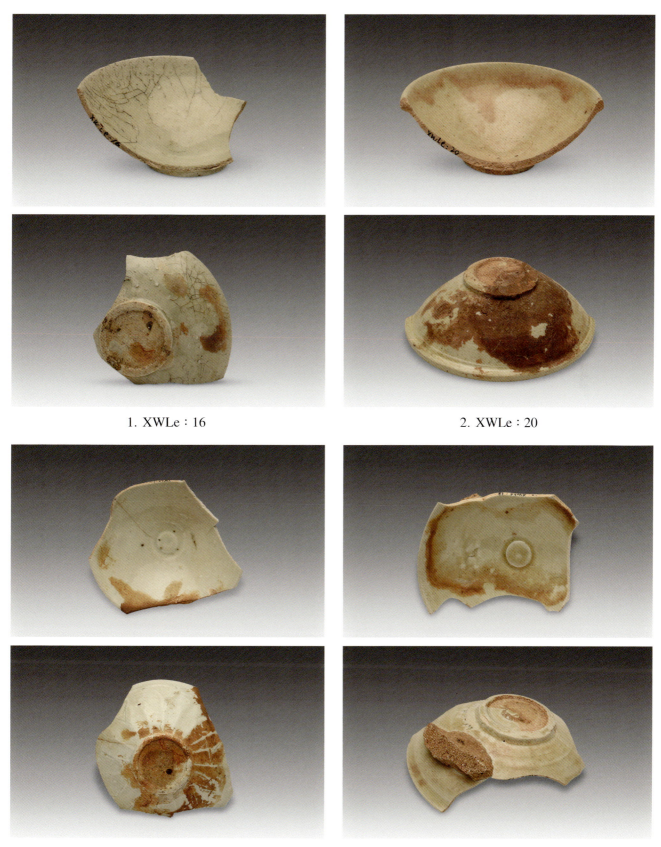

1. XWLe：16

2. XWLe：20

3. XWLe：1

4. XWLe：13

彩版 4-19　小坞里 e 采集青白釉碗

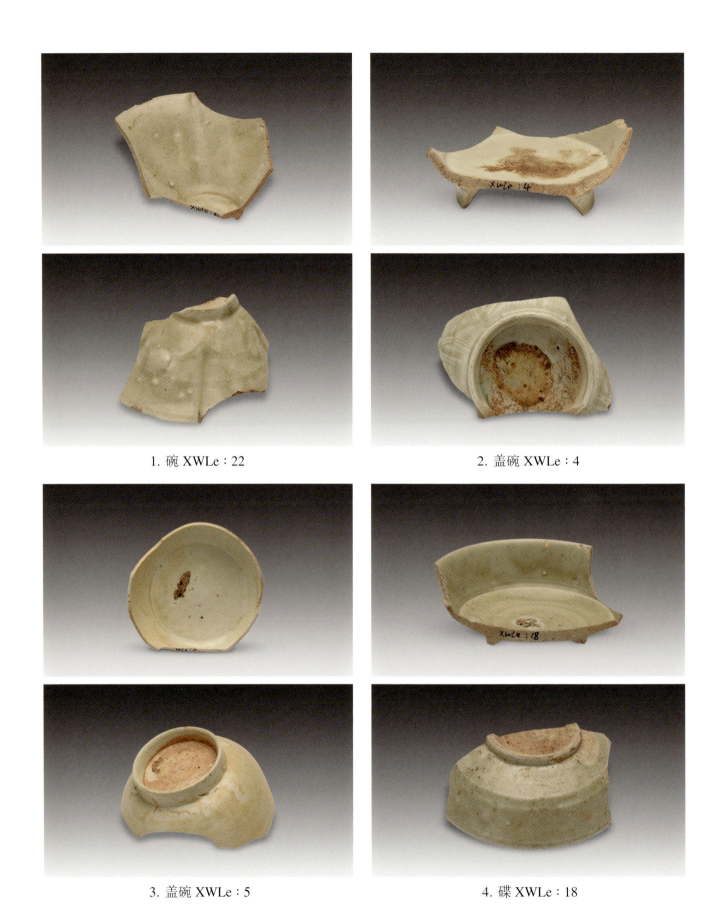

1. 碗 XWLe：22　　　　　　　　2. 盖碗 XWLe：4

3. 盖碗 XWLe：5　　　　　　　　4. 碟 XWLe：18

**彩版 4-20　小坞里 e 采集青白釉瓷**

1. 碟 XWLe：3

2. 平底碟 XWLe：10

3. 杯 XWLe：6

4. 注壶 XWLe：9

彩版 4-21　小坞里 e 采集青白釉瓷

1. 碗 MKWa：8（Ⅰ组）

2. 碟 MKWa：3（Ⅰ组）

3. 碟 MKWa：2（Ⅰ组）

4. 碗 MKWa：11（Ⅱ组）

彩版 5-1　满坑坞 a 采集青白釉瓷

1. 碗 MKWa：9

2. 碗 MKWa：6

3. 碟 MKWa：7

彩版 5-2　满坑坞 a 采集青白釉瓷（Ⅰ组）

1. 碗 MKWa：12

2. 平底碟 MKWa：1

3. 平底碟 MKWa：4

4. 器盖 MKWa：5

彩版 5-3　满坑坞 a 采集青白釉瓷（Ⅱ组）

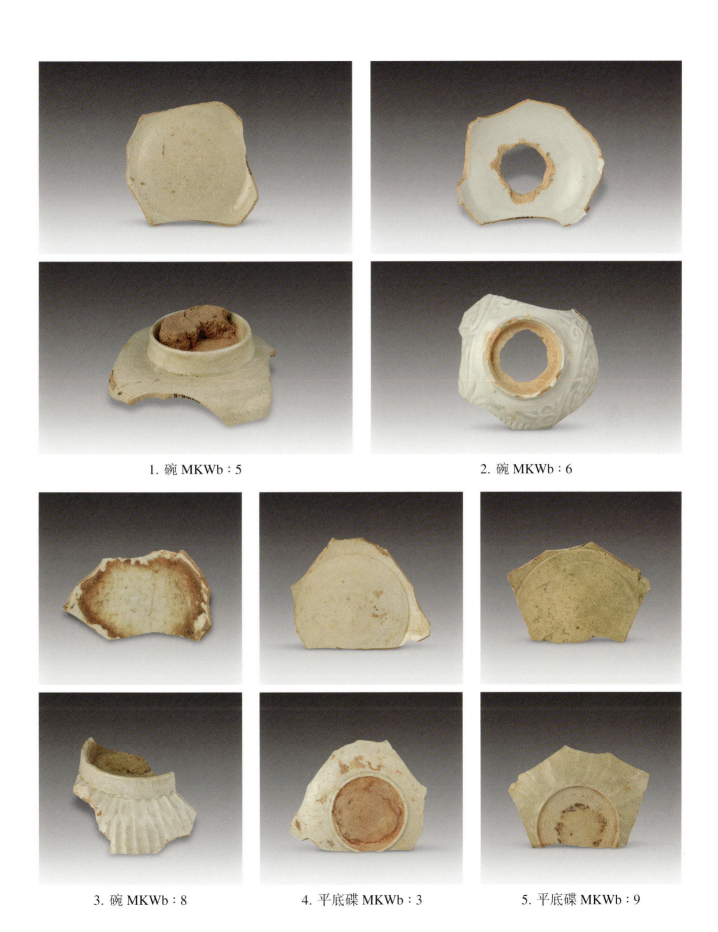

1. 碗 MKWb：5  2. 碗 MKWb：6

3. 碗 MKWb：8  4. 平底碟 MKWb：3  5. 平底碟 MKWb：9

**彩版 5-4  满坑坞 b 采集青白釉瓷**

1. 碗 NSXa：8

2. 碗 NSXa：12

3. 碟 NSXa：6

4. 碟 NSXa：16

彩版 5-5　南山下 a 采集青白釉瓷（Ⅰ组）

1. 碟 NSXa：1（Ⅰ组）　　　　　　2. 碗 NSXa：9（Ⅱ组）

3. 碗 NSXa：14（Ⅱ组）　　　　　　4. 垫钵 NSXa：7（Ⅱ组）

彩版 5-6　南山下 a 采集青白釉瓷、窑具

1. 碗 NSXb：4

2. 碟 NSXb：2

3. 平底碟 NSXb：5　　　　　　　　　　4. 平底碟 NSXb：6

彩版 5-7　南山下 b 采集青白釉瓷（Ⅰ组）

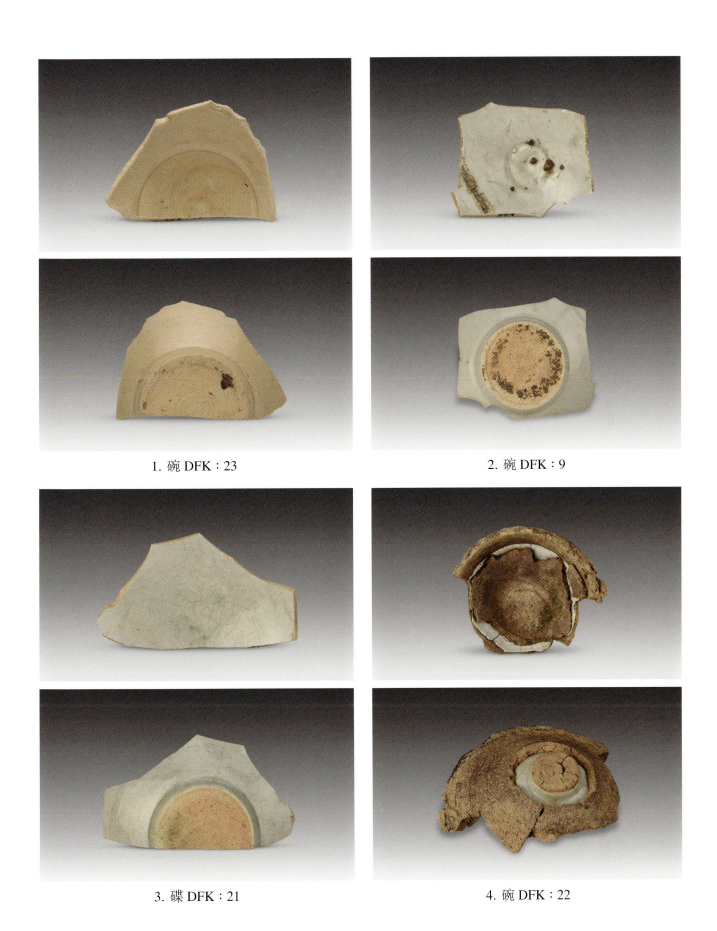

1. 碗 DFK：23

2. 碗 DFK：9

3. 碟 DFK：21

4. 碗 DFK：22

彩版 5-8　渡峰坑采集青白釉瓷（Ⅰ组）

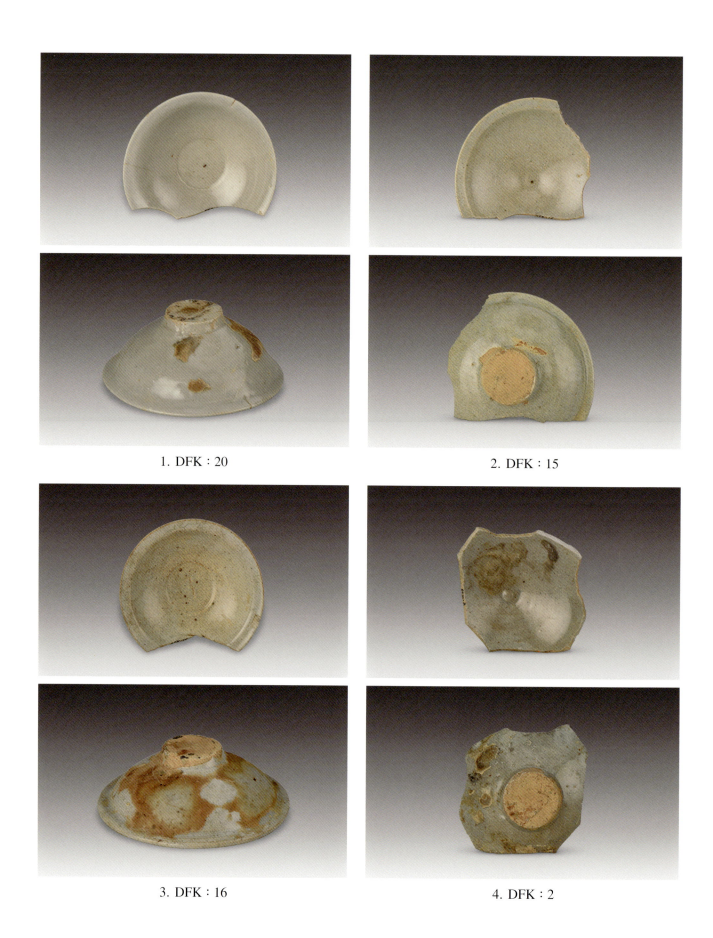

1. DFK：20

2. DFK：15

3. DFK：16

4. DFK：2

彩版 5-9　渡峰坑采集青灰釉碗（Ⅱ组）

1. 青灰釉碗 DFK：17
2. 青灰釉碟 DFK：4
3. 青灰釉碟 DFK：14
4. 卵白釉碟 DFK：26（Ⅱ组）
5. 卵白釉杯 DFK：12（Ⅱ组）

彩版 5-10　渡峰坑采集青灰釉、卵白釉瓷（Ⅱ组）

1. 青灰釉高足碗 DFK：29　　　　　　　　2. 青灰釉杯 DFK：28

3. 青灰釉盒 DFK：1　　　　4. 酱釉碗 DFK：31　　　　5. 酱釉碗 DFK：32

彩版 5-11　渡峰坑采集青灰釉、酱釉瓷（Ⅱ组）

1. SWZ：9

2. SWZ：2

3. SWZ：8

彩版 5-12　水文站采集青灰釉碗

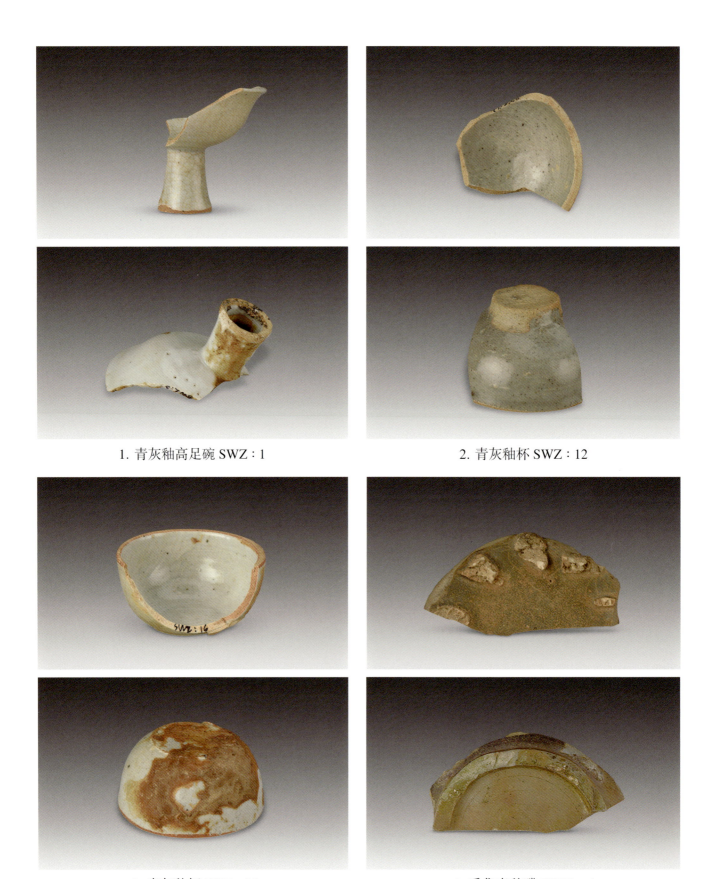

1. 青灰釉高足碗 SWZ：1　　　　2. 青灰釉杯 SWZ：12

3. 青灰釉杯 SWZ：16　　　　4. 采集青釉碟 YSWb：1

彩版 5-13　水文站、月山坞 b 采集青灰釉、青釉瓷

1. YSWa：13  2. YSWa：17  3. YSWa：19

4. YSWa：2  5. YSWa：9

彩版 5-14　月山坞 a 采集卵白釉碗

1. 卵白釉高足碗 YSWa：6　　　　　　　　2. 卵白釉杯 YSWa：22

3. 青灰釉碗 YSWa：1　　　　　　　　　4. 青灰釉碗 YSWa：21

彩版 5-15　月山坞 a 采集卵白釉、青灰釉瓷